今すぐ読みたい！

10代のためのYAブックガイド150！

監修：金原瑞人／ひこ・田中

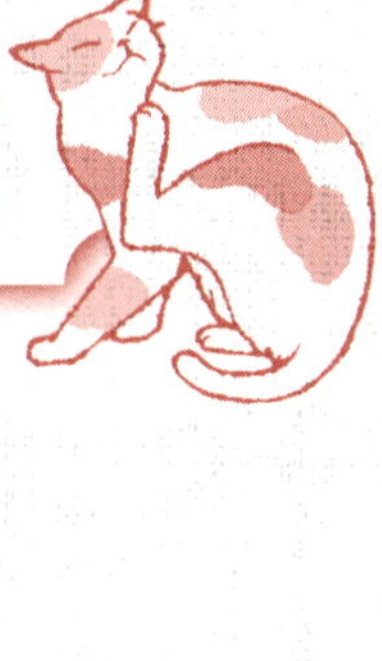

ポプラ社

今すぐ読みたい！
10代のためのYAブックガイド150!

装画　丹地陽子
装丁　bookwall

まえがき

年々本を読む人の数が減ってきています。しかし今の若者、つまりあなたが文字を読んでいないかというと、そんなことはないと思います。パソコン、スマートフォン等の情報機器を使いこなすあなたは、半世紀前に若者だった私よりずっと多量の文字情報に接し、それを処理して暮らしているはずです。

でも、読書は苦手かもしれません。

本は古いメディアですからインターフェイスが悪く、他のメディアより扱《あつか》いが面倒《めんどう》くさいです。ほとんど活字だけで埋められているわ、その活字の大きさは自由に変えられないわ、いちいちページを繰《く》らないといけないわ、もうアナログの極《きわ》みです。

しかし、それでも私はあなたに読書をおすすめします。古いメディアである本は、後に出てきたメディアと比べて圧倒的な量の情報を蓄積《ちくせき》しているので、必要なとき気軽にアクセスする癖《くせ》がついていれば、あなたは今必要な知識を得、物語に心を揺《ゆ》さぶられ、新たな発想を得て視野を広げる、なんてことができるのです。それらの情報は、あなたを今よりもっと自由にしてくれますから使わない手はない。

「でも、本って数が多すぎる」

確かに。

そんなとき、ぜひ使って欲《は》しいなと思って、このブックガイドを作りました。

古今東西の名作は並んでいません。各執筆者《しっぴつしゃ》がここ数年の間に読んだ中から「これおもしろいよ」って手渡したい本を集めました。役立つから薦《すす》めているわけではありません。読めば賢《かしこ》くなる保証も、たぶんしていません。他の人にも読んで欲しいな、共感してもらえたらうれしいなと思った本を薦めているだけです。ですから、気楽に読んでください。

このブックガイドはあなたを読書好きにしようと待ち構えています。気になる本があれば手にとって欲しいです。読んでみて、あ、違《ちが》うなと思ったらまたここに戻ってきてください。

執筆者はそれぞれのお気に入りを紹介《しょうかい》しているわけですから、その中であなたが好きになる本はごく一部でしょう。もしそれが見つかれば、紹介した誰《だれ》かとあなたの趣味《しゅみ》は似ているのかもしれません。そういう人を発見できるのって、かなり素敵なことだと思いますよ。

ブックガイドは単なる入り口です。あなたにとって本当に素敵な本は、その向こうに待ち構えています。本の森をさまよって、お気に入りを見つける楽しさを味わってください。あなたの心は柔《やわ》らかくなり、アンテナの感度は増し、思いも掛けない出会いがあるかも。

読書は冒険《ぼうけん》です。

ひこ・田中

二〇一五年秋

目次

4章 言葉をまるごと味わう本

5章 現実を見つめる本

◆**違っていても大丈夫！**

＊本書で紹介している本の情報は、二〇一五年九月現在のものです。
＊書名・著者名・出版社名・出版年月などの書誌データは、出版社のホームページ、国立国会図書館のデータベースに基づいて作成しました。
＊本書の紹介文は主に書き下ろしですが、新聞・雑誌等に掲載した書評に加筆・修正を加えたものもあります。

1章

10代の「今」を感じる本

偶然集まった二十四人が生みだす小さな笑いの集積

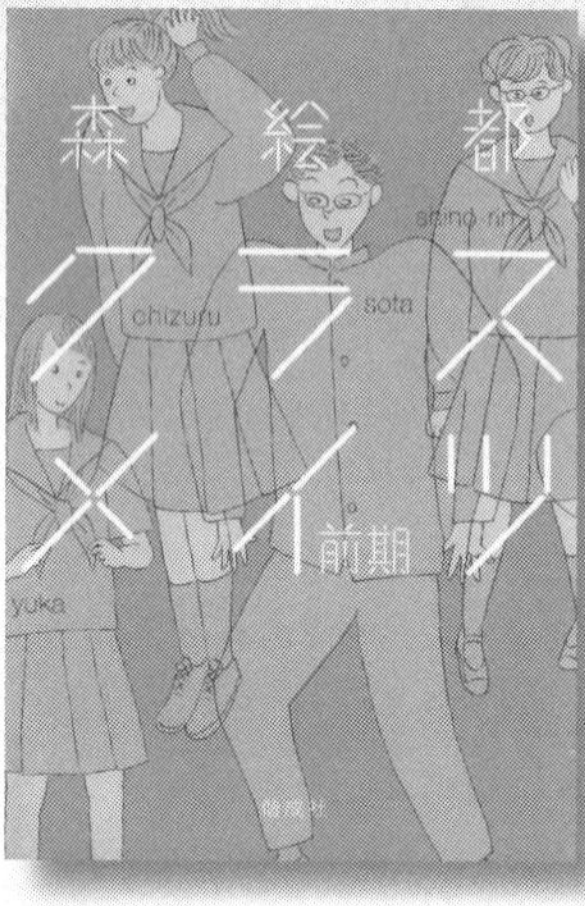

偕成社
二〇一四年五月
定価：各一三〇〇円（税別）

森絵《え》都《と》

中学1年A組の24人全員の視点に寄り添《そ》った24の短章から成る1冊。入学直後の「千鶴」から始まって、「しほりん」「蒼太」「ハセカン」……と続きながら季節もめぐり、修了式の日の学級委員の「ヒロ」で終わるユニークな青春小説。

「クラスメイツ」というのは、たまたま同じ年に生まれ、同じ地域に住み、機械的に組分けされて集められただけのメンバーである。性格も生育環境《かんきょう》も違《ちが》うし、好みや趣味《しゅみ》だってバラバラ。こんな偶然《ぐうぜん》発生の集団に、一年以上閉じ込められて生活するなど、暴力的な話だ。

この作品は、そんな偶発集団に、「友情」やら「団結」やらを作ろうとするような感動物語ではない。といって、いじめや不登校など、集団の闇《やみ》をあばくといったシリアス作品でもない。

むしろ心に残るのは、学級の中の小さな笑いの集積である。

なんだそんなこと、と思うかもしれない。でも、ちょっと見方を変えてみると、学級というのは偶然の産物であるがゆえに、縁者《えんじゃ》血縁関係や、社会に出てからの職業集団にはありえないほどの多様性に満ちている。自分の好みや趣味から言えば、なかなか関わらないような人とも出会ってしまい、そこに予測不能の出来事が発生し、笑いを生む。

たとえば、「天然のふしぎちゃん」レイミーがねずみのぬいぐるみに「シューマッハ」という名前をつける、それを無理解な蒼太《そうた》が「シューマイ」と間違えて書きこみをする、すると千鶴《ちづる》が泣いているレイミーに代わってぬいぐるみへの謝罪を要求する……。大笑いではない。「シューマイ」、くすっ。「謝罪」、ぷっ。そんな小さな笑いだが、この作品の中学生たちも抱《かか》えている様々な不安や悲しみ――劣等感《れっとうかん》や体の変化、家族の問題、震災《しんさい》による避難《ひなん》生活など――に耐《た》えていかれるのも、じつはこういう小ネタの笑いが、学級の日常には溢《あふ》れているからではないだろうか。

もちろん、偶然で雑多な集団ならではの事故的出会いから生まれるものは、他にもある。たとえば、恋。だれがだれを好きになってしまうかというのも、笑いと同じくらい予測不可能であるがゆえに、日常を豊かにしてくれるもの。そんな「クラスメイツ」たちの恋愛《れんあい》模様も必見だ。

（奥山恵）

人の心は読めるのか？
抱腹絶倒《ほうふくぜっとう》の関西弁エンタメ！

理論社
二〇一五年三月
定価：一三〇〇円（税別）

堀田けい

同級生のイクタは、ジミで目立たない女の子。ところがなんと人の心が読めるんだって！　それを知ったオガタツクルはイクタに弟子入りを懇願《こんがん》し、修業をはじめるが……。ほんとうに心の声は聞こえるのだろうか？

死にそうなぐらい退屈《たいくつ》しているオガタツクルは、塾《じゅく》をサボったある日のこと、デパートの屋上で、転校生の女の子イクタと遭遇《そうぐう》する。

このイクタは、なんと人の心の声が読める不思議少女らしい。しかもこのエスパーみたいな能力は特訓して得たものと知り、さっそく弟子入りをするが、待ち受けていたのは壮絶《そうぜつ》なものだった。

このイクタの教えは、「心を清くたもつべし」などのしごくマトモナものから、「腕立て千回」とか、「字は大きく心をこめて書く」というまあまあなもの、さらに「毎日一回、音楽にあわせて踊りくるう」という「?」がつくもの。あげくのはてに「うちの外では、髪《かみ》をぴょこたんとふたつに結ぶ」なんて、男子にとってはとんでもないことにまで及《およ》ぶのだ。

でも、人の心の声が聞こえる。すなわち心が読めるっていうのはなんともカッコええと、ツクルは、みんなに秘密でイクタの厳しい修業に耐《た》えることに。

やがてこの超能力《ちょうのうりょく》に興味を覚えたガリ勉のカタギリが、マネージャーになると名乗りをあげて……。

イクタは聞けなくなってしまったおばあちゃんの「声」を聞きたくてこれを全部やったのだという。

半信半疑になりながら鬼《おに》のようなイクタの特訓に耐えているうちに、ついにツクルの耳にも「声」が聞こえ始める……。

相手の本心を知るのはどきどきする。でも、ときには知りたくないこともあるかもしれない。そのとき、ツクルは気がつくのだ。ほんとうに大事なことは口に出さないとだめだと。

ジミだけど、性格Sで、それでいてしれっとどこかとぼけてて不思議に可愛《かわい》い女の子イクタと、やるならとことんやっちゃういけいけで、男前のツクルとのコンビのやりとりが、めちゃめちゃ楽しい。

（那須田淳）

003 ソロモンの偽証《ぎしょう》 全六巻

ジグソー・パズルの断片から浮かび上がってくる真実

新潮社（新潮文庫）
二〇一四年九月〜十一月
定価：1〜4・各七五〇円、
5・七九〇円、
6・八四〇円（税別）

宮部みゆき

不登校だった１人の中学生が転落死した。自殺と判定されたが、殺人だという告発状が届き、マスコミに取り上げられる。動揺する生徒たち。おとなは事態を収めようと図るが、子どもたちは裁判を開き、真実を追求する。

本書は一人の男子中学生の死とその波紋《はもん》を、第一部「事件」、第二部「決意」、第三部「法廷《ほうてい》」という三部構成で描《えが》いたミステリー小説である。

物語はクリスマス・イヴに電器店店主が目撃《もくげき》した情景で始まるが、店主はすぐに後景に退《しりぞ》き、同じイヴをそれぞれに過ごす数名の中学生とその家庭の様子にシフトする。彼らは物語の展開に関わる主要登場人物。本書は、複数の登場人物の行動や心理を追いかけていく群像劇でもある。その特《とく》徴《ちょう》は、登場人物や視点が交替《こうたい》するたびに、物語に新しい局面が開かれること。実際、学校の敷地《しきち》内で転落死していた中学生の「事件」は、告発状によって殺人が疑われるようになる。その後も事件の波紋は広がり続け、ついには大きな影響《えいきょう》を受けた数人の中学生が、学校内裁判を開こうと決めるに至る。

この作品の最大の魅力《みりょく》は中学生が真実追求のために学校内で法廷を開く、という設定そのものにある。判事を筆頭に法廷を構成する検事や弁護人、陪審員《ばいしんいん》をつとめる生徒たちをどう集めるかに始まり、裁判に反対している学校側をどう説得するか、またマスコミ対策等、クリアすべき問題は多い。そこで実現までの、中学生の実行力にまず感嘆《かんたん》する。

裁判開始後も退屈《たいくつ》を感じさせない。陪審員の中学生のために言葉の説明や状況のレビューが行われ、理解しやすいこと。検事と弁護人の攻防にリアリティがあること。さらに関係者の家庭の状況をはじめ、これまでに「わかっていた」とされてきたことが実は表層に過ぎなかったと、示されていくからだ。

物語の舞台である一九九〇年は、携帯《けいたい》電話が普《ふ》及《きゅう》する以前で、それがミステリーの成立に関係していたことも見えてくる。そして作者が用意した多くの伏線《ふくせん》は、まるでジグソー・パズルのように最後にきっちり統合される。事件の真実が新たな構図とともに眼前に展開したときのスリルときたら！　この本を読まないともったいないぞ。

（西村醇子）

たまたま生まれた時代の中で 私たちはめぐりあう

偕成社
二〇一四年三月
定価：一三〇〇円（税別）

濱《はま》野《の》京子

茨城県の公立中学に通う八乙女市子が語る中学３年の日々。気のあった男女６人の班メンバーのゆるいおしゃべりで進行する平和な中学生活が終わろうとしていた、まさにそのとき、東日本大震災が起こったのだった。

ばあさんが聞いてるラジオがうるさい。

この小説はこんな一文から始まります。言いたい放題の主は八乙女《やおとめ》市子《いちこ》。一九九五年四月四日生まれ。通称姉さん。

ある朝、市子は家にある国語辞典から「希望」の字を切り取ります（すぐに「電子辞書、切りとれねえよ」と気づくのですが……）。その翌日、班メンバーに「希望はあるか」とたずねると、いつの間にか「夢」の話になって、それぞれに夢のあるようなないような応えが返ってきます。読者モデル。公務員。高校でも吹奏楽部《すいそうがく》に入って第一クラリネットになること。正社員。しかし、臆面《おくめん》もなく「日本一の鉱物学者」と言い放ったのが高《たか》浜偉生《はまよしお》です。

みんなからすると、万事ピントのずれた偉生が自分の誕生日に「姉さんのことが好きだから、つきあってください！」と告白。そこから青春恋愛《れんあい》ドラマが始まるかというと、そうでもなく、市子は偉生の告白に応えないまま、偉生の態度にも特に変化もなく、夏休みの「はやぶさ」展見学、文化祭での「原発」に関する展示と、時間は流れていきます。

この作品は、市子たちの中学三年の「とき」、二〇一〇年の春から二〇一一年の春にかけての物語です。阪神淡路大震災《はんしんあわじだいしんさい》が起きた一九九五年に生まれた市子たちは、中学を卒業するその三月に東日本大震災を経験することになったのです。そして、たまたまそこは茨城で、県立高校の合格発表の日だった三月十一日、偉生は海辺の祖父母の家へ向かったのでした。

人は生まれる時も場所も選べません。地震や津波に遭《あ》うのもたまたまです。その残酷《ざんこく》さに言葉を失いそうになりますが、同じ時代に同じ場所に生まれ育ったという偶然《ぐうぜん》で、市子たちは出会ったのです。「三・一一」を読み手の胸に刻みつけるこの作品は、偶然から始まる人生の愛《いと》しさもかみしめさせてくれる作品となっています。

（西山利佳）

中学生になる少年の不安をユーモラスに描《えが》いた学園小説

講談社
二〇一五年一月
定価：一四〇〇円（税別）

ひこ・田中

テツオは案外と気が弱い。そもそも中学生になんかなりたくない。それに引っ越しをしたため、土《ど》矢《や》小学校の仲間とは別の中学校に入学することになった。そこには小学校時代から仲の悪いやつらがいる。「しかたがないやん」とは思うものの……。

テツオは小学生の頃のめちゃくちゃ気の合う仲間ふたりと別れて、知った顔のない瀬谷《せや》中学校に行かなくてはならなくなった。そのうえ、そこには仲の悪い連中がいるのだ。そもそもテツオは「オレは中学生になりたくないけど、なってしまうから、しかたがないやん」というやつなのだ。

ただ、テツオはかなり臆病《おくびょう》なほうだが、根っから正直で、物事を素直に見る目を持っている。その目に映る変化がリアルで、それを語る言葉が楽しい。

小学校の校長の式辞をきき終えて、「卒業式って嘘《うそ》っぽいのか？　それに耐《た》えるのが卒業式か？」とつぶやく。「よその学区から来たので、ボコボコにされるかもしれないと考えすぎて、（小学校を）隠してたという可能性もあるよね。男子って根性ないし」と図星《ずぼし》をさされ、「男子全部がそうかは知らないけど、オレは根性なくて、ボコボコにされるかと思って隠《かく》してました。それが隠せぬ真実です」と心の中で告白する。

それから、中学校でテツオを取り巻く女の子たちが元気だ。

テツオと「壁《かべ》かカーテン一枚離《はな》れただけで、下着姿になった仲」のアンリは、友だちのツグミといっしょになって、しっかりテツオをいじるし、入江《いりえ》ナミはテツオの強敵の後藤《ごとう》を「ミッちゃん」と呼ぶ。「うっさいわ。オレをミッちゃんって呼ぶな、ボケ」と後藤にいわれると、「おばちゃんも近所の人も、幼稚園《ようちえん》の先生も、私も私の親も、みんなあんたをミッちゃんと呼んでる。あんたは生まれてから死ぬまでずっと、私らのミッちゃんや」と言い返される。

そんななか、テツオは「まだ大人やないし、子どものままでいたいのに、大人扱《あつか》いされるってこと？」とぼやく。

小学校の六年間を終えて、いきなり中学校に突《とつ》入《にゅう》するときの不安をしっかり受け止めて、ユーモラスに、軽く打ち返してくれる、さわやかな作品。

（金原瑞人）

はじめての本当の別れに向き合う
少女たち、それぞれの物語

集英社（集英社文庫）二〇一五年二月
定価：五四〇円（税別）

朝井リョウ

高校卒業をひかえた７人の揺《ゆ》れる心を紡《つむ》いだ短編集。教師への叶《かな》わぬ恋。校門の外に広がる世界への不安。先のない彼との別れ。羽ばたく前に一瞬《いっしゅん》ぶるっと体を震《ふる》わせる鳥のような少女たちの姿が、まぶしくて、切ない。

上質の読書をしたあとには、今日からもっと丁寧《ていねい》に毎日を生きよう、という殊勝《しゅしょう》な心持ちになる。もっと丁寧にまわりの人を見つめて、もっと丁寧に言葉を放ち、もっと丁寧に空をながめたり風の匂《にお》いをかいだりして、寝る前にはもっと丁寧に歯をみがこう。自分という物語の主人公は自分であり、自分がやる気を出さなければ何もはじまらない。本書『少女は卒業しない』を読めば、きっとあなたもそんな気分になる。

高校卒業を前にした少女たちが、とても丁寧にそれぞれの「別れ」に立ちむかう、その一人一人の心模様を丹念《たんねん》に描《えが》いた短編集。別れなんてものは人生のいたるところにちりばめられていて、それこそ出会いの数だけあるようなもので、なのになぜ彼女たちがそんなにも丁寧でいられるのかというと、おそらく、それが彼女たちにとって事実上はじめての「本気の別れ」であるからだ。

小学校は幼稚園《ようちえん》の続きである。中学校は小学校の延長線上だ。高校を卒業するとき、はじめて私たちはそれまでともに歩《あゆ》んできた仲間たちと完全に切りはなされ、バラバラにされる。だからこそ、本書に登場する少女たちは、その別れをおざなりにするわけにいかない。それぞれのやり方で懸命《けんめい》に対峙《たいじ》し、通過しようとする。

「好きでした」。過去形でしか言えない一語を妻のいる教師に伝える少女。「田所《たどころ》先輩《せんぱい》、式が終わったら、生徒会室に来てください」。卒業式における在校生代表の言葉で、堂々、思い人への思いを公表する少女。「別れよ」。子犬のようにじゃれあってきた彼へ、ふりしぼるように別れの言葉を贈る少女。「会いに来るよ」。残して去らねばならない相手に心をうずかせる少女。

繊細《せんさい》かつ流麗《りゅうれい》な筆で綴《つづ》られたそれぞれの物語には、はじめての別れならではの不器用さがあり、律儀《りちぎ》さがあり、勇敢《ゆうかん》さがある。丁寧に人と接しよう。いつか別れる日のために。そんな、切なくも前むきな気概《きがい》を読み手に与えてくれる。

（森絵都）

時間をかけた議論の向こうにある
おいしい料理と人間関係

講談社
二〇一四年三月
定価：一三〇〇円（税別）

須藤靖貴《やすたか》

食物調理科、通称ショクチョウは１学年30人。ずっと同じクラスメイトで３年間、調理師免許《めんきょ》取得の厳しい課程を学ぶ。何事も徹底的に話し合い、同じ釜《かま》の飯《めし》を作り、食べることによって、彼らは仲間としての濃密《のうみつ》なつながりを築いていく。

新居山《にいやま》総合技術高校は県立高校ですが、プロの料理人を育てる食物調理科というユニークな課程があります。そのクラスの一人、ケイシが語る、ショクチョウの一年間は、実においしそうな料理と、議論に満ちた独特に濃い日々です。

三年間を通して担任の小梅雅子《こうめまさこ》先生は優しくてかわいらしい先生なのだけれど、怒ると怖《こわ》い。三年になってその怖さは加速しています。卒業したらあなたたちはプロなのだと、容赦《ようしゃ》なく厳しく、完璧《かんぺき》を求めるのです。

夏休み前、月一回の先生たちへの昼食提供で、ケイシたちの班は大きなミスを犯してしまいました。調理を始めてから材料不足に気がついたのです。発注ミスも致命的《ちめいてき》ですが、「どうすれば、いいでしょうか」の一言で小梅先生が激怒。君たち、ばかか？

その翌日から小梅先生が体調を崩《くず》して学校を休んでしまいます。ケイシは、以前中国料理の先生の特別授業で、感情のバランスと味について学んだことを思い出します。自分たちのふがいなさで小梅先生が「怒」を突出《とっしゅつ》させて体調を崩したのなら、「怒」に効く「酸っぱいもの」をお見舞いにすればよいのではないか。ケイシの提案を受け、みんなで議論を重ねるうちに「梅干し」を使ったオリジナルレシピを作ることになります。

みんなが考えたレシピはどれもユニークでおいしそうです。そして、けんかになりかけるような瞬間《しゅんかん》がありつつも、議論を重ねてすてきな結論を導き出す様子にはどきどきさせられます。

男子九人で缶酎《かんちゅう》ハイを飲むかどうかまで「ショクチョウギロン」するケイシたち。たった一人でも反対があるときは、やらない。それは、たった一人でもいやなものはいやだと言えるということです。そのたった一人を説得できないときは、強行しないということです。それは、一人一人が考え続けることで成り立ちます。今の日本に足りないものを教えてくれる一冊です。


（西山利佳）

ひとりぼっちのミナは
今日も空想の翼を広げる

東京創元社
二〇一二年十月
定価：一六〇〇円（税別）

デイヴィッド・アーモンド
山田順子・訳

ミナは標準学力テストの作文の課題に全く関係のない作文を書いたことをきっかけに、ママと自宅学習をすることになる。ミナはお気に入りの木に登って思索《しさく》をめぐらせ、日記や詩を書いて自分の気持ちを表現する。

「変な子」と級友ばかりか先生にもレッテルを貼《は》られているミナ。一つのことが気になりだすと、どんどん疑問がわいてきて、止められなくなりますが、誰も理解してくれません。

疎外《そがい》感を味わいながらも登校していたミナは、標準学力テストの日に先生が緊張《きんちょう》しているのを愚《おろ》かでかわいそうだと思い、課題とは全く関係のないナンセンス作文を書いて提出します。先生は怒って、ミナを罵倒《ばとう》します。ママが学校に呼び出され、それ以来、ミナは自宅で学習することになります。

この本は、ミナが自宅学習をすることになってつけ始めた日記という形で書かれています。日記といっても時には、詩や俳句、小説が書かれ、長い長い一文や、言葉の羅列《られつ》もあります。そして、ウィリアム・ブレイクや『かいじゅうたちのいるところ』など、彼女が読んだ文学や絵本も出てきます。字体もいろいろで、時には黒いページや一行しか書いていないページもあります。日記を書きながら、学校へ行かなくなった日から今までのことを言葉で整理しようとします。

ミナはいつも、冥界《めいかい》へ行って、亡くなったパパを連れ戻したいと強く願っています。それゆえ、古い炭鉱の坑道《こうどう》を冥界と思ってパパを探したこともありました。また、隣《となり》のマイヤーズさんが亡くなったことについても何度も考えてしまいます。

そのお隣には、新しい家族が引っ越してきて、ミナと同い年ぐらいの男の子と赤ちゃんがいます。ミナは興味津々《しんしん》でお気に入りの木に登って家族を観察します。

ミナは自由に空を飛べる鳥にあこがれ、学校は鳥籠《とりかご》だと感じています。けれども、友だちのいない寂しさを抱《かか》えています。ミナがこれからどう生きていくのか、読者は思いをめぐらせます。

この本に出てくる、引っ越してきた家族の男の子が同じ著者の『肩胛骨《けんこうこつ》は翼《つばさ》のなごり』の主人公です。両方読むと、自由や生死についての考えがますます深まります。

（土居安子）

悩み多き生徒と向き合う悩み多き教師たち

小学館
二〇一四年四月
定価：一四〇〇円（税別）

まはら三桃《みと》

創立100周年を迎《むか》える市立緑山《みどりやま》中学。ここにはエンドーくんの伝説があります。エンドーくんとは、かつて緑山にいた、成績優秀《ゆうしゅう》、容姿《ようし》端麗《たんれい》、スポーツ万能の生徒らしい。そんなやつ、本当にいたの？

この物語が変わっているのは、主人公を生徒ではなく、中学校の教師たちにしている点です。

エンドーくんの名を冠《かん》した落書きが校舎中にあります。伝説のヒーローのエンドーくんから勇気をもらおうと、過去の生徒たちが書いたものです。教師たちはその中の一句を偶然《ぐうぜん》発見し、それをきっかけにして前へと進んでいきます。

教師生活にもいささか倦《う》み、お金を貯《た》めることに生きがいを感じている矢島《やじま》。彼女はある女子生徒グループが性産業でお金を稼《かせ》ごうかと安易に考えているのを知ります。けれど、いくら叱《しか》っても、倫理観《りんりかん》や道徳観で諭《さと》しても、さほど効果はないのをベテラン教師である彼女にはわかっています。どうすればいいのか？　落書きにはこう書いてありました。「エンドーくんはお金よりつよし」。生徒たちを呼んだ矢島は彼女たちに思わぬ物を見せます。それは矢島がもらった最初の給料明細です。どれだけ働いて、どれだけもらって、どれだけ税金や社会保険に引かれて……。矢島は生徒に言います。「社会人はみんなそうやって、お金を稼いでるの、お金を稼ぐってことはそういうことです」。

ここにいるのは理想の教師ではなく、社会人として働いてきた等身大の大人の姿です。

他には、熱意だけはある新人体育教師清水《しみず》。離婚し、愛などないと結論づけ、授業中にそう言い切ってしまってどん引きされる赤坂《あかさか》。予備校教師に転職を決めたはいいけれど、塾から芸名を付けてくれと言われる石田《いしだ》。気の弱い教師として生徒からなめられているけれど、実は心に抑《おさ》えられない狂気を抱《かか》えている北野《きたの》。

生徒の前では決して見せない教師の姿が描《えが》かれています。教師たちは自分たちも悩《なや》みを抱えながら、悩み多き生徒に向かい合っているのがとてもよくわかる。こういう姿は知って損はない。

エンドーくんは存在したのか？　その謎《なぞ》は最後に解けます。ですから、解けた後もう一度読み返すと、いろいろわかって二度おいしいですよ。

（ひこ・田中）

「理由なきいじめ」にどう対するか
読者の心の底があぶりだされる

講談社（講談社文庫）
二〇一二年五月
定価：五五二円（税別）

川上未映子《みえこ》

斜視《しゃし》であることを厭《いと》われ、いじめを受けている「僕」のもとに、ある日、短いメッセージが舞《ま》いこむ。「わたしたちは仲間です」。相手は、同様にクラスでいじめられている女子のコジマだった。２人は手紙のやりとりをはじめる。

子どもが子どもをいじめる。時に、自殺へ追いやるほど執拗《しつよう》に。この圧倒的《あっとうてき》に受けいれがたい（それでいて、加害者《かがいしゃ》としても被害者《ひがいしゃ》としても皆《みな》がなにかしら身におぼえがある）現実を前にしたとき、人はいじめる側に理由を求めたがる。その生《お》いたちに、家庭事情に、友人関係に、学校生活のストレスに、成績不振《ふしん》に。その人の内部にしかるべき物語を求めて、腑《ふ》に落ちようとする。しかし、本書の作者は逆のことをした。

『ヘヴン』――このタイトルと響《ひび》きあうような美しい筆致《ひっち》で描《えが》かれたこの作品世界で、いじめへの理由を求められるのは加害者ではなく、被害者なのである。汚いという理由で虐《しいた》げられている少女は、その境遇《きょうぐう》をしのぐため、必死で理由を探そうとする。なければ自力で生みだそうとする。

「……大事なのは、こんなふうな苦しみや悲しみにはかならず意味があるってことなのよ」

孤高《ここう》の闘いをつらぬいた彼女が行きつく先は、痛ましくもどこか神々《こうごう》しく、もはや意味すらも必要としない究極《きゅうきょく》の「果て」のようにも見える。

一方で、著者はいじめる側に一切の理由を与えない。むしろ、加害者の一人である少年が主人公の「僕」に突《つ》きつけるのは、理由づけの無意味さだ。ただ、したいからしてるだけ。たまたま仲間内でそんなムードがあるだけ。その言いぶんに納得できない「僕」と彼の対決を通じて、読み手は自分自身の立ち位置を問われることになる。常日《つねひ》頃《ごろ》、据《す》わりのいい物語にもたれかかっている心の底をあぶりだされる。

ラストの展開に対して、「あっけない」「いじめはこんなもんじゃない」等の声を耳にしたこともある。が、本当にそうなのか。限られた空間でもがき苦しんでいる子どもたちは、彼らをとりまく大人の覚悟《かくご》次第でいかようにも救われるのではないか。当人の覚悟も必要だが、思いきって、あるいはやけになって窮状《きゅうじょう》を訴えることで、虚脱《きょだつ》するほどあっけなく消え去る地獄《じごく》もある。

（森絵都）

普通でない顔を持つオーガストと彼を取り巻く世界の物語

ほるぷ出版
二〇一五年七月
定価：一五〇〇円（税別）

R・J・パラシオ／中井はるの・訳

顔に大きな障害があるオーガストは、10歳になるまで家で勉強していたが、学校に通うことになる。学校という初めての社会で、オーガストは数々の試練に遭遇《そうぐう》するが、それはクラスメイトたちにとっても、新たな発見の始まりだった。

オーガストは生まれたときから顔に障害があり、たくさんの手術を重ねてきた。学校に行かず、自宅で勉強をしていたが、十歳のとき、中等部一年（日本の中学入学にあたる）に編入することになった。

校長と面談したオーガストは、代表で三人のクラスメイトを紹介《しょうかい》される。ジャック・ウィルは何かと気にかけてくれるが、ジュリアンとはそりがあわない。新学期が始まったが、多くの生徒たちはオーガストの顔を見て恐《おそ》れ、目を逸《そ》らして、近寄ろうとしない。「ゾンビっ子」「奇形児《きけいじ》」などとあだ名され、触《さわ》ったら病気がうつると噂《うわさ》が流れた。しかし、オーガストの持つユーモア、センス、溢《あふ》れる知性は少しずつ理解され、気さくに話しかけてくるジャック・ウィル、同じテーブルでランチを食べるサマーと友達になる。

ハロウィンは、オーガストが普通になれる唯一《ゆいいつ》の日。だが、オーガストがいないと思っているジャック・ウィルとジュリアンの会話を聞いてしまい、オーガストは心を閉ざしてしまう。

物語はオーガストの視点だけではなく、周囲の友人や家族の視点からも語られているため、多面的に読むことができる。それは、この物語が単純なものではなく、一つの側面では語れないことを効果的に現している。

また、校長や両親などの大人たちが、とても愛情深く子どもたちと接しているのが伝わってくる。とてもシリアスな内容なのに、ユーモアに溢れ、陰湿《いんしつ》な印象がないのは、このためだろう。

作者は、オーガストの顔を異形《いぎょう》にすることで、本質を見抜き、何がわれわれにとって大切なのかを問うている。

この世界は、オーガストにとって厳しい世界。しかし、さまざまな問題や現実を、受け入れ、克《こく》服《ふく》するオーガストは、まさに「wonder」で、輝《かがや》いている。

全米でベストセラーになり、世界中で読まれている話題作、いよいよ日本上陸！

（森口泉）

人を食った顔の奥《おく》に潜《ひそ》む真っ当さ
奇跡的な大ヒット少年コミック

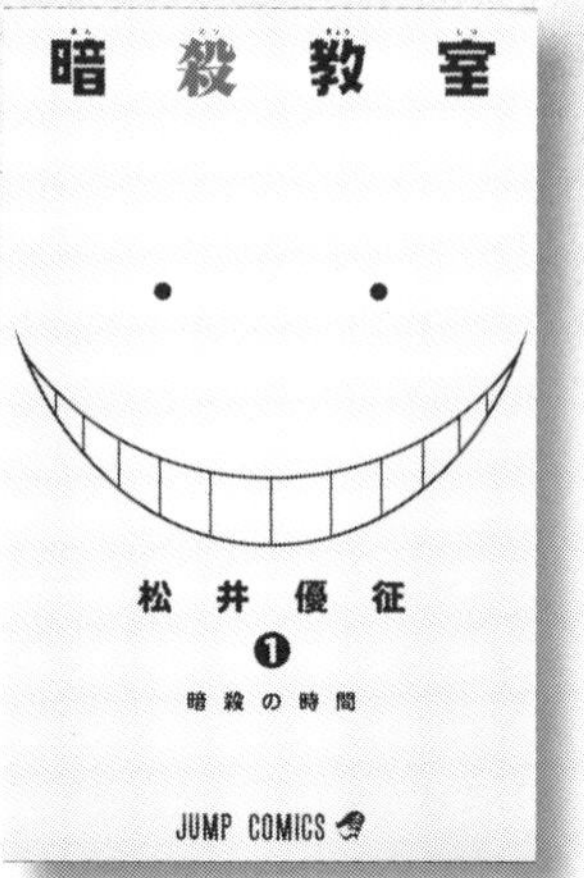

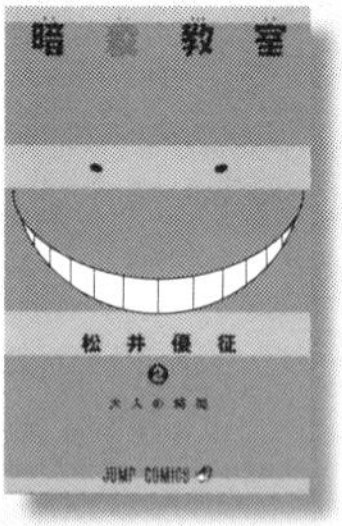

集英社（ジャンプコミックス）
二〇一二年十一月〜
定価：各四〇〇円（税別）

松井優征《ゆうせい》

謎の超生物「殺せんせー」と落ちこぼれ学級「エンドのE組」の生徒たちが織りなす過激で楽しい学園ストーリー。クセのある絵柄だがセンスは抜《ばっ》群《ぐん》。随所《ずいしょ》のギャグも効いている。現在、単行本は15巻まで刊行。週刊『少年ジャンプ』に連載《れんさい》中。

全員キャラ立ちした生徒たち。何重にも仕掛《しか》けられた頭脳戦《ずのうせん》。危険球スレスレのパロディとギャグ。そしてなにより、無敵の超生物《ちょうせいぶつ》「殺《ころ》せんせー」と、生徒たちが先生を殺すのが目的という、ブッ飛んだ設定!

普通《ふつう》に読んでも『暗殺教室』はすごく面白い。でも、このマンガの奥行きはそれだけじゃない。『暗殺教室』の前作『魔人探偵脳噛ネウロ』《まじんたんていのうがみ》も、魔人探偵と助手の少女のコンビに加え、理詰《りづ》めのバトル、そしてミステリーと呼ぶにはあまりに破天荒《はてんこう》な謎《なぞ》の数々が用意されていた。しかし、なにより重要だったのは、一見露悪的《ろあくてき》な絵柄《えがら》や題材でギョッとさせつつ、その根底には人間の可能性や美点を見据《みす》える真っ当で確かな人間賛歌が流れていたことだ。

『暗殺教室』にも同じことが言える。この作品で描かれる「暗殺」とは、ずばり教育のメタファー(暗喩《あんゆ》)だ。殺せんせーは本気で殺しにくる生徒たちと真正面から向き合う。決しておざなりな態度はとらない。内心では迷い、悩《なや》みながらも、生徒の前ではひとりのオトナとして毅然《きぜん》と振《ふ》る舞《ま》おうとする(振る舞いきれない時もあるけど)。だから殺せんせーは本当にカッコイイ。本作は人間賛歌であると同時に、教育と教師に捧《ささ》げられた賛歌でもあるのだ。

また、生徒たちは「殺せんせー」を暗殺するため、創意工夫《そういくふう》を凝《こ》らして綿密《めんみつ》な暗殺計画を立て、実行していく。すなわちそれは、ある理屈《りくつ》や論理を土台にして、子供たちが本気でオトナと関係を結ぼうとする試みでもある。

つまり本作は、暗殺という過激な隠《かく》れ蓑《みの》の下で、「教育とはなにか?」「理想の学校とはなにか?」を問いかける、極《きわ》めて真っ当で現代的な教育論なのである。

少年コミックにしては珍《めずら》しく女子キャラの扱《あつか》いもフェア。面白くて、正しくて、しかもすっごく売れている。こんな攻めたマンガが二〇一〇年代を代表する大ヒット作になっているなんて、まさに痛快! の一言だ。

(古川耕)

013 ABC!　曙《あけぼの》第二中学校放送部

みんなの心に声を届けたい！まっすぐで爽快《そうかい》な青春小説

講談社
二〇一五年一月
定価：一五〇〇円（税別）

市川朔久子《さくこ》

みさとが所属するのは、廃部寸前の放送部。厳しい先生から目をつけられ、トホホな毎日がつづく。そこへ美少女の転校生・葉月が現れて、ますます深刻に……。でも放送部の小さな声は、やがてみんなの心に届《とど》き始める。

機材オタクの古場《こば》とたった二人の放送部に所属するみさと。しかも、部長は頼《たよ》りない須《す》貝《がい》先生ときている。そこへ管理教育の塊《かたまり》みたいな古権沢《こごさわ》先生に目をつけられ、部員が増えなければ廃部にすると脅《おど》される。

いつ廃部《はいぶ》になってもおかしくない危機に、みさとたちはもっとクラブの存在を知ってもらおうと昼休みに校内放送を始める。そんな矢先に超絶《ちょうぜつ》美少女の葉月《はづき》が転校してきた。彼女は他校から男子が見に来るぐらいの美少女だが、コミュ力がゼロで、同級生とも担任ともぶつかって問題を起こしてばかり。

ところがその葉月が放送部経験者と知って、みさとは勧誘《かんゆう》する。さらに元野球部員の新納《にいの》や、下級生の珠子《たまこ》も加わって、放送部は少しずつにぎやかになっていく。そんなある日、放送コンクール地区大会に出場することに……。

コンクールに応募《おうぼ》するラジオ劇の原稿《げんこう》を、自分たちの考えで、練りに練って準備するみさとたち。ところが、なにごとも上から押し付けてくる古権沢先生は、その内容が理解できないというか、頭から理解しようとしない。

納得できないまま、先生のチェックした原稿でコンクールに応募させられる放送部。けれども、みさとたちはさんざんに悩《なや》んだあげく、失格を覚《かく》悟《ご》しながら、自分たちの意志を貫《つらぬ》こうとする。

このみさとたちがラジオ劇のテーマとして選んだのが、禅問答《ぜんもんどう》の一つ「隻手《せきしゅ》の声」だった。

これは両手で手を打ち合わせればとうぜん音がするが、片手しかなければ、その音をどうやって聞くことができるのか……という問題である。

答えは、ほかの人と手を打ち合わせること。心と心が通じ合えばぱちりと音は鳴る。

ひとりひとりの声は小さくても、真実の声はみんなの心に強く響《ひび》くものだ。部活に、友情に、恋に、まっすぐ真剣《しんけん》勝負の中学生たちがまぶしい成長物語。

（那須田淳）

何かに真剣に取り組むと
大切なものが見えてくる

講談社（講談社文庫）
二〇一四年十二月
定価：六九〇円（税別）

平田オリザ

地方高校の演劇部、さおりは部長になった。新しく来た顧問は全国大会を掲《かか》げ、生徒たちも奮起する。演出を任されたさおりは、『銀河鉄道の夜』を演目に、全国大会に勝つための劇づくりにのめりこんでいく。リアルな高校演劇の世界を描く部活小説。

高校野球には甲子園《こうしえん》があるように、高校演劇にも「全国大会」なるコンクールがあって、多くの演劇部は高校生の頂点をめざします。勝つか負けるか、負けたら終わりの世界です。

せいぜい県大会出場が目標の弱小演劇部。ここにやってきた「大学演劇の女王」と評された新任の顧問《こもん》は、「何だ、ちっちゃいな、目標。行こうよ、全国大会」といい、これまで物足りなさを感じていた部員たちは奮起《ふんき》し始動します。

良き指導者（本人は指導はしてませんというが）を得た演劇部は、校内の公演ではじめて「成功」という快感を味わいました。これまでならこの余韻《よいん》をいつまでも語り合っただろうけれど、もっと大きな目標がある！　こうして、どんどん演劇にのめりこんでいく様子が、部長になったさおりの目線で、語られた小説です。

さおりは、大会に向けて、演出に専念することになり、演目を『銀河鉄道の夜』に決め、脚本《きゃくほん》を書き、劇を創っていきます。勝つための劇づくり、このプロセスが実に丁寧《ていねい》に描《えが》かれているのです。一人芝居《しばい》を見る、本を読む、研修に参加する。一人ひとりの部員の個性、部の持ち味を活《い》かして、自分たちの日常が「立ち現れる」芝居とは何か、さおりは悩み、格闘《かくとう》します。台詞《せりふ》の言葉、場面の細部にこだわり、舞台《ぶたい》の上で、観客に向き合ってもなお進化し、そして完成されていきます。

著者は劇作家で演出家です。独自の演劇理論をもって、広く演劇教育を展開している方ですから、このあたりはとてもリアルで、高校演劇という独特な世界を知ることができる貴重な作品だと思います。

けれども、それだけではなく、さおりという高校生が、仲間や先生に出会い、家族の存在に気づき、演劇というものに真剣《しんけん》に取り組んだことで、何を得たかを感じてほしい作品です。今、自分の舞台に立って、「幕が上がる」のをドキドキ、ワクワクして待っている人たちに。

（右田ユミ）

高校野球って面白い！ まぶしい青春ストーリー

講談社（講談社文庫）
二〇一四年三月～七月
定価：（1）六一〇円、（2）六九〇円、（3）七〇〇円（税別）

須藤靖貴《やすたか》

大代台高校の野球部は掟《おきて》破り。根性論は一切なく、ミーティングで方向性を決める「考える野球」。球児たちは毎日野球漬《つ》け。野球野球野球 !!　濃厚な野球生活を、直球どまんなかに描《えが》く。

中学までエースだった礼文《れぶん》は、強豪校《きょうごう》の推薦《すいせん》をもらえず、大代台《おおしろだい》高校へ入学。野球部はあるけれど、レベルは低く、入部しないまま三か月がたち、熟慮断行《じゅくりょだんこう》のうえ野球部に入部。大代台高校野球部は礼文が加わったことにより、勝てる野球を目指す。

監督《かんとく》の「ゴキゲン」は練習の仕方、方針、すべて徹底的《てっていてき》に合理性を追求。理由が明確でないことは一切やらない、一筋縄《ひとすじなわ》ではいかない監督。得意は関係ないような枕《まくら》で話をはじめ、野球に結びつけ、試合の反省や説得に向けるブーメラン論法。バント禁止。牽制球《けんせいきゅう》は投げない。投げ込み、走り込みをしない。合理性追求型論理的高校野球。無駄《むだ》な練習を極力なくし、勝つために何が必要かを追求する。ポジションに求められる役割をまっとうにこなし、なぜそれをするのか、どんな効果があるのか徹底的に意見をぶつけ合い、全員が納得する野球をする。

乾燥肌《かんそうはだ》の礼文には、球を投げ続けていると指が乾燥し、指先がひび割れてしまうという弱点があった。さらに練習を重ねるにつれ、投手ゆえの持病も抱《かか》えることになってしまう。

この作品を読むと、野球に興味がなく、知識もない私でも、練習の様子がありありと浮《う》かんでくる。野球の組み立て方、戦術などの描写《びょうしゃ》に説得力があるからだろう。ストレッチや練習のプログラムが精密で、野球の面白さを教えてくれる。

また、それぞれの季節や時間帯の空気感を、さりげなく挿入《そうにゅう》することで物語に生命が宿る。作者はスポーツをしている空気感をよく知っている。早朝のランニングをしている気持ちになるし、練習中の夕焼けがありありと見えてきて、彼らはこのような景色を見ているのだ、と我々に教えてくれる。

特筆すべきは、体力強化のために朝練後に部室で作って食べる「ゴキゲン定食」。輝《かがや》く白米、とろける卵。あああ。夢中になってかっ込んでいる様《さま》がたまらない。

文庫版では、高校野球といえばこの人！　という選手たちの解説も楽しめます。

（森口泉）

016 | アート少女
根岸節子とゆかいな仲間たち

アートする心は一つ!?
ゆるさが魅力《みりょく》の部活ストーリー

ポプラ社（ポプラ文庫ピュアフル）
二〇一一年九月
定価：五六〇円（税別）

花形みつる

才能ある３年生たちが引退し、一気に弱小部活になった美術部。進学校を目指す校長が、補習室に使うために部室を取り上げると言い出す。どうする根岸！……だからといって、何をする根岸！アート愛あふれる爆笑《ばくしょう》＆感動の青春ストーリー。

美術部の新しい部長になった根岸節子《ねぎしせつこ》。部長の大事なお仕事は、みんなをまとめるとか、生徒にアピールして部員を増やすとか、いろいろありますが、根岸の当面の重要事項《じこう》はなんと部室の確保です。美術部ですよ、美術部。部室がなくてどうして作品制作が出来るでしょうか？これは完全に部の存続の危機。

しかも部員ときたら、文句たらたらの狩野芳子《かのうほうこ》、超オタクの梅原龍之介《うめはらりゅうのすけ》、教室に行けなくて美術部登校を続ける青木繁生《あおきしげお》といった、戦力になるとはとても思えない連中。ついでに言えば根岸だって見境なくキレてしまうという点では戦力外ですけど。それでもまあ、部員一丸となってこの危機に立ち向かう！　ならいいけれど、みんな自分の世界に入っています。

基本に返ってデッサンでもしようと根岸が提案。だけどトルソーが倉庫の奥《おく》なのでモデルを募《ぼ》集《しゅう》。なんと引退したての野球部元キャプテンがその筋肉美を披露《ひろう》してくれることとなりました。しかもグラウンド練習中で空いている部室を使っていいとまで。なんとありがたい申し出でしょうか。

ある事件によって部費がゼロになった美術部。これでは秋の発表会に出品できない。そこで根岸たちは、女子に人気の高い野球部員のデッサンをコピーして売りさばくことにするのですが……。とまあ、自由な発想の根岸たち。

しかし、そんなに巧《うま》く事が運ぶはずもなく、校長に発覚してしまいます。根岸と美術部の運命やいかに？

部活っていうと変に連帯意識が強くなりがちで、それは気持ち悪いけれど、根岸たちはバラバラで、マイペース。でも、アートする心は一つ。部活って、自分の趣味《しゅみ》の時間なんだから、縛《しば》られないでこれくらいのつながりがちょうどいいと思う。

そうそう、根岸のツッコミが面白くて、読みながら笑ってしまうので、人前では読まない方がいい。

登場人物の名字はみんな、有名アーティストからもらっています。それを調べてみても楽しいですよ。

（ひこ・田中）

不器用だけど誠実な「ぼっち」たちの美学

小学館（ガガガ文庫）二〇一一年三月
定価：六〇〇円（税別）

渡航《わたりわたる》／ぽんかん⑧・イラスト

高校２年生の八幡は自分と周りをごまかす生き方を嫌っている「ぼっち」。担任教師に強制的に入部させられた奉仕部で、信条を同じくする才色兼備《けんび》な雪乃と出会い、正論が通用しない学校での生き方を模索する。現在11巻まで刊行されている。

本シリーズの魅力《みりょく》は、「ぼっちあるある」の諧謔《かいぎゃく》もさることながら、「みんな」であることを強要する学校という閉じられた社会で、「ぼっち」の美学に殉《じゅん》じるかのような生き様《ざま》を示す主人公にある。

主人公の八幡《はちまん》は「空気」を読み、「みんな」に合わせるような生き方を嫌《きら》っている「ぼっち」だ。そんな八幡がお悩《なや》み相談の解決を手伝う奉仕《ほうし》部で出会うことになるのが雪乃《ゆきの》である。「みんな」の世界の不条理《ふじょうり》さを憎《にく》んでいる雪乃に共感をおぼえる八幡であったが、その処世術《しょせいじゅつ》は対照的であった。

たとえば、最初の依頼者《いらいしゃ》で、後に奉仕部に入ることになる結衣《ゆい》が好きな人のためにクッキーを焼くのだが、上手に作れず、「こういうの最近みんなやんないって言うし」と弱音を吐《は》く。「みんな」を言い訳にして努力を放棄《ほうき》する態度を批判した雪乃とは対照的に、八幡は手作りであることがポイントなのだから不出来なままでも構わないと現状を肯定《こうてい》する。

雪乃のアプローチでは正攻法《せいこうほう》であるが故《ゆえ》の衝突《しょうとつ》を生み、八幡のアプローチでは問題が解消されるだけで解決されるわけではないので、奉仕部の活動は綱渡《つなわた》りのような危うさをはらんでいる。

「リア充《じゅう》」グループに所属している結衣が加わったこともあり、奉仕部は「みんな」の世界との関わりを強めていく。「ぼっち」の美学を武器に「みんな」と渡り合う八幡であったが、巻を重ねるにつれ、「ぼっち」の美学にしばられている自分を直視することを余儀《よぎ》なくされる……。

奉仕部顧問《こもん》の平塚《ひらつか》が心配しているように、優しくて往々にして正しい奉仕部の面々が優しくも正しくもない学校で最適解を模索《もさく》する姿は、不器用だけど誠実だ。二巻以降では、サッカー部部長のイケメンなのに何故《なぜ》かしら八幡を意識している葉山《はやま》をはじめ、「リア充」グループの葛藤《かっとう》が描《えが》かれるなど、青春群像活劇としての様相を呈《てい》してくる。インスタントな人間関係に満足できない十代におすすめのシリーズ。

（目黒強）

恋愛に最初の一歩を踏み出した まっすぐな少女の青春

ポプラ社（ポプラ文庫ピュアフル）二〇一〇年三月
定価：五六〇円（税別）

濱野《はまの》京子

眼鏡《めがね》をかけて別人に変装し、山手線の地図に投げたダーツが当たった見知らぬ駅で降りる。そんな変わった趣味を持つ森下栞が五反田駅で出会ったのは、中学のときの同級生、月島耕也だった。高校生の切ない恋愛を描いた青春小説。

恋《れん》愛《あい》が得意な人と、苦手な人。おそらく、二種類の人間がいるのだと思う。

ヒロイン・森下栞《もりしたしおり》は、明らかに恋愛が苦手なタイプだ。男友達がいないわけではない。そして、彼女のことを気にかけている男子もいる。けれども、亜子《あこ》や美波《みなみ》といった女の子のグループにいるほうがどこか心地よく、安心する。そして、恋愛とは少し距離《きょり》を置いている。教室では周囲に頼《たよ》られ、きびきびとしたキャラとして振《ふ》る舞《ま》ってしまう。だから、友人の亜子からも「シオリンって冷たい。何考えてんのかわかんない」と、いわれてしまう。

けれども、恋に心が動かないわけではない。自分が恋をしているということを認めてしまったり、恋によって今までとは違《ちが》う自分になってしまうのを他の人に見られたりしたら、どうして良いかわからなくなってしまうのだ。だから、本当の自分を隠してしまう。それで、叶《かな》えられなかった恋、失われた恋が生まれ、それがずっと栞のなかに喪失感《そうしつかん》として残されてしまう。

そんな喪失感を忘れるために栞が考えだしたのが、けっして他人には見せない服装をして、見知らぬ駅に降りるという「趣味《しゅみ》」だった。けれども、彼女が五反田《ごたんだ》駅に降りたとき、その喪失感の原因となった月島耕也《つきしまこうや》に出会ってしまう。彼は中学生のときに半年だけ同じクラスにいた同級生で、まるで事故のように起こった栞のファーストキスの相手、そして、そのキス以来、彼女の失われた恋の原因となった少年である。彼の登場をきっかけに栞の日常には少しずつ変化が起こり、周囲の人間関係がクロスしていく。

けれども考えてみれば、はじめから恋が得意な人はそう多くはいないのではないだろうか。誰もが何度も失敗を繰《く》り返し、正解もないなか足掻《あが》くしかない。そんな世界に最初の一歩を踏《ふ》み出した少女の想いを描《えが》いたのが、この『トーキョー・クロスロード』なのである。

（大橋崇行）

生まれも育ちも異なる
ふたりを結びつけたものとは？

新潮社
二〇一四年四月
定価：一三〇〇円（税別）

柚木麻子《ゆずきあさこ》

シングルマザーである母のヤンキー趣味《しゅみ》に囲まれて育ったダイアナこと矢島大穴。母は料理教室の先生、父は編集者という知的な家庭で育った神崎彩子。本を読むのが好きという共通点で結ばれた2人の少女の8歳から22歳までの物語。

ダイアナっていう名前に聞き覚えはない？　そう、モンゴメリ『赤毛のアン』に登場する、アンの「腹心《ふくしん》の友」の名前がダイアナだ。

でも、柚木麻子『本屋さんのダイアナ』の主役であるダイアナは十五歳になったら改名するつもりでいる。だって本名が矢島大穴《やじまだいあな》だから。大穴だよ、大穴。競馬好きのパパと相談し、「あんたが世界一ラッキーな女の子になれるようにと思ってつけたんだ」ってママはいうけど、そのパパは行方《ゆくえ》知れずだし、十六歳でダイアナを生んだママはキャバクラ勤めで、娘の髪《かみ》を金髪《きんぱつ》にし、自分を「ティアラ」と呼ばせているし。

小学三年生にして絶望していたダイアナの前に現れたのが神崎彩子《かんざきあやこ》。母は料理教室の先生、父は編集者。絵に描いたような中産家庭の娘である。ダイアナは神崎家の知的な雰囲気《ふんいき》に憧《あこが》れ、彩子は矢島家のキラキラな装飾やジャンクフードに熱狂する。本好きの二人は『秘密の森のダイアナ』という絵本を介《かい》して親しくなるが……。

物語の重要な牽引力《けんいんりょく》になっているのは、「ダイアナの父探し」というプロットだ。後半、徐々《じょじょ》に明らかになる、母の意外な少女時代、ダイアナという名にこめられた父母の思い、さすらいのギャンブラーだと信じていた父の正体。

一方、幼い頃の親友関係が壊《こわ》れるのはよくあることで、中高一貫《いっかん》のお嬢《じょう》さま学校に進んだ彩子と、母に反対されて中学受験をあきらめたダイアナの関係は十年間の空白を迎えるのだ。

『赤毛のアン』や吉屋信子《よしやのぶこ》『花物語』の時代から、山田詠美《やまだえいみ》『蝶々《ちょうちょう》の纏足《てんそく》』とか、吉本《よしもと》ばなな『TUGUMI《ツグミ》』とか、女の子同士の友情（と確執《かくしつ》）は人気のある題材だ。が、ここでは大人社会の事情にも踏み込んでいるのが高ポイント。高校を出て念願の書店員になったダイアナと、退廃《たいはい》的な大学生活をおくる彩子は和解できるのか。あなたとあなたの親友の関係も、ふと考えちゃったりするかも。

（斎藤美奈子）

020 逢沢《あいざわ》りく 上・下

あふれ出す感情が止まらない！
大人の心もゆさぶる傑作《けっさく》

文藝春秋
二〇一四年十月
定価：各一〇〇〇円（税別）

ほしよりこ

主人公のりくは、蛇口《じゃぐち》をひねるように簡単に涙を流すことができる女の子。でも悲しくて泣いたことはない。悲しいって何？　どういうもの？　本当の感情を知らないりくが、関西のにぎやかな大おばさんの家で初めて知る大波のような感情。

悲しくもないのに泣いてみたり、相手の感情を読んだつもりになって行動してみたり……。そういうことを平気でやってみせちゃう美少女中学生、逢沢《あいざわ》りく。

気を引きたい年頃にはままあることだけど、そういうのって実ははたから見ているとけっこうかわいそう。でも本人はあまりそのことには気づいていないみたいです。たぶん、浮気《うわき》しているオシャレなパパも、過保護で気分屋で完璧《かんぺき》主義のママも同じようにあまり気づいていない。というか気づかないふりをしているのかな。

物語が動き出すのは後半。突然《とつぜん》のママのアイデアのせいで、りくは関西の大おばの家でひとときを過ごすことに。それがまさに関西！　っていう感じの家で、おばさんおじさんの掛け合いは夫婦《めおと》漫才《まんざい》そのもの。遠慮《えんりょ》なんかみじんもなくぐいぐい人の心をこじ開けちゃいます。会話もずっと多くなるので、一生懸命《いっしょうけんめい》読んでみるけど、たいがいおっそろしくくだらないのです、これが。わたしは関西出身ではないので、本当のところはよくわからないのだけど、ゆるいボケとつっこみがたいして注意も払《はら》われずにさらさらと通り過ぎていく様子は、ものすごくリアルに見えました。でもこちらとしてはふきだしてしまうやりとりも、りくにとっては宇宙人の会話のよう。とにかく茫然自失《ぼうぜんじしつ》で、帰れる日までじっと静かに耐《た》える日々……でした。でしたけど……。

最後、読み終えてわたしは力のかぎり全力で走って走って走って、それからわぁわぁ声をあげて泣きたくなりました。年がいもなく。

どうしようもなく、あふれ出す感情を止められそうもなくて。

このえんぴつ一本のたよりない線から紡《つむ》ぎだされる感情の糸は、心のすきまから入り込んで束《たば》になって……どうにも信じられないくらいゆさぶられてしまったのです。これはわたしがとうに多感な時期をすぎた大人だからなのか。りくと同年代の子たちが読んで、いったいどんな感想を持つのか、ぜひとも聞いてみたくなりました。

（酒井七海）

女の子が抱える大きな「問題」を
ストレートに描《えが》いた物語

講談社
二〇一五年三月
定価：一四五〇円（税別）

河合《かわい》二湖《にこ》

すべての女の子は「見た目」の問題から逃《のが》れることはできない。様々な問題を抱えた、悩める中学2年生の女の子たち4人の「かわいい」と「かわいくない」をめぐる連作短編集。

「かわいい」を意識するようになったのは、一体いつ頃だったただろうか？　物心ついてから、絶えず見た目の問題に支配されていた気がする。まして「かわいい」を他人と比較《ひかく》しだしてからはなおさらだ。持って生まれたもの、努力でどうにかなりそうで、でもなかなか難しいもの。大きな大きな問題だ。

　この物語には、それぞれに容姿に関する悩《なや》みを抱《かか》えた四人の少女が登場する。付き合っている男の子が理想の女の子を自分にあてはめていて、本当の自分を見てくれていないと感じている小春《こはる》。雑誌のモデルをしているほど美人だけれど、クラスでは孤高《ここう》の存在で、自分が美しいことを煩《わずら》わしく感じている優貴《ゆき》。友達の叔母《おば》さんにメイクを教えてもらい、努力してきれいになる楽しさに目覚めた夢美《ゆめみ》。かなりつきだしたアゴの持ち主で、美容整形を心の底から望んでいる野乃《のの》。美しいことが、幸せなのか。女の子たちの葛藤《かっとう》。

　物語の中で四人は気高《けだか》く戦ってゆく。自然体でいるのもいいし、お化粧《けしょう》やファッションで武装するのもアリだと思う。要は自分の素材をきちんと理解すること。コンプレックスを自信に変えて自分が強くなれるかどうか。強くなった女の子はきれいだ。

　子どもの頃から人間は中身が大事だから内面を磨《みが》きなさいと言われてきたけれど、大人になった今だからこそ言える。見た目って大事。人から見られることを過剰《かじょう》なくらいに意識して自分を見つめていくことは、決して悪いことではないと思う。どうやって自分を受け入れていくのか、好きになっていくのかは、人間の成長過程で大事なことではないだろうか。

「かわいい」で生きていくのか、「かわいくない」で生きていくのか。それは自分自身でつかみとるもの。選ぶのは自分。悩《なや》んで傷《きず》ついたその先にある彼女たちの未来は、きっと美しいに違《ちが》いない。誰《だれ》にだって「かわいい」のチャンスはあるのだ。

（兼森理恵）

もっと強く生きたい！少女の揺《ゆ》らめく心を描《えが》く学園ドラマ

ポプラ社
二〇一五年三月
定価：一四〇〇円（税別）

蒼沼洋人《あおぬまようと》

親友が転校してしまい、喪失感《そうしつかん》に見舞《みま》われる少女めぐみ。けれども小学校最後の１年は、子どもたちをいうにいわれぬ焦燥《しょうそう》にかりたてる。そんなひりひりするような空気の中で、大事件が起きた……。

小学校六年生。中学を目前にした最後の一年は、ただでさえ落ち着かない。子どもから思春期へ、どうしても成長の階段は登っていかなければいけないから。

なにげない日々の中で、なんともわからない不安がつきまとう。どうしたらもっと自分らしく生きられるだろう。そんな悩《なや》みは、だれもが通ってくる道だけれど、なかなか答えはみつからないものでもある。

新学期そうそう、親友の優希《ゆき》が転校してしまったため、めぐみはなんとなくクラスで自分の居場《いば》所《しょ》がみつけられないでいた。

かつては仲が良かった理奈《りな》は、あるグループのリーダーだけれど、へんな仲間意識で固まっていて、入る気はしない。

とくに理奈グループのリーダー格のひとり一伽《いちか》とは相性が合わない。次第に孤立《こりつ》するめぐみ。そこへ転校生の直緒《なお》がやってきて、バスケを通して親しくなり、優希がいなくなってモノトーンだった日常が色づき始める。ところが、その直緒と一伽が仲たがいして、一伽は止めようとした先生にケガをさせてしまう。

事件を起こし、頼《たよ》れるはずの理奈たちから突然のけものにされ、不登校になってしまった一伽……。

自信を失いうずくまる仲間を見て、このままでいいのだろうか、なんとかしたい、そのためにはもっと強くなりたいと悩む、めぐみ。そのときあらためて気がつくのだ。自分にとって親友の優希が、どれほどかけがえのない存在だったかに。

めぐみは、思い切って一伽を訪ね、そこで理奈をみかける。理奈も、理奈なりに一伽に寄り添《そ》おうとしていたのだ……。

ほんとうの友情とはなにかを考えさせられる素敵な物語。思い出のさくらの樹《き》に別れを告げ、ひとり歩き出すめぐみが、凛《りん》としてすがすがしい。ポプラズッコケ文学新人賞大賞作品。

（那須田淳）

次は芥川賞を獲ります！
女子中学生のダークな企《たくら》み

文藝春秋
二〇一四年二月
定価：一八五〇円（税別）

朝倉かすみ

私たちが手を組めば、何だってできる！　洞察力《どうさつりょく》に長《た》けた堂上弥子と美貌《びぼう》のニコこと鈴木笑顔瑠。中学校の教室で出会った２人は、まんまと大人を騙《だま》すことに成功するが……。北海道小樽を舞台《ぶたい》に、恐《おそ》るべき「仲良し２人組」が疾走《しっそう》する。

読書感想文って好きですか？　好きなわけないか。でも、もし感想文コンクールで上位に入賞し、賞賛を浴びることになったら。

朝倉かすみ『てらさふ』は本当にそれを実行しちゃった二人組の物語だ。なぜ二人組なのか。それは役割を分担することに決めたから。

堂上弥子《どうのうえやこ》は、自分はちょっと特別と思っている自信過剰《かじょう》な中学生。ニコこと鈴木笑顔瑠《すずきにこる》は、ここにいる自分は本当の自分じゃないと思っている転校生。弥子にむかってニコはいった。「ひとりでやる度胸がないなら、組んでもいいよ」

弥子が最初の仕事に選んだのは、小樽《おたる》市読書感想文コンクールで最優秀賞を受賞することだった。ここで勝てたら全国への道が開ける。

「わたしが書いて、ニコの名前で応募《おうぼ》するの」

「ゆでたまごでいえば、ニコが白身で、わたしが黄身。それが『わたしたち』なの」

「白身と黄身」作戦はまんまと当たり、感想文は全国大会で文部科学大臣奨励《しょうれい》賞をとる。弥子はすかさず第二のミッションを発表した。

「次は芥川《あくたがわ》賞を獲《と》ります」

ニコでなくても驚《おどろ》くよね。ええーっ、いくらなんでも、それは無理でしょ。

いやいやいや、策士《さくし》の弥子は新人文学賞受賞から最年少で芥川賞を受賞するまでの綿密《めんみつ》な計画を練っていたのだ。自分は小説を書くから、ニコは受験勉強をしろ。「芥川賞作家になるんだから、普通《ふつう》科の高校くらいには入っておかないと、なんか説得力がないでしょう？」。驚いたことに「堂上にこる」のペンネームで応募した小説は……おっと、この先は読んでのお楽しみ。

十代で成功を手に入れる。誰《だれ》もがボンヤリ憧《あこが》れる未来。でも成功に不正がからんだら？　倫理《りんり》的《てき》にはどうかと思う二人だけれど、ダークな弥子と天然なニコは、中学生＝純真無垢《じゅんしんむく》という幻想を吹き飛ばす。「てらさふ」とは「てらう（ひけらかす）」を意味する古語。これも一種の犯罪小説。あり得ないと思いながらも本当っぽい展開に、ドキドキすること請《う》け合いだ。

（斎藤美奈子）

服は自分を楽しくさせるもの
男子も女子も関係ない！

福音館書店
二〇一二年五月
定価：一五〇〇円（税別）

D・ウォリアムズ／Q・ブレイク画
鹿田《しかた》昌美《まさみ》・訳

母親が出て行ったため、父親と兄と３人で暮らしている12歳のデニス。ある日彼は、有名な女性向けのファッション雑誌『ヴォーグ』の中に、母親が着ていたのとそっくりなドレスを発見し……。

学校ではサッカーが一番巧《うま》くて人気者のデニスですが、母親がいなくなってとてもさみしい。『ヴォーグ』を見て女性の服に魅《み》せられたきっかけは母親恋しさです。けれどその後、彼は女性の服そのものに惹《ひ》かれていきます。「ゴージャスさに」「美しさに」「完成度に」。

けれど、『ヴォーグ』を持っているのを父親に見つかってしまい、取り上げられてしまう。「そんなの横暴だ！」と思う？　それとも、「男が女性ファッション誌を持つなんて気持ちが悪いから、当然だ」って思う？

二学年上で学校のファッションリーダーでもあるリサは、そんなデニスの願いを叶《かな》えるべく女性の服を貸し、メイクしてあげます。とっても似合っている。

フランスからの留学生との触《ふ》れ込みで学校に行っても誰《だれ》も気づかないどころか美しい少女に男子たちは盛り上がります。

けれど、校長に発覚し、デニスは退学に。

そこからデニスがどう復帰するかは、サッカー仲間も巻き込んでのコテコテのエンタメで、とてもおもしろいですから、どうぞお楽しみに。

考えてみたいのは、偏見《へんけん》についてです。女は男と同じ服に身を包んでいても何も言われないのに、どうして男はそうではないのでしょうか？

歴史をひもとけば、女がズボン（パンツ）を穿《は》いても誰も何も言わなくなったのは、そんなに古い昔のことではなく、十九世紀です。つまり、男の服装は女のそれより上位にあるとみなされ、性差別が強かった時代には女が男の服を着るのをいやがったわけです。

そうした意識は今も残っていて、せっかく男であるのに、わざわざ下位の女の服を着ようとする男を馬鹿にしたりするのです。

でもね、服は身を守ると同時に、自分を楽しくさせるための道具です。だから、どんな服を着たっていいんですよ。

（ひこ・田中）

ありのままに生きることが
どうしてこんなに難しいんだろう

講談社
二〇一一年六月
定価：一四〇〇円（税別）

如月《きさらぎ》かずさ

男性らしくなっていく身体に嫌悪感をおぼえる圭吾にとって、女声で歌うことだけが自分らしさを感じられる瞬間だった。そんな圭吾が放送部主催の企画に覆面アイドルとしてエントリーしたことから、思いがけない事件が起こる。

主人公の圭吾《けいご》は、可愛《かわい》いものが好きで、女の子になりたいと願っている中三男子だ。本人いわく、性同一性障害《せいどういつせいしょうがい》というほど深刻なものではないらしいのだが、男性らしくなってきた身体に嫌悪感《けんおかん》をおぼえるなど、生きづらさを抱《かか》えていた。

動画投稿《とうこう》サイトで「両声類《りょうせいるい》」（女声と男声の両方の歌声で歌える人のこと）の存在を知った圭吾は、猛特訓《もうとっくん》の末に女声を手に入れ、カラオケボックスに通い詰《つ》める。女声で歌うことだけが自分らしさを解放できる唯一《ゆいいつ》の手段であったからだ。

そんなある日のこと、放送部の企画に参加してくれそうなアイドル志望の女生徒の紹介《しょうかい》を頼《たの》まれる。歌声を聴《き》いてもらいたいと思った圭吾は、正体を隠《かく》しながら、「雨宮《あまみや》かえる」という名の覆面《ふくめん》アイドルとして校内デビューすることになる。

圭吾が歌うのは動画サイトの曲、深夜帯のアニメやゲームの主題歌なのだが、音楽の趣味《しゅみ》が同じであったことが縁《えん》となって、クラスで孤立《こりつ》していた都《みやこ》という女生徒と話すようになる。「氷姫《こおりひめ》」というあだ名の通り、クール・ビューティーで通っていた都の意外な一面を知るにつれ、都のことをもっと知りたくなるのだが、秘密を抱えていることもあり、圭吾は自分の気持ちを持て余すことになる。事情を知っているだけに、読者としては、二人の恋の行く末を応援《おうえん》せずにはいられない。

ここで注目したいのは、「両声類」を教えてくれ、都と仲良くなるきっかけを与えてくれたのが動画投稿サイトであったという点である。ネット文化が生きづらさを抱えていた二人に生きる力を与えるという設定には、共感をおぼえる十代も少なくないはずだ。

近年、学校現場でも、性的少数者を支援《しえん》しようとする機運が高まりつつある。性的少数者を主人公とした数少ないYA作品である本書は、アプローチが身近であるだけに、十代が性的少数者をめぐる問題について考えるのに格好なテキストであるといえよう。

（目黒強）

白人の学校を選んだ インディアン少年の静かなたたかい

小学館
二〇一〇年一月
定価：一五〇〇円（税別）

シャーマン・アレクシー
さくまゆみこ・訳／ E・フォーニー絵

ネイティブ・アメリカン作家の旗手《きしゅ》アレクシーが初めてＹＡ読者向けに書いた自伝的小説。インディアン保留地で生まれ育ったさえない少年は、先生との会話をきっかけに、白人だけのトップ校に転校することを決め、わが道を進んでいく。

入植者《にゅうしょくしゃ》が開拓《かいたく》を進めたアメリカ合衆国の歴史は、先住民《せんじゅうみん》から見れば、奪《うば》われ、保留地（リザベーション）に押しこめられた歴史でもある。この本の著者のアレクシーは保留地出身で、アルコール中毒や失業問題が尽きない「保留地のインディアン」と、貧困層にとどまらざるを得ない「都会のインディアン」の間に立ち、両方の心情を理解できる稀有《けう》な作家である。

この自伝的小説で、作者の分身であるスポケーン族の少年ジュニアは、ご多分《たぶん》にもれず、保留地ならではの悲哀《ひあい》を何度も経験している。アルコールで大切な人を失い、親友は父親に虐待《ぎゃくたい》されている。いじめられがちで、逃《に》げ場はマンガだけだ。

だけど、彼の語りは底抜けに明るい。はみだし者の視点からインディアンの現実に切り込む。そのユーモアとイラストのセンスは抱腹絶倒《ほうふくぜっとう》で、暗さはみじんも感じられない。

保留地のウェルピニット中学に通っていたジュニアは、あるとき一念発起《いちねんほっき》し、三十五キロ先の白人エリート学校のリアダン中学への転校を決める。たやすい選択ではない。仲間からは裏切り者呼ばわりされ、リアダンでは珍獣《ちんじゅう》扱《あつか》い。ヒッチハイクができなければ遠い道のりを歩き、クラスメイトが楽しむ娯楽《ごらく》とも無縁《むえん》だ。

だけど、ジュニアは通いつづける。ひとりで考える。こぶしをふるってたたかうのではなく、地道にやりぬく。最後まで広い心で人をゆるしつづけたおばあちゃんを思い、夢を追っていた姉さんのいのちも引き受ける。

希望がないなら自分でつかまえにいけばいい。ジュニアのまわりには、いつしか小さな輪ができていく。リアダンで、保留地で、ジュニアは受け入れられていく。

ウェルピニット対リアダンのバスケットボールの試合は胸が痛い。胸が痛いが、この勝負を経てこそ見える世界がある。ジュニアとラウディがミニバスケに興《きょう》じるラストシーンに大きな希望が感じられる。

（鈴木宏枝）

大好きなあの子のために ぼくはずっとデブでいたい！

あかね書房
二〇一一年二月
定価：一五〇〇円（税別）

クリス・クラッチャー／西田登・訳

サラは手と顔に大火傷のあとがある女の子で、最低の父親と暮らしている。エリックは幼い頃から肥満体《ひまんたい》だが、話のわかる母親と暮らしている（父親はとっくの昔に家を飛び出した）。こんなふたりに残されているストーリーとは……。

日本語のタイトルはずいぶんロマンチックだが、英語の原題は*Staying Fat for Sarah Byrnes*。訳せば「ぼくはサラ・バーンズのためにデブでいる」。

主人公は高校生のエリック。小さい頃からかなりのデブだったが、臆病《おくびょう》で不器用なふりをして、まわりのいじめをかわしてきた。じつは知能犯で、ユーモアのセンスも抜群《ばつぐん》だ。

「ぼくにオレンジと赤のセーターを着せてみなよ。『八十日間世界一周』に出演できる。気球の役でね」と母親にいってみせるくらいだ。

そんなエリックは二年前、サラに出会うことによって生まれ変わる。サラの目を意識するようになってから、ディスカッションの授業でも鋭い発言をするようになり、学校でも目立つようになる。そのうえ水泳部でハードな練習を続けるうち、タイムが縮《ちぢ》んで、どんどん脂肪《しぼう》が落ちていく。

しかし、エリックはバカ食いを続けてデブのままでいようとする。

それは、顔に醜《みにく》い火傷《やけど》のあとがあるサラとつながっていたかったからだ。サラは天才的に頭がよくて攻撃的《こうげきてき》。不良に「火ぶくれ女」と呼ばれて殴《おう》打《だ》されても一歩も引かない。エリックとサラはコンプレックスを負いながらも、それを頭脳プレーによって外への攻撃に変えることのできる理想の共犯者だったのだ。

ところがある日、サラはひと言も口をきかなくなって、施設《しせつ》に収容される。エリックは彼女を救おうと奔走《ほんそう》する。それと同時に、同じく水泳部にいるエリックのライバル、マークと、マークの彼女ジョディがからんできて、物語は思わぬ展開をみせる。

狂気《きょうき》と暴力の渦巻《うずま》くアメリカの現代社会を舞台《ぶたい》に、ふたりのはみ出し者がまわりの人々を巻きこんで突《つ》き進んでいく様子が、リアルで厳しいタッチで描《えが》かれていく。ひりひりするような孤独《こどく》と不安と不信のなかに、ささやかだが少しずつ広がっていく光が印象的だ。

（金原瑞人）

親友の本当のお葬式がしたい！ 少年三人のハプニング続きの旅

徳間書店
二〇一二年三月
定価：一六〇〇円（税別）

キース・グレイ／野沢佳織・訳

15歳のロスが交通事故で死んでしまった。そのお葬式に不満を持ったロスの親友のブレイク、シム、ケニーは、ロスが生前行きたいと言っていた、スコットランドのロス村に遺灰を撒くという本当のお葬式をする旅に出る。

死んでしまった親友の遺灰《いはい》を盗《ぬす》む。この本はここから始まります。

イギリスに住む十五歳のブレイク、ケニー、シムは、死んでしまった親友のロスのお葬式《そうしき》が偽善《ぎぜん》者《しゃ》の集まりだと腹を立て、自分たちだけで本当のお葬式をしようと計画します。そこで、ロスが行きたいと思っていたスコットランドの「ロス村」へ遺灰を撒《ま》く旅に出ます。ところが、ここからがハプニング続き。

○金欠　お金持ちでコンピュータおたくのケニーが、列車の乗り換《か》えのとき有り金の入ったリュックを置き忘れ、列車にも乗り遅《おく》れる。

○予定外の場所　力が強くて短気なシムが、ブラックプールまで車で連れていってくれるという大学生を見つける。

○バンジージャンプ　ケニーの切符《きっぷ》代のために、太っていて学校の成績はバツグンのブレイクが、バンジージャンプのポスターのモデルになる。

○幽霊《ゆうれい》小屋　列車で三人組の女の子に出会って、紹介《しょうかい》された幽霊小屋で一夜を明かす。

○テレビと警察　三人のことがテレビに出て警察に捜《さが》されていることがわかる。

三人はロス村までたどりつけるのか？　これは最大のナゾですが、他にもナゾが満載《まんさい》。その中でも「ロスは事故死か、自殺か」は、最後までわかりません。ブレイクが遺灰を盗みに行ったとき、ロスのお父さんは警察で自殺の可能性を聞かれたと言います。三人はそれを否定しながらも、もし、自殺だったらなぜ？　と考え始めます。

ブレイクたち、そしてロスってどんな子？　というのもナゾ。読んでいくうちにそれぞれの性格や家族のこと、恋愛《れんあい》やいじめの問題、友だち関係などがわかってきます。

ブレイクは、出会った女の子の一人、ケイリーと話しているときに「男の子どうしって、ほんとの親友になれるのかしら」と言われます。ブレイクは反論しますが、ブレイクにも私たちにも「本当の友だちって何？」という問いが心に残ります。

（土居安子）

029 ペンダーウィックの四姉妹

夏の魔法《まほう》

少女たちのひと夏の冒険は
いつだって新しく、なつかしい

小峰書店
二〇一四年六月
定価：一六〇〇円（税別）

ジーン・バーズオール
代田亜香子《だいたあかこ》・訳

ペンダーウィック家の四姉妹たちの夏のバカンスを描いた、作者ジーン・バーズオールのデビュー作。四姉妹の登場する児童文学と言えば『若草物語』が有名で、事実その影響《えいきょう》も感じられるが、今読み始めるなら断然こちらだろう。装丁も美しい。

ペンダーウィック家の四姉妹は個性豊か。十二歳でしっかり者の長女ロザリンド、十一歳の次女スカイは短気で皮肉屋、十歳の三女ジェーンは夢見がちな小説家志望、四歳の末娘バティは恥《は》ずかしがり屋。

この四人に飼い犬のバティを加えた一行は、植物学者の父親の運転で毎夏恒例《こうれい》のバカンスに出発した。ただし向かうのはいつもの貸し別荘ではなく、父親が友達の友達から聞きつけてきたマサチューセッツ州バークシャーマウンテンのコテージ。ここにはたくさんのベッドルームに犬用の大きな小屋まであるらしい。期間は八月の三週間——と、この始まりだけでワクワクしてしまった人なら、すぐさま本書を手にとっても大丈夫《だいじょうぶ》。予想と期待どおり、心ゆくまでたっぷりと、四姉妹のひと夏の冒険《ぼうけん》が楽しめる。

アメリカで原作が発表されたのは二〇〇五年。この時代にこれだけクラシカルでみずみずしい物語を成立させるなんて、それだけでもすごいことだ。スマートフォンもインターネットも登場しないが、どちらも夏の冒険にはもともとあまり必要ないものなのかもしれない。

コテージがある屋敷《やしき》に住む少年のジェフリーは四姉妹のかけがえのない友人となる。少年の母で意地悪なミセス・ティフトンは四姉妹の天敵《てんてき》。ジェフリーが母親に将来の夢をちゃんと伝えられるかどうかが終盤《しゅうばん》の山場だ。優しい家政婦のチャーチー。ハンサムな青年キャグニー。誰《だれ》もみな、四姉妹の思い出に欠かせない人物ばかりだ。

本書のさりげない、だが効果的な仕掛《しか》けは、この物語が回想形式を取っていること。物語の中の風景にどこかセピア色のフィルターがかかって見えるのは、この夏が過ぎ去った季節だからだ。「バイバイ、大好きなジェフリーとチャーチーと夏と魔法と冒険と、すばらしいすべてのものたち」。

少年少女にはいつだって夏の物語が必要だ。この本を読めば、その理由が少しだけわかるかもしれない。

(古川耕)

ネットなら夢を実現できるかも!?
少女たちの青春ストーリー

ほるぷ出版
二〇一二年八月
定価：一四〇〇円（税別）

梨屋《なしや》アリエ

高１の未空は、放送部に入部して朗読の魅力を知る。幼なじみの至道が未空の朗読を動画投稿サイトにアップしたことから、未空は視覚障害者の女の子である響と出会い、インターネットの可能性を模索《もさく》するようになる。新しい形のＹＡ小説。

高校に入学したものの、やりたいことを決めることができずにいた未空《みく》が放送部に入部する。親友の真実《まみ》が書いた小説を朗読《ろうどく》していたのを放送部の先輩《せんぱい》に聴《き》かれ、勧誘《かんゆう》されたのだ。やりたいことを見つけた未空は、幼なじみで恋人未満の至道《しどう》に助けられながら、朗読を動画投稿《とうこう》サイトにアップするようになる。

そんな未空のもとに、視覚障害者《しかくしょうがいしゃ》の響《ひびき》という女の子から感想が届く。点字ではなく、人の声を通して物語を楽しみたい響にとって、同年代の未空の朗読は得がたいものであるというのだ。そこで、未空は響を巻き込んで、ある企画を実行する……。

一昔前であれば、素人《しろうと》である未空たちが作品を発表することは絵空事《えそらごと》として受け取られたかもしれない。しかし、YouTubeなどの動画投稿サイトの普及《ふきゅう》に伴《ともな》い、普通の人が作品を手軽に発表する機会が増え、新たな表現空間が創出《そうしゅつ》されつつある。ネタばれになるので明かせないが、ネット社会ならではのコラボを試みる未空たちに、共感する十代も多いにちがいない。

さらに本書では、マンガを無断で使用した朗読動画が著作権侵害《しんがい》により削除《さくじょ》されたり、ケータイ小説を投稿した真実が書き込みに振《ふ》り回されたりするなど、ネット上でのトラブルが取り上げられている。魅力《みりょく》あるストーリーに一喜一憂《いっきいちゆう》しながら、知らず知らずのうちに、インターネットを利用する上でのルールやマナーを学ぶことができるのである。このようなネット・リテラシーはネット・デビューする十代の頃までには身につけておきたいだけに、タイムリーな設定だといえる。

ちなみに、第一巻として刊行された本書を含《ふく》め、NHK「ネットコミュニケーション小説」（二〇一五年四月よりらじらー文庫）には、ネット社会を題材としたオンライン小説がアップされている。興味のある方は、サイトを閲覧《えつらん》してほしい。

http://www.nhk.or.jp/literacy/index.html

（目黒強）

死を前にした十六歳の恋と切実な生への思い

岩波書店
二〇一三年七月
定価：一八〇〇円（税別）

ジョン・グリーン
金原瑞人、竹内茜《あかね》・訳

16歳でがんを患うヘイゼルは、骨肉腫で片足を失ったオーガスタスと出会い、恋に落ちる。ヘイゼルは、愛読書『至高の痛み』の続きを知りたくて、作家に会おうとするが、作家はオランダ在住。オーガスタスはある提案をする……。

甲《こう》状腺《じょうせん》がんを患《わずら》い、闘病《とうびょう》生活を送る十六歳のヘイゼルと、骨肉腫《こつにくしゅ》で片足を切断したオーガスタス。そんな二人の恋を描《えが》いた作品と聞けば、「ああ、『泣ける話』ね」と思う人は多いと思う。確かに、実際、泣く。でも「泣ける（＝泣くことができる）」なんてやわな話では、決してない。

がん患者同士の集まりで、「忘れられることが怖《こわ》い」というオーガスタスに対し、ヘイゼルは、「そんなのは無視すればいい」と反論する。この反論の「元ネタ」となったのは、『至高《しこう》の痛み』という、彼女のバイブルとも言える小説だ。

『至高』はがんの少女の物語だ。だが、ヘイゼルいわく、患者が美化され、けなげな死で幕を閉じるような「うんざり」する「がん本」ではない。現実のがん患者であるヘイゼルたちは、がんで眼球摘出《てきしゅつ》する友人に向かって、担当医のすてきな医者と知り合いになるために「私も目のがんになれるようにがんばる」とジョークを飛ばし、がんで死んだ友人のSNSの「あなたは私の心の中でずっと生き続ける」という書きこみに、「本人は死なないって前提」だとムカついているのだ。

ヘイゼルが唯一《ゆいいつ》リアルだと感じる『至高』は、結末のないまま終わっている。ヘイゼルは結末が知りたくて、作者に何度も手紙を書くが、返事はこない。それを知ったオーガスタスはある提案をする。

原題の"The fault in our stars"は、シェイクスピアの『ジュリアス・シーザー』から。実際のセリフは、"fault is not in our stars"、つまり、「星（運命）のせいでない（自分たちのせいだ）」となっている。作者はこれをひっくり返して「運命のせい」とすることで、ヘイゼルたちががんになってしまったのは、彼女たちの非でも、彼女たちに何かを学ばせるためでも、もちろん誰《だれ》かを感動で「泣ける」ようにするためでもないとメッセージを送る。この本に描かれているのは、「泣ける」死などではない、切実な生への思いなのだ。

（三辺律子）

十年後に読み返すとまったく違う風景が見えてくる

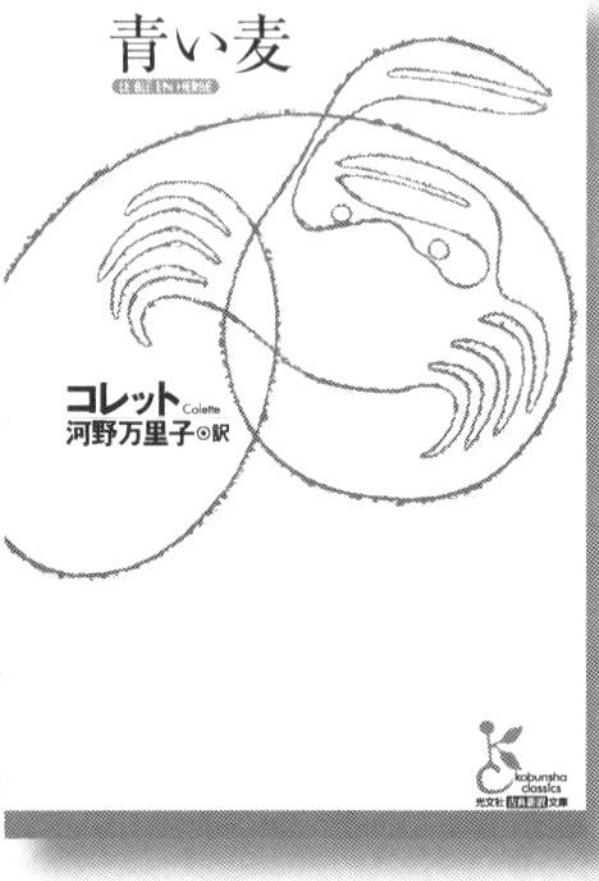

光文社（光文社古典新訳文庫）
二〇一〇年十一月
定価：六一九円（税別）

コレット／河野万里子《こうのまりこ》・訳

夏の休暇《きゅうか》をブルターニュの海辺で過ごす16歳のフィリップと15歳のヴァンカ。ふたりは幼なじみで、将来は結婚するつもりでいたが……。奔放《ほんぽう》な人生で知られるフランスの国民的作家コレットが書いた、恋愛小説の古典的名作。

小説作品の多くは、出版されてから数年で、読者から忘れ去られていくことになる。そのなかで、何十年、何百年にわたって読み継がれる作品というのがときどき生まれ、そのような作品はいつしか「古典」と呼ばれるようになる。だから、「古典」の作品を挙げて、昔の小説がいかにすばらしかったか、今の小説はいかに良くないのかという話をする人がいるが、それはちょっとおかしい。「古典」というのはいわば、小説のなかで評価され、生き残った少数精鋭《せいえい》の作品群なのである。

そうした「古典」の特徴《とくちょう》は、繰り返し読んでも、飽《あ》きがこないことだ。五年、十年と時間を隔《へだ》ててから同じ小説を読むと、まったく異なる作品として見えることもある。

中高生のときに「古典」の作品に触《ふ》れておく価値のひとつが、ここにある。つまり、十代のときにある小説を読んで得られる感触《かんしょく》はそのときだけのものであり、二十代、三十代になってから同じように読むことはできない。だから、十代のときの読書は、二十代、三十代になったときに改めて小説を読むための、準備期間としての意味も持っている。

コレットの『青い麦』はおそらく、このようにして繰《く》り返し読むことで、まったく違《ちが》う風景が見えてくる小説なのではないだろうか。

ストーリーは、子どもの頃から幼なじみの関係にあり、いつかは結婚《けっこん》するのが当然のように考えていたフィリップとヴァンカのふたりが、夏休みをブルターニュの海辺で過ごしていたところ、すれ違いの関係になってしまうというもの。そのとき、フィリップの前に年上の女性、マダム・ダルレイが現れて、彼を誘惑《ゆうわく》することになる。

この作品を読むと、それぞれの登場人物について、いらだちや怒りを感じるかもしれない。もしそういう人がいたら、ぜひ、十年後にもう一度読んでみよう。きっと、まったく違う読み方ができるのではないかと思う。

（大橋崇行）

033 | 14歳、ぼくらの疾走《しつそう》

マイクとチック

ほんとうの自由を求め
世界の果てへ向かう少年たち

小峰書店
二〇一三年十月
定価：一六〇〇円（税別）

ヴォルフガング・ヘルンドルフ
木本栄《さかえ》・訳

失恋《しつれん》して落ち込むマイクのもとにあらわれたのは、なんとも破天荒な少年チックだった。その自由気ままな生き方に惹かれ、意気投合したマイクは、チックと一緒《いつしよ》に、オンボロ車を盗み出し、旅に出る。

母はアルコール中毒で、父はどうやら不倫《ふりん》しているらしい。そんな不穏《ふおん》な家庭の子マイクは、ドイツのギムナジウムの八年生。八年生は日本でいう中学二年生にあたる。またギムナジウムは、大学を目指す進学校で、小学校時代にクラスの上位にいないと入れないところだ。

つまり、勉強は得意でないといっても、もともと生徒はみな、頭は悪くない。そんな学校で、マイクはいじめられっ子というわけではないけれど、ひたすら目立たないグレーな存在だった。憧《あこが》れのあの子の目にも入っていないらしく、彼女の誕生日にうっかりなのかどうかはわからないけれど、よばれなかった。

気分はもうサイアク……。

落ち込むマイクに声をかけてくれたのが、チックだった。このチックは、マイクとはまったく正反対で、学校ではいつも注目のマトだった。ただ、なにかと事件を起こして、学校一の問題児という意味で、だけれど。

よりによってなんでこいつが自分に？　と思いながら、マイクは、破天荒《はてんこう》で自由気ままに生きるチックにだんだんと惹《ひ》きつけられていく。

そして、二人はチックが盗《ぬす》んだ車で旅を始めるのだ。もちろん無免許《むめんきょ》で。しかも行く先は、チックの祖父が住むワラキア。そこはルーマニアに実在する土地なのだが、ドイツでは「はるか遠い場所＝世界の果て」を意味する場所だ。

それは、自分たちをしばりつける「何か」から解放されるための自由への旅でもあった。

はちゃめちゃな道中、二人はかなり奇妙《きみょう》な人々と出会い、交流を続けながら、どこか行き止まり感のある自分たちの人生について考えるのである。

ドイツ児童文学賞（ＹＡ部門）をはじめ、クレメンス・ブレンターノ賞、ハンス・ファラデ賞を受賞。現在十六カ国で翻訳《ほんやく》されている現代ドイツを代表するＹＡ小説の傑作《けっさく》。

（那須田淳）

音楽が結ぶ、人、歴史、時間……
ぼくたちはずっとつながっている

あすなろ書房
二〇一三年十一月
定価：一四〇〇円（税別）

那《な》須《す》田《だ》淳《じゅん》

14歳の少年レオがギターを教えてもらった90歳の友人ケチル。彼が生前、話していた心残りはベルリンにあった。レオは夏休みを利用して、ケチルの願いを叶《かな》えようとする。でも、ベルリンの滞在期間はわずか3日間。願いを果たせるのか。

レオの年長の友人だったケチルは戦前、ベルリンに留学していました。あるパイプオルガンを再生するグループに加わり、仲間のクララが持っていたレコードを愛聴《あいちょう》していましたが、歌っているメンバーにユダヤ人がいたためにレコードはナチスに没収《ぼっしゅう》されます。帰国したケチルは、クララのために日本でそのレコードを手に入れるのですが、ベルリンは戦後、東西に分裂《ぶんれつ》、東にいたクララとは連絡《れんらく》が取れなくなり、七十年の月日が流れてしまいます。

親の仕事の関係で引っ越しが多かったこともあってレオは、人との関わりも適当にすませてきました。「ほんとうの意味で、親友と呼べるやつ」はまだ出来ていません。生前ケチルはそんなレオを心配して「ひとりで家にこもってうたっていても、だれもおまえに気がつかんぞ。大切なことは前へ一歩踏《ふ》みだしていくことだ」と言っていました。

そして今、ケチルの思いを果たすべくベルリンにやってきた彼は、そこで見知らぬ人々と関係を結んでいくわけです。

最初に友だちになったユリアンは十四歳のピアニストで、クラッシックこそ音楽だと思っています。一方のレオはロック好き。まるで話が合わないようですが、音楽はジャンルの垣根《かきね》を軽々と越えます。そしてユリアンの義理の妹リサ。彼女はバンドを作っている。うん、話が合う！

リサは移民の子どもたちにドイツ語を教えるボランティアもしていて、その福祉《ふくし》団体への寄付を訴《うった》えることもかねてロックフェスに参加するつもりなので、レオにも参加を要請《ようせい》します。

物語はレオの目と耳を通して私たちに、ドイツの、パンから教育システム、移民政策まで、様々なことを伝えてくれます。たとえば「戦争のことは、ナチスのおかしたあやまちとして、ドイツはこれからも永遠に背負っていかなきゃいけないんで、とりわけ第二次世界大戦のことはすごく勉強するよ」というユリアンの言葉は、では日本はどうなのか？　と問い直すきっかけを与えてくれるでしょう。

（ひこ・田中）

八〇年代カルチャーにも注目！
時代を超《こ》えて輝く青春小説

集英社（集英社文庫）
二〇一三年十一月
定価：七二〇円（税別）

スティーブン・チョボスキー
田内志文《たうちしもん》・訳

ナイーヴな15歳の少年チャーリーの高校生活を描《えが》く。『ライ麦畑でつかまえて』の再来と絶賛され、作品に登場する音楽を中心とした80年代カルチャーと共に若い読者の心をつかんだ。2013年の同名の映画で、不変の青春小説として再注目。

住む場所や時代、年齢や性別さえちがうのに、強烈《きょうれつ》な共感を抱《いだ》かずにいられない。一九九九年にアメリカで刊行されるやいなや、たちまち若者の心をつかんだこの作品もまさにそんな一冊。

人一倍感じやすく内向的な主人公チャーリーにとって、始まったばかりの高校生活は苦難の連続だ。しかし、アメフトの試合会場で同じ授業を取っているパトリックに思い切って声をかけた日から、生活は一変する。気さくなパトリックに一緒《いっしょ》に観ようと言われ、おずおずと横にすわるチャーリー。それがパトリックの義理の妹サムとの出会いだった。

友達の家でのパーティ、夜中のドライブ、内輪のジョークに、好きな曲だけ集めて編集したテープ。自分達を「果てしなく」感じる瞬間《しゅんかん》。そんな青春の定番とも言える日々が輝《かがや》いて見えるのはそれがすべて、チャーリーが匿名《とくめい》の人物にあてて書いた手紙の形で綴《つづ》られるからだ。

初めての「本物の」パーティで友達だと紹介《しょうかい》されて泣いてしまったこと。パトリックとサムに挟《はさ》まれて歩いた時、「生まれて初めて、自分は誰《だれ》かと一緒なんだと感じた」こと。密《ひそ》かに想いを寄せ続けているサムが彼氏にふられたのを見て、喜ぶどころか「頭の中はサムが傷《きず》ついてしまったことでいっぱい」になって、「サムを心の底から愛しているんだと感じた」こと。不器用に綴られた言葉からチャーリーの切実さがひしひしと伝わる。

本作は二〇一二年（日本公開は一三年）に作家チョボスキー自らも参加する形で映画化されている。その映画でも存在感を放《はな》つ八〇年代UKロックやチャーリーの愛読書が具体名で挙げられているのも、この作品の魅力《みりょく》の一つだ。『アラバマ物語』『路上』『異邦人』『楽園のこちら側』。ザ・スミス、U2、ピンクフロイド。カルト的人気を誇《ほこ》った「ロッキー・ホラー・ショー」をパトリックたちが上演する場面はまさに「青春」。そう、これほど青春小説の名にふさわしい作品はほかにない！

（三辺律子）

果たされず、遺《のこ》された想いは
いつかもう一度めぐりあう

新宿書房
二〇一二年十二月
定価：二二〇〇円（税別）

カンニ・ムッレル／菱木晃子《ひしきあきらこ》・訳

サンドラが愛していた彼は別の女と……。怒りに駆《か》られたサンドラは彼を傷《きず》つけ、老人介護施設で働くことを命じられる。入所しているユダヤ人女性ユディスとの出会いが、次第に彼女を変えていく。

愛する人に裏切られ、事件を起こし、老人介《かい》護《ご》施設で一定期間働くことになったサンドラ。

自分の人生とは関わりのない老人たちのはずだったのですが、彼女はユディスに惹《ひ》かれていきます。それは、ユディスがサンドラをまるで娘のように、からかったり優しくしたりするからでもありますが、それ以上にユディスが抱《かか》えている過去にサンドラが興味を持ち、やがて自身の抱える問題と重ね合わせていったからでしょう。

ユディスは愛についてこう言います。「愛は一つの単語、それだけです。世界で一番使われる、もっとも嘘《うそ》に満ちた単語です」。そしてユディスはサンドラに問います。セックスだけの関係がいいのか？　嘘でない愛なんてあるのか？

ユディスはサンドラに少しずつ、自身の過去を語り始めます。ナチスに占領されたノルウェーからスウェーデンに逃《のが》れてきたこと。そこで愛する人を見つけたが、彼の兄がナチスのシンパで、ユダヤ人である彼女を弟から引き離《はな》そうとしたこと。彼女は反ナチの抵抗《ていこう》運動に関わっていたこと。そうした複雑な関係が悲劇を生んだこと。

それらの話、ユディスの過去は、まだ十代のサンドラには何の関係もないようですが、愛に痛みを覚えている彼女にとってユディスの痛みは他人事ではないのです。

サンドラもまた自身の過去をユディスに語り始め、二人は強い絆《きずな》で結ばれていきます。それは同じ痛みを共有したものだけに生まれる絆です。

サンドラはかつて愛した男の子どもを宿《やど》していて、どうするかに悩《なや》んでいます。死を前にしたユディスには、愛を成就《じょうじゅ》できぬまま別々の人生を送った恋人への想いが溢《あふ》れます。

二人は支え合いながら、一歩前へと踏《ふ》みだしていくのです。

どの愛にも必ず歴史と記憶《きおく》があります。それがいかに大切かを、この物語は教えてくれます。

（ひこ・田中）

都会《まち》のトム&ソーヤ 11 上・下
DOUBLE

これは空想？ それとも現実？
究極のゲームでの闘《たたか》いが始まる！

講談社
二〇一三年八月
定価：各九五〇円（税別）

はやみねかおる／にしけいこ・絵

中学生の竜王創也（ソーヤ）と内藤内人（トム）が究極のゲームを作るという夢を持って試行錯誤《しこうさくご》する人気シリーズ。この11巻では、ライバル栗井栄太が２人をゲームDOUBLEに招待し、２人は現実と仮想が入り混じった空間で命を狙《ねら》われる。

「トム・ソーヤ」といえば、「冒険」。このシリーズも都会の中で、トムとハックのように内人《ないと》と創也《そうや》が大冒険をします。加えて推理小説でもあり、テーマは「究極のリアル・ロールプレイング・ゲーム」。

創也は大企業竜王《りゅうおう》グループの跡取《あとと》り息子で、頭脳明晰《めいせき》。廃《はい》ビルの一部屋に砦《とりで》を作って、コンピュータを駆使《くし》して世界最高のゲームクリエーターを目指しています。内人は、創也の同級生で、一見平凡《へいぼん》に見えますが、祖母の教えを守って身に付けたサバイバル能力はこれまで、二人の危機を救ってきました。ライバルの栗井栄太《くりいえいた》とは何度もバトルを繰《く》り返していますが、今回は、その栗井栄太からゲーム「DOUBLE」の招待状を受け取ります。栗井栄太とは、リーダー、美大生、小学六年生の少年、姫《ひめ》と呼ばれるわがままな冒険作家の個性あふれる四人のグループ名。前巻でゲーム創りに失敗した創也は「勉強しにきました」と謙虚《けんきょ》な気持ちでゲームに参加します。

創也、内人、二人の同級生で未来を予測する時《とき》見《み》の力を持っている真田《さなだ》さん、雑誌記者、映画監督《かんとく》の五人のプレイヤーはアルゴシティという町に招待され、ゲームセンター・アルカトラズで、密閉型のゲーム機の中に入ります。ミッションは、三ステージ内にアルゴシティから脱出すること。ゲームの中にもアルゴシティが存在し、プレイヤーは現実と同じ能力を持ちます。

二人は、「ダブル」という、いろいろなものに変身でき、元の一・五倍の能力を持つ謎の物体に襲《おそ》われたり、性格が出会うたびに違《ちが》う美少女に出会ったり、もう一人の自分が現れたり見えたりする「ドッペルゲンガー現象」に遭遇《そうぐう》したりします。おまけに、ゲームの各ステージの間に休憩《きゅうけい》する現実のアルゴシティにも不可解な点が見つかります。創也たちは勝つことができるのか。

現在十二巻まで刊行されている人気シリーズですが、一巻から読んでも、この十一巻から読んでも楽しめます。

（土居安子）

とれたて！YA本

ヤング・アダルトU.S.A.
ポップカルチャーが描く「アメリカの思春期」

長谷川町蔵、山崎まどか

アメリカの青春
アメリカの映画
アメリカの小説

DU BOOKS
二〇一五年八月
定価：二二〇〇円（税別）

二〇〇六年に出版された『ハイスクールU.S.A.—アメリカ学園映画のすべて』（国書刊行会）は、八〇年代から現代までのアメリカの学園映画、約一五〇本を紹介した怪作《かいさく》。長谷川・山崎の強力コンビが青春映画を題材にアメリカン・ポップカルチャーの魅力《みりょく》を縦横無尽《じゅうおうむじん》に語っている。

　それから十年、その続編『ヤング・アダルトU.S.A.』が出た。長谷川・山崎の最強コンビがここ十年のアメリカの青春映画、青春テレビドラマ、青春音楽、青春小説について、語り尽くす。膨大《ぼうだい》な知識、独自の視点、アメリカのヤング・アダルト文化に対する熱い想いがすごい。全体を大きく捉《とら》えながら、小ネタも満載。とてもユニークなアメリカ青春ガイドブックに仕上がっている。

「アメリカの学校内階級制度」「The FRESHMEN—YA映画が生んだYAスター＋α」「EAST OF EDEN—アッパー・イーストって、どんな場所？」「SON OF ADOLESCENCE—思春期を生きる」などのコラムもユニークで新鮮だ。

　それに映画や本やCDや映画スターの写真も豊富だし、あちこちにちりばめられたイラストも内容にうまくマッチしていて楽しい。（金原瑞人）

2章

社会を知る、未来を考える本

アニメ業界で働く人々を描いた愛と情熱のストーリー

マガジンハウス
二〇一四年八月
定価:一六〇〇円(税別)

辻村深月《つじむらみづき》

アニメーション制作の現場で働く女性たちを取り上げたオムニバス小説集。仕事に対して正面から向き合い、悩《なや》みながらも目の前に立ちはだかる困難を乗り越えていこうとする人々の情熱を描く。「お仕事小説」の傑作《けっさく》。

アニメは今や、日本のポップカルチャーを代表するものだと考えられている。しかし、インターネット上に流れてきたり、テレビのニュースになったりするのは、その仕事に携《たずさ》わっている人たちがいかに困難《こんなん》な状況にあるかということばかりだ。

一枚数百円という値段で動画を描き、ギリギリのスケジュールで制作して、何日もスタジオに泊まり込む。しかしこの小説では、そういう難しい状況でもこの仕事に携わる人たちがいるのは、アニメに対して持っている「愛」のゆえだとする。その描《えが》き方が、実にみごとだ。

物語には、アニメ業界で働く三人の女性たちが登場する。プロデューサーとして、変わり者のアニメ監督《かんとく》・王子千晴《おうじちはる》の扱《あつか》いに四苦八苦する有科香屋子《ありしなかやこ》。アイドル声優の扱いに苦心する、アニメ監督の斎藤瞳《さいとうひとみ》。そして、上司からの依頼《いらい》でいきなり「聖地巡礼《せいちじゅんれい》」の仕事を任されてしまった、原画家の並澤和奈《なみさわかずな》。この三人のストーリーは「ハケンアニメ」をめぐって少しずつからみ合う。

「ハケン（覇権《はけん》）アニメ」とは、インターネット上などで使われ、ニコニコ動画の生放送番組でアニメ制作会社の広報が発言して、流通したとされる用語である。各クール（一〜三月、四〜六月、七〜九月、十〜十二月）それぞれの時期に放送された作品のなかで、DVDやブルーレイディスクの売り上げがもっとも多かったものを指す。

この「ハケンアニメ」に対して、それぞれの登場人物は、実はあまりこだわってはいない。むしろ彼女たちがめざしているのは、このような売り上げの評価に左右されず、どれだけ「良い作品」を作ることができるか。結局それは、作品に対してどれだけ「愛」と情熱とを向けられるかにかかっているのである。

制作の現場を綿密《めんみつ》に調査して書かれており、アニメ業界に興味がある人にはもちろんおすすめだが、そうでない人にとってもきっと読んで元気になることができる一冊である。

（大橋崇行）

人生は甘くないけれど 時には甘くてもいいかもしれない

小学館
二〇一三年六月
定価：一五〇〇円（税別）

ジョーン・バウアー／灰島《はいじま》かり・訳

パパを戦争で亡くし、ママのもと恋人の暴力から逃《のが》れるために、ママとフォスターは新しい町に移り住む。パティシエになることを夢見るフォスターは、さびれた町で、文字が読めないという障がいを抱《かか》えながらも、お菓子作りを続けるのだが……。

子どもの本には、「食べ物の出てくる作品は売れる」というジンクスがある。本書も、タイトルから「パティシエ」とくれば、スイーツ満《まん》載《さい》であることは期待できるし、「負けない」とあれば、きっとお菓子《かし》のパワーで、困難を乗り切っていくのだろうと予想もつく。明るい期待を持ちながら気楽に手に取れる本というのもいいものだ。

ただし、この作品の場合、じつはけっこう重い状況《じょうきょう》が描《えが》かれてもいる。物語は、もと恋人に暴力をふるわれたママと主人公の女の子フォスターが、アメリカ南部のメンフィスの町から、着のみ着のまま車で逃《に》げるところから始まる。やさしかったパパはイラク戦争で戦死し、行くあてもない。たまたま辿《たど》りついたカルペパーの町では、親切な夫婦のキャンピングカーに住まわせてもらうが、その町自体が、巨大刑務所《きょだいけいむしょ》を誘致《ゆうち》したために、コミュニティ（地域社会）の危機に瀕《ひん》していた。

さらにもうひとつ、フォスター自身、文字が「しみにしか見えない」という障がいを抱えている。この「ディスレキシア（読み書き障がい）」のため、「努力しない」「知性に欠ける」といった偏見《へんけん》にさらされてきた。新しい町でもフォスターは、字が読めないことを必死に隠《かく》そうとする。

にもかかわらず、やはりお菓子のパワーはすごい。フォスターは、ケーキを焼くことを日課にしているほどお菓子作りが好きで、逃げる車の中でもチョコレートマフィン、仕事探しの時にもバニラのカップケーキ、はじめて会った人にもやきたてのブラウニー……といった具合に、手持ちのスイーツを出しては、場の雰囲気《ふんいき》を変えてしまう。そのしっとりと甘いフォスターのケーキが、あらゆる場面において少しずつ少しずつ効いていき、最後は予想以上の、素敵なハッピーエンドに収まるので、安心して楽しんでほしい。

ただし、読み終わった時に、どうしてもカップケーキが食べたくなるので要注意。しかも日本にカップケーキを売っているところは少ないので、本に載《の》っているフォスターのレシピで作ることになるかもしれないけれど。

（奥山恵）

本が誕生するプロセスも楽しい
さわやかで熱いお仕事小説

ポプラ社（ポプラ文庫）　二〇一四年八月
定価：六八〇円（税別）

大崎梢《こずえ》

大手出版社の若手編集者・工藤彰彦は、ある作家の原稿と出会い、自社での出版を熱望するが、社内の承認《しょうにん》がなかなか取りつけられない。また、作家と娘《むすめ》のこじれた関係も、大きな壁《かべ》となって彼の前に立ちふさがる。工藤はこの難局《なんきょく》をどう乗り越えるのか。

工《く》藤彰彦《どうあきひこ》は、二十九歳独身。大手出版社の文芸担当の編集者である。あるとき、担当作家のひとり家永《いえなが》が久々に書いた原稿《げんこう》を読み、その出来栄《できば》えに感動する。ヒットに恵まれず忘れられかけていた作家の作品だが、ぜひ自社で出版させてほしいと思うのは、当然のなりゆきだった。

だがこれまで順調に着実に仕事をこなしてきた彰彦には、「本を出す」ことの大変さがまだよくわかっていなかったし、これまでの自分が大手出版社という看板に助けられて仕事をしていたことにも気づいていなかった。

この作品の魅力《みりょく》のひとつは、原稿が書店店頭に並ぶまでの過程と、それに関わる人々のこだわりや苦労、他部署や他社との駆《か》け引きといった、ギョーカイの裏側をのぞき見られることである。

それに加え、自分の見込んだ本をひっさげて、この流れに身を投《とう》じた彰彦が、壁にぶつかってはおろおろし、葛藤《かっとう》した末にいじましいほどの奮闘《ふんとう》努力ぶりを見せているので、我々も彼と一緒《いっしょ》に一《いっ》喜一憂《きいちゆう》しながら読み進めてしまう。

さらに、彼のガッツが周囲の人に化学反応を起こしていく様子も面白い。たとえば脅《おど》し同然の手法で原稿を上司に読ませてくれた先輩《せんぱい》、ほのめかし作戦という手を使ってまで刊行時期を早めてくれた上司、「敬愛する大好きな先輩編集者の一押し」というキャッチフレーズで書店員に関心を持たせてくれた敏腕《びんわん》営業マンもいれば、さりげない援護射撃《えんごしゃげき》をしてくれた他社のライバル編集者や大《おお》御所《ごしょ》作家もいる。それらが相乗《そうじょう》効果を及《およ》ぼしていく展開は楽しい。

生きていく上で人間関係は大きな要素を占める。この作品が単なる「ギョーカイもの」でないのは、彰彦の努力が周りを動かすことに加え、人の心の機微《きび》に触《ふ》れていることも大きい。家永の『シロツメクサの頃』については概略《がいりゃく》と帯の言葉、複数の読み手の感想が述べられている。おそらく『クローバー・レイン』と同様、しみじみとした感慨《かんがい》をもたらすものに違《ちが》いない。（西村醇子）

ハイウェイをぶっとばせ！
靴を愛する元気少女の未来

小学館
二〇〇九年七月
定価：一五〇〇円（税別）

ジョーン・バウアー／灰島《はいじま》かり・訳

靴屋でアルバイトをしているジェナは、高校生だけれど天才的な販売力を持つ。彼女の才能に目をつけた女社長が、夏休み期間の運転手にジェナを抜擢《ばってき》。２人のドライブは、会社の存続をかけた、とんでもないロングドライブだった！

ジェナはシカゴのグラットストン靴《くつ》店で優秀なアルバイト店員。いつも明るくてユーモアたっぷりですが、家庭環境《かんきょう》に恵まれていません。大好きなおばあちゃんは今、施設《しせつ》に入っているし、アルコール依存症《いぞんしょう》の父親の存在は、ジェナと家族に深い影を落としています。だけどよい品質の靴をお客様のニーズにあわせて販売することは得意ですし、お店のディスプレイもおまかせ。そんな彼女の能力を見抜《みぬ》いた女社長は、シカゴから株主総会をするテキサスまでの運転手として、夏休み期間、ジェナを雇《やと》います。

社長は夫とともに「よい品質のものをしっかりと販売していく」という方針でグラットストン靴店を作り、一店舗《てんぽ》ずつ丁寧《ていねい》な店員教育をし、夫亡き後も一七六店舗まで拡大しました。しかし、真逆の売り方をしている人物がいます。社長の息子、エルデン。安い靴を大量に仕入れ、店員教育を廃止《はいし》し、客の要望よりも利益を追求していきます。株を買い占め、社長を引退に追い込み、会社を乗っ取ろうとしています。

シカゴからキャデラックに乗り、各地の店舗を回り、現状を目《ま》の当たりにする二人。社長の友人の元靴モデルのアリスや、最強の販売員ハリー・ベンダーを味方につけるものの、思いがけない事態が起こり、株主総会の行方は暗礁《あんしょう》に乗り上げます。

ところで、あなたが買い物をしたくなるお店はどんな店員のいるお店でしょう。「これ超《ちょう》いいんだよー。理由？　なんとなく」なんて話す店員のところでは買いたくなりません。プロの販売員は知識を生かし、その商品のよさを最大限に訴《うった》えます。お金を払《はら》うときは、どのような商品か見きわめて、納得して購入《こうにゅう》したいですよね。それが店の信用につながるのです。はたして、グラットストン靴店は、そのようにお客様の信用を得られるのでしょうか。そして、ジェナの行方は？　ぜひ本書をお読み下さい。

（森口泉）

042 エリザベス女王のお針子《はりこ》
裏切りの麗《うるわ》しきマント

美しいマントの裏にひそむ権力をめぐる恐ろしい陰謀《いんぼう》

徳間書店
二〇一一年八月
定価：一六〇〇円（税別）

ケイト・ペニントン／柳井薫《かおる》・訳

16世紀のイギリス、デボン州の屋敷《やしき》サルタリー・ホールでお針子として働く13歳のメアリー。木や花に着想を得た刺繍は他に類を見ない美しさだ。だが、腕を見込まれてローリー卿のマントを縫《ぬ》い始めてから、彼女の運命は大きく変わる。

十六世紀のイングランド史はめっぽうおもしろい。数奇《すうき》な運命ののちに王座についたエリザベス一世は、大胆《だいたん》な政策で国外の植民地経営に乗り出し、国力の増大をめざす反面、国内ではカトリック教徒やスコットランドとの緊張《きんちょう》関係の中で、巧《たく》みなかじとりが求められていた。

さまざまな思惑《おもわく》が交錯《こうさく》するなか、物語では、政治や宗教の恨《うら》みから、カトリック教徒による女王暗殺計画が進行している。お針子《はりこ》メアリーの父親はこの計画に巻きこまれて殺害され、メアリーも危険にさらされる。

物語の軸《じく》になるのは男性用の美しいマントである。新大陸で女王に捧《ささ》げるヴァージニア植民地を建設したものの、運営がうまくいかず寵愛《ちょうあい》を失って不遇《ふぐう》をかこっていたウォルター・ローリー卿《きょう》は、サルタリー・ホール滞在中にメアリーの腕前《うでまえ》を知る。そして再び女王に目通りする一世一代《いっせいちだい》のチャンスに着用する最新流行のマントを仕立てるよう命じる。

すばらしいマントをまとい、ロンドンで道を歩く女王に話しかけたローリー卿。女王がぬかるみにさしかかったときに、そのマントを惜しげもなく道に広げ、手を取ってエスコートし、再び女王の愛を得た……。これは、大変有名な逸話《いつわ》なので、メアリーの丹精《たんせい》込めたマントが無惨《むざん》に泥水《どろみず》にまみれる様子にショックを受けないでほしい。イングランド史を頭の片隅《かたすみ》において読むと、マントに着目して紡《つむ》がれたおもしろさが見えてくる。

権謀術数《けんぼうじゅっすう》がうごめく宮廷を一歩引いて眺《なが》め、華《はな》やかなものには何も興味を持たず、デボン州のふるさとを思うメアリー。だが、女王を暗殺から守らねばと、きゃしゃな体で奔走《ほんそう》するときには、おどろくほどの力が生まれる。

メアリーの細い指から生み出された豪奢《ごうしゃ》な服や小物の描写《びょうしゃ》は圧巻で、貴人たちの豪華《ごうか》なファッションを思い浮《う》かべるだけでも飽《あ》きない。レースと宝石と刺繍《ししゅう》のめくるめく世界である。

（鈴木宏枝）

読後の胸のざわめきが世界と対峙《たいじ》するための力になる

河出書房新社（河出文庫）二〇一三年四月
定価：四七〇円（税別）

中村文則《ふみのり》

他人の財布や所有物を掏《す》る。その瞬間《しゅんかん》にほのかな温かみを感じる1人の男が、闇の世界を支配する人物に無理難題を命じられる。拒否《きょひ》すれば死、失敗しても死。理不尽《りふじん》に満ちた世界の「悪」をあぶりだすストーリー。

まず最初に断っておくけれど、本書にはかなり濃厚《のうこう》な性描写《せいびょうしゃ》が含まれている。自分にはまだ早い、あるいは永遠にそんなものは読みたくないというあなたにはお薦《すす》めできない。目を覆《おお》いたくなるような暴力シーンもある。殺人もある。平気で人をおとしいれる腐《くさ》った大人が次々に登場、健康的な大人は存在しない。母親の命令で万引きをする男児の姿もある。

そもそも、タイトル自体が『掏摸《スリ》』。反社会的な行為に嫌悪感《けんおかん》をおぼえるあなたも、あえて手を出すことはない。世の中の闇《やみ》など知らずに天寿《てんじゅ》をまっとうしたいというあなたも。明るく前向きな物語を愛するあなたも。ふつうの恋愛《れんあい》ものを読みたい気分のあなたも。怖《こわ》い話を読むと夜中にトイレへ行けなくなるあなたも。

これだけ老婆心《ろうばしん》を全開にしておきながら、なおかつ本書を紹介《しょうかい》するのも妙《みょう》な話だが、最初にこの『10代のためのYAブックガイド150』の企画を聞いたとき、私は「二〇一五年の今、自分は若い人たちにどんな本を読んでほしいのだろう、本当のところ」と自問したのだった。結果、〈①自分が今いる場所を新しい目で見るきっかけになるような本〉〈②そして、その場所は地続きで遠いどこかへつながっていることを感じさせてくれる本〉という、けっこう難しいところに（自分でも書いたことがないような）たどりついてしまった。その期待に応えてくれる作品として、『掏摸』以上にぴたっと来る一冊がどうしても浮《う》かばなかった。

「裕福《ゆうふく》」というワードがしばしば登場する本書だが、実際にここで描《えが》かれているのは、足もとからぬるぬると這《は》いあがってくるような「貧困」と、それにともなう「孤独《こどく》」である。遠いどこかの話のようだが、あなたのすぐ近くにもそれがあることを、本能的にあなたは知っている。だからこそ、読んでいると胸がざわめきだすにちがいない。その振動《しんどう》は、きっと、あなたが自分を守ったり押さえつけたりする殻《から》からぬけだし、あられもない世界と対峙《たいじ》するための動力となる。

（森絵都）

親から逃《のが》れてどう生きるか 運命にあらがう若者の葛藤《かっとう》

東京創元社（創元推理文庫）
二〇一五年五月
定価：一二〇〇円（税別）

バリー・ライガ／満園真木《みつぞのまき》・訳

町で凄惨《せいさん》な殺人事件が起こる。現場ではベテラン保安官G・ウイルアム・タナーたちの調査が行われている。それを少し離《はな》れた藪《やぶ》の中から双眼鏡《そうがんきょう》で見ている少年ジャズは確信していた。これは連続殺人事件だと。異色の青春ミステリー。

シリアルキラー物のミステリーです。主人公は、犯人でも刑事でもなく、十七歳の少年ジャズ。ただし父親は、百人以上の殺人を行ったシリアルキラー、ビリー・デント。ジャズが誰《だれ》の息子であるかは町ではよく知られていますが、それ以上に重荷なのは父親が、殺人の知識を折に触《ふ》れ伝えていたことです。だから彼には、加害者がなにを考えて、どんな行動をしたかが警察以上にわかってしまいます。

じゃあ、その能力を使ってヒーローに！　とはなりません。なぜならその知識がいつか欲望に火をつけ、自分を父親のようなシリアルキラーにしてしまうかもしれないとジャズは恐《おそ》れているからです。

思春期は、自分らしくあろうとしてジタバタしますが、自分の性格や考え方や感性は果たしてオリジナルなのか、それとも親からのコピーなのかが結構やっかいです。特に親から継承《けいしょう》した部分を受け入れたくない自分がいます。

ジャズの場合、コピー元はシリアルキラーなので、簡単に継承するわけにもいきません。

ジャズの彼女コニーは黒人です。そんなこと関係なく好きになったと思いたいけれど、父親が黒人だけは殺さなかったから、安全のためにコニーを選んだのかもしれないとジャズは不安です。

いつも、いつも、どれが本当の自分の気持ちなのか、父親から植え付けられた欲望なのかを判断し続けなければならない日々を生きるのはつらいです。

ジャズは町で起こった連続殺人事件を、父親から学んだ能力を使って犯人の行動を読んで解決に導きますが、それで心が落ち着くことはありません。

自分の思いを引き継《つ》いで欲しい親の欲望と、自分は自分でいたいという子どもの思いとのせめぎ合いを、この作品は父親をシリアルキラーに設定することで肥大化して、私たちに見せてくれます。

きつい物語だけど読んでみて。そして気に入ったら、この先のシリーズも楽しみに。

（ひこ・田中）

古代と現代がクロスオーバー
躍動感に満ちた〝いま〟の物語

ゴブリン書房
二〇一一年一月
定価：二〇〇〇円（税別）

シヴォーン・ダウド／千葉茂樹・訳

1981 年、北アイルランドの国境近くの湿地《しっち》で少女の遺体を発見するシーンから物語は始まる。発見者である高校生・ファーガスは卒業したら紛争《ふんそう》の続く土地から離《はな》れ、自由に生きたいと願っていた……。

十八歳――だれもが高校を卒業してどのように生きていくのか、自分の行く末を考え、とまどいや迷い、希望に震《ふる》える年。そんなひりひりとした心を持て余しながらすごすファーガスは、北アイルランドの政治的に複雑な状況《じょうきょう》にも否応《いやおう》なく巻き込まれていきます。

イギリスが統治する北アイルランドで、少数派のカトリックとして暮らすファーガスの家族。兄は爆弾《ばくだん》テロなどの過激な活動で知られるＩＲＡ暫定派《ざんてい》の一員として捕《とら》われ、服役中にハンガー・ストライキまで始めます。自分は兄のようにはなれない、なりたくないと思って、高校を卒業したらイギリスの大学で医学を学びたい、大学に行けなくてもイギリス本土で働いて暮らすのだと心に決めていたファーガスは、さらに追いつめられたように思ったことでしょう。

そんな中、叔父《おじ》とともに出かけた沼地（ボグ）でファーガスは少女の遺体《いたい》を見つけます。それは鉄器時代に何らかの事情で沼地に埋められた少女のミイラでした。ブロンズ像のように滑《なめ》らかな茶色の姿で、息づかいの聞こえてくるような生々しさ。この少女の出現によって、やってきた考古学者の母と娘《むすめ》の調査を手伝ううち、「メル」と名付けられた古代の少女がファーガスに幻影《げんえい》を見せるように……。

「メル」の死の謎《なぞ》を解こうとするミステリーを縦糸に、兄のハンガー・ストライキを巡《めぐ》る家族の葛藤《かっとう》、検問所の兵士とのつかのまの交流、学者の娘との淡《あわ》い恋などが織りこまれています。重くなりがちなテーマを配しながらも、〝いま〟を生きる若者が描《えが》かれ、清々しく躍動感《やくどうかん》に満ちた傑作《けっさく》。

一九八一年のこのファーガスの立ち位置は、自分ひとりでは変えることの出来ないような複雑な状況にあります。それは二〇一一年の震災《しんさい》以降の私たちの現状と似ているのではないかしら。そのような状況の中で、どんな言葉で自分を保ち、行動するのか――力ある物語は読者自身のリアルな感覚と重ねられ、〝いま〟の物語として読むことができます。

（ほそえさちよ）

過酷《かこく》な現実と戦いつづける サッカー少年の人生の選択

岩波書店
二〇一三年十二月
定価：一七〇〇円（税別）

マイケル・ウィリアムズ
さくまゆみこ・訳

ジンバブエのグツ村に住むデオは、村に兵士が来て村人を虐殺《ぎゃくさつ》したため、サッカーボールの中にお金を隠して兄のイノセントと南アフリカへ命の危険を冒《おか》して逃亡《とうぼう》する。しかし、そこも安住の地ではなかった……。

サッカーが大好きなデオと兄のイノセントは、次々と信じられないような困難に出合い、その度に、さまざまな人との出会いと別れを経験します。イノセントは、デオより十歳ほど年上ですが、「生まれた時、精霊《せいれい》が眠《ねむ》りこけていた」ため、デオはいつも面倒を見なくちゃと思っています。

最初の困難は、村に兵士がやってきた時。じいちゃんが兵士に蹴《け》られた時、イノセントが助けようとして兵士に目の周りがまっ黒になるほど殴《なぐ》られます。そして、デオがイノセントを助けに行っている間に、村人たちは兵士に銃殺《じゅうさつ》されてしまいます。

そこで二人はブキタという町に住むワシントン警部の家に行きます。警部はお母さんの死を嘆《なげ》き悲しみ、二人に優しくしてくれますが、暴徒となった若者たちが警部の家を襲《おそ》います。警部は二人に新しいスニーカーを贈《おく》り、トラックの荷台に隠れて国境へ行き、南アフリカに行くように言います。

国境を越える旅がまさにサバイバルゲーム。マイ・マリアという魔女《まじょ》のようなおばさんにお金を払《はら》い、ワニ、ハイエナ、ライオン、そして強盗《ごうとう》、電気の走る鉄線から逃《に》げなければなりません。

命からがらたどり着いた南アフリカでも、更《さら》なる困難が待っていました。しばらく安い賃金で農場で働いていた二人は、首都、ジョハネスバーグ（ヨハネスブルクともいう）へ行くことにします。アパルトヘイトが撤廃《てっぱい》され、肌の色に関係なく平等になったはずの南アフリカでは、外国人に対する排斥《はいせき》運動、ゼノフォビアがはびこっており、デオたちも職につけず、橋の下での生活を余儀《よぎ》なくされます。ある日、デオとイノセントが別の場所にいた時、暴動が起こります。デオは兄が旅の間中、手放したことのなかった宝の箱、ビックスボックスを路上で見つけます。

じいちゃんが作ってくれたサッカーボールを大切にして、そこにお金を隠《かく》して旅を続け、どんな時でも少し時間があるとサッカーをしていたデオが、結末でどんな人生を選択《せんたく》するのか。それは、この作品の絶望の中にある一筋の光のように感じられます。

（土居安子）

鍵をひとつひとつ開けるように謎が解き明かされていく

早川書房（ハヤカワ・ミステリ文庫）
二〇一二年十二月
定価：九四〇円（税別）

スティーヴ・ハミルトン
越前《えちぜん》敏弥《としや》・訳

８歳の時、あることがきっかけで言葉がしゃべれなくなってしまった少年マイクル。彼には特殊《とくしゅ》な才能があった。それはどんな錠でも開けられること。必然的に、彼は解錠師、すなわち金庫破りの道へ入っていくのだが……。

エドガー賞（アメリカ探偵《たんてい》作家クラブ）、スティール・ダガー賞（英国推理作家協会）、そして〈このミステリーがすごい！〉でも一位を獲得《かくとく》したミステリー。物語は服役《ふくえき》中のマイクルの独白で始まる。なぜ彼は八歳の時に声を失ったのか。なぜ芸術的手腕《しゅわん》を持つ解錠師《かいじょうし》となったのか。なぜ彼は今、刑務所《けいむしょ》にいるのか。さまざまな謎《なぞ》が、物語をぐいぐい引っぱっていく。

同時にこの作品は、マイクルの純愛を描《えが》く青春小説でもある。声を失って以来、絵と錠前だけに没頭《ぼっとう》してきたマイクルは、高校の同級生たちにそそのかされ、花形のフットボール選手の家の鍵《かぎ》を開けて、忍《しの》びこむ。そしてそこで見た、自画像らしき少女の絵に惹《ひ》きつけられてしまう。

不法侵入《しんにゅう》で警察に捕《つか》まったマイクルは、その家の主人マーシュのもとで奉仕《ほうし》活動をすることになる。そして、出会ったのが、絵の中の少女、つまりマーシュの娘《むすめ》アメリアだった。口のきけないマイクルとアメリアは絵で文通するうちに、いつしか恋に落ちる。

しかし、マーシュがマイクルの〝更生《こうせい》〟を引き受けたのには、下心があった。マイクルの解錠の技を狙《ねら》っていたのだ。そしてマイクルは、思いもよらなかった人生を歩むことになる……。

物語はアメリアと出会うまでの過去と、その後解錠師となって犯罪に手を染めていく現在とを交《こう》互《ご》に語る構成になっている。まさに鍵をひとつひとつ開けていって、最後に、扉《とびら》を開くように謎が明らかになる仕組みだ。

仕組みと言えば、シリンダー錠やダイヤル錠など様々な錠の仕組みや、それを指先の感覚で開いていく過程の描写《びょうしゃ》も、この作品の魅力《みりょく》のひとつだ。マイクルの師の金庫破りは、金庫に女の名前をつけ、金庫のダイヤルは女の心だ、と言う。「あけたけりゃ、まずは彼女を理解することだ」。

鍵を開ける、という行為《こうい》の持つ象徴性《しょうちょうせい》が響《ひび》き合い、この物語を忘れがたいものにしている。

（三辺律子）

目を背《そむ》けたくなるけれど向き合ってほしい現実

作品社
二〇一〇年六月
定価：一七〇〇円（税別）

パトリシア・マコーミック
代田亜香子《だいたあかこ》・訳

貧村の娘ラクシュミー13歳は、継父によって売られてしまう。知らない間に国境を越え、今度はインドで売春宿へ——。ネパールで実際に起こった人身売買事件をベースにした物語。助け出された少女への取材をもとに書かれている。

ラクシュミーの継父《ままちち》は働かず酒を飲み博打《ばくち》をする毎日。彼は、わずかな金で義理の娘《むすめ》を売り飛ばします。ラクシュミーは、仕送りをするため奉公《ほうこう》に行くのだと信じていますが、彼女の行き先は、毎日何人もの男とセックスを強《し》いられる場所でした。

逃《のが》れられなくなってから、その事実を知ったラクシュミーは拒否《きょひ》しますが、水も食事も与《あた》えられず、暴力をふるわれる日々。知らない間に飲まされたのは弛緩剤《しかんざい》の入った飲み物でした。

体の自由を奪《うば》われたままの彼女を、「初物」や少女とセックスをしたい男たちが、金を払《はら》って次々に犯していきます。それからは毎日、ラクシュミーは薬を無理矢理飲まされ、「仕事」を続けさせられます。

人として扱《あつか》われないラクシュミーたちの日々。彼女たちをこんな状況《じょうきょう》に追いやったのは、継父や売春宿の経営者ですが、彼らだけが悪いのでしょうか？

ラクシュミーの村の男たちは言っていました。

息子と違《ちが》って、娘はヤギみたいなもの。お乳が出ているときはいいけれど、シチューにするときは悲しんでやる価値もない。

生理を迎《むか》えたラクシュミーに母親が教えます。夫がお腹いっぱいになるまで妻は食べてはいけない。夫に求められたら身を許さないといけない。息子は四歳までお乳をやり、娘は三ヶ月でいい。

女を男より劣《おと》った存在と見なす社会を背景にして、継父は平気でラクシュミーを売り飛ばし、そして少女の体を買う男たちがいるから売春宿は経営されるともいえるのです。

こうした性差別は何も、この物語の舞台《ぶたい》となった社会だけに生じているわけではありません。残念ながらあなたや私が暮らしているこの社会にも、これほど過酷《かこく》ではないにしろ、ありとあらゆるところに存在しています。

かなりつらい物語であるのを覚悟《かくご》して、でも、出来れば読んでください。

（ひこ・田中）

閉ざされた島に生きる若者たちの窮屈《きゅうくつ》さと、信頼《しんらい》と、友情と

講談社
二〇一三年六月
定価：一五〇〇円（税別）

辻村深月《つじむらみづき》

瀬戸内海《せとないかい》の冴島。海にへだてられた土地に生きるが故に、一種独特の絆《きずな》にむすばれている高校２年生の朱里《あかり》、衣花《きぬか》、新《あらた》、源樹《げんき》の４人。彼らの前に、ある日、島に伝わる「幻《まぼろし》の脚本《きゃくほん》」を探しにきたという奇妙《きみょう》な男があらわれる。

カバーのイラストからして至極《しごく》さわやかだ。波打ちぎわの澄《す》んだ水に足首までひたして、女子高生二人と男子高生二人が並んでいる。空は青い。この装丁とタイトルをあわせて見れば、おのずと「島で暮らす高校生たちの自然満点スローライフ」的な物語が連想されるかもしれない。

事実、舞台《ぶたい》となる冴島《さえじま》は面積十平方キロメートル、人口三千人足らずの小さな離島《りとう》である。が、おそらく、水深は深い。ページをめくればめくるほど、あなたはこの世界の奥行《おくゆ》きに惹《ひ》かれ、ぐんぐんと深いところへ誘《いざな》われていくにちがいない。

冴島は、私たちが属する社会の縮図だ。小さいが故《ゆえ》、人の数が少ないが故に、隠《かく》すこともごまかすこともできず、住民たちの思惑《おもわく》も秘密も亀裂《きれつ》も、すべてがむきだしとなる。島に暮らす四人の高校生は、だからこそ、本土の子たちよりもまっすぐに、そしてシビアに人間を見つめながら生きている。世間とは何か。家族とは何か。大人とは何か。時にいらだち、時に傷《きず》つきながらもしなやかに前進する彼らの目に映る風景を、ぜひ現役十代のあなたにも体験してほしい。

高校生の彼らをとりまく大人たちの描《えが》かれ方も鮮《あざ》やかだ。現実の世に魅《み》力的《りょくてき》な大人が少ない以上、せめて虚構《きょこう》の中ででもそれを見せるのが若い読者に対する作家の作法の一つとも思えるのだが、その重責も本書は見事にはたしている。

元オリンピックメダリストで現在はシングルマザーの蕗子《ふきこ》。「地域活性デザイナー」のヨシノ。島の主婦が営む食品加工会社の社長を務《つと》める朱里の母。誰《だれ》もが苦労の種を背負い、女であるというだけで厄介《やっかい》な目にあいながらも、くじけることなく「おじさんたち」が支配する社会とむかいあう。そして、助けあう。その強い結束が感動を誘う。

年をとるのも悪くない。本書を閉じたとき、あなたはきっと思うだろう。女でいるのも悪くない、母になるのも悪くない、と。彼らの島は肯定という名の海に浮かんでいる。

（森絵都）

なぜあのとき、私たちは……
原発建設の重みを考えたい

あかね書房
二〇一二年十一月
定価：一二〇〇円（税別）

M・モーパーゴ／P・ベイリー絵
杉田七重《ななえ》・訳

何十年ぶりかで故郷の近くまで来たマイケル。立ち寄るか寄らないかを悩《なや》みます。そこは、懐《なつ》かしいと同時に、つらい思い出を残している場所。それでもマイケルは故郷に足を向けるのですが……。

五十年ほど前のこと。マイケルはいじめっ子たちの標的にされていました。追い詰《つ》められて怪我《けが》をした彼は、ペティグルーさんに助けられます。彼女はタイ人で、湿地《しっち》に置いた古い列車に、ロバと三匹《びき》の犬と住んでいました。マイケルと母親はペティグルーさんと親しくなり、彼女の目を通して、この街にある自然の美しさに気づいていきます。

ところが、あるとき街で集会が開かれることに。ロンドンの電力不足を補《おぎな》うために、ここに原発を作ろうと電力会社が説明にやってきたのです。設置場所はペティグルーさんが暮らす湿地だという。住民たちは反対する。安全だというならロンドンに作ればいいと。そしてペティグルーさんは、こう述べます。「機械は完璧《かんぺき》ではありません。科学も完璧ではありません。まちがいは簡単に起きる。事故は起きるのです」。多くの人が彼女の言葉に賛成します。

が、わずかな時間の間に、人々の考えは変わっていきます。次々と原発反対から賛成になった住民たち。ついにはペティグルーさんとマイケルたちだけが反対派に……。すると住民たちは彼らにいやがらせをします。

強制退去となったペティグルーさんはタイに帰って行き、まもなく亡くなりました。

住民の変化がどうして起こったかを作者は描《えが》きません。そこは私たちの想像力に委《ゆだ》ねられているのでしょう。

少数者であるペティグルーさんたちにいやがらせをした、その心の中を、私たちは覗《のぞ》くことが出来ます。なぜならそれは私たちの中にも存在するからです。その気持ちをしっかりと捕《つか》まえて、あばれさせないようにしてください。

この作品は福島原発事故以前に書かれていますが、それと重ねて読んでしまう人も多いと思います。物語は、そういう風に読んでもかまいません。

五十年後、マイケルが訪れた街はどうなっていたか？　どうぞ、本を開いて。　（ひこ・田中）

アメリカに憧れる移民少年のぎらぎらと輝く日々

集英社
二〇一二年十月
定価：一八〇〇円（税別）

マブルーク・ラシュディ
中島さおり・訳

パリ郊外の団地で暮らす、アルジェリア系フランス人の少年マリクの日々を、5歳から26歳までの短編形式で綴《つづ》る。貧しい移民たちの暮らしがいきいきとユーモアたっぷりに、そして苦い現実とともに語られる。

一九七六年生まれのマブルーク・ラシュディは、現在注目を集める、フランスの新世代作家だ。

彼と同じくアルジェリア系フランス人である主人公マリクは、フランスの郊外《こうがい》に建てられた団地《シテ》育ち。周囲にいるのも、アブドゥ、ワリド、アリム、イシャムといった名前からわかるように移民の子どもたちだ。

この団地は、六〇年代に、主に移民労働者の受け入れ用に建てられたもので、今では移民とその子どもたちといった低所得者層が住みついて、ゲットー化している。

マリクも母子家庭で育ち、「貧乏人」学校に通っている。ロマン・ガリーの小説で母親の苦労を知って「神経性無食欲症」になり（十三歳）、学校の課題本『夜間飛行』を購入《こうにゅう》しなかったために教師に攻撃《こうげき》され（十四歳）、友人が持っていた砂《さ》糖《とう》をドラッグと勘違《かんちが》いされ、不当に逮捕《たいほ》されそうになる（十八歳）。就職活動では、フランス風にマルクと改名するように言われ、そうやって得た仕事はコネがないためにクビになり（二十一歳）、生活保護の世話にもなる（二十五歳）。

しかし、ここに描《えが》かれているのは、怒りと貧困の少年時代ではない。サッカー、友情、恋。とりわけアメリカ文化が彼らにもたらしたものは大きい。マリクたちは「メル・ギブソンのように毅《き》然《ぜん》とし」ようとし（六歳）、映画『ポケットいっぱいの涙《なみだ》』に心酔《しんすい》し、パブリック・エネミーやNWAのラップに夢中になり（十一歳）、クリスティーナ・アギレラやビヨンセに狂乱《きょうらん》する（十七歳）。俗語《ぞくご》、卑語《ひご》満載《まんさい》の〝郊外言葉〟で語られる彼らの日々は、きらきら、いやぎらぎら輝《かがや》いている。

輝きのすきまから、移民問題、民族問題、人種差別、失業、宗教、暴動、などさまざまな問題が垣間《かいま》見えるが、それでもマリクは笑いと希望と強さを失わない。最後、出世した友にむかって彼は言う。「おれが自分で選ぶ、おれの人生」があるのだと。

（三辺律子）

父が横領で逮捕された!? エリート少年が見た人生の諸相《しょそう》

集英社（集英社文庫）
二〇一三年三月
定価：四五〇円（税別）

佐川光晴《みつはる》

「おれ」はほんとについていない。銀行の副支店長だった父親が金を着服して逮捕されちゃったんだからな。「おれ」は伯母《おば》が運営する札幌の児童養護施設にあずけられるが……。エリートだった少年が逆境を超えて新しい居場所を見つける物語。

「おれ」こと高見《たかみ》陽介《ようすけ》は中学二年生。東大合格者数ナンバーワンを誇《ほこ》る中高一貫《いっかん》校に通っていた。ところが、突然《とつぜん》ふってきた災難。大手都市銀行の副支店長だった父が愛人に貢《みつ》ぐために顧客《こきゃく》の金を着服し、逮捕《たいほ》されてしまったのだ！「おれ」は母と離れ、札幌《さっぽろ》の児童養護施設《しせつ》にあずけられる。母の姉である「恵子《けいこ》おばさん」が運営する施設である。諸事情で親と暮らせなくなった中学生だけをあずかるグループホームの名前は「魴鮄舎《ほうぼうしゃ》」。なんだけど、母と恵子おばさんはずっと連絡をとっておらず、会ったのは二十年ぶりっていうんだから、まったくもう。

　親の事情で子どもが迷惑《めいわく》を被《こうむ》る。あっちゃいけない事態だけれど、実際にはよくあることだ。そんなとき、本人も周囲の大人も「なんとか元の環《かん》境《きょう》のままで」と考える。でも、それは無理なんだよね。陽介もそうだった。エリートの自覚がある彼は札幌の公立中学に転入後も、しばらくは成績を落としてはいけないということばかり考えていた。いつかまた家族三人で暮らしたいと願っていた。でも、夏休みをすぎるころには、二年の実刑《じっけい》判決が出た父の将来を思いやるまでに成長する。

〈おれは高校生活もこのまま札幌で送るつもりだし、大学も奨学金《しょうがくきん》の助けを借りながらなんとか自力で卒業してみせるから、父はどこかでひっそり生きていってほしい〉

　陽介を変えたのは、魴鮄舎で出会った、それぞれの人生を背負う人々だった。産みの母と養母と、二度も親に捨てられた同室の卓也《たくや》。愛する妻と子を失った石井《いしい》先生。北大の医学部で学びながら、医師への道を捨てて別の道を選んだ恵子おばさん。そして父の借金返済のために、家を売り、自身は介護施設に住みこみで働く母。

　父の一件がなかったら学べなかった人生の諸相。高校受験から仙台《せんだい》の高校に進んだ陽介のその後を描《えが》く『おれたちの青空』『おれたちの約束』『おれたちの故郷』もおすすめだ。

（斎藤美奈子）

口笛とハレー彗星《すいせい》がもたらす
人生の一瞬《いっしゅん》のきらめき

ヴィレッジブックス
二〇一一年八月
定価：九五〇円（税別）

アイヴァン・ドイグ／亀井よし子・訳

モンタナの大草原に住む一家に、料理以外は完璧という美人で風変わりな家政婦がやってくる。彼女と博識のその兄との生活でどんどん輝《かがや》きを取り戻してゆく一家。口笛とともに古き良きアメリカの風吹く魔法《まほう》のような物語。

〝料理はだめですが噛《か》みつきません〟

たとえばこんな広告が新聞に入っていたとして、たとえばちょうど家政婦を探していたからといって（そしてなんだか面白そうだったからといって）、本当にやとってしまったりするでしょうか。ないないない、だって絶対へんな人だよそれ、とわたしだったら思うのですが、本当にやとってしまう一家がここに。料理がダメと言っても、男よりはましだろうという勝手な推測とともに。

ところがどっこいしっかり広告の通り。でも料理以外は完璧《かんぺき》にこなすローズは、兄モリーと一緒《いっしょ》にやってきて、一家の家事のいっさいをまかされるように。モリーもひょんな運命から一家の兄弟が通うクラスの担任に。その博識ぶりや、ウィットにとんだ会話で、家族にとっても街の人々にとっても、なくてはならない存在になっていきます。

はっきり言ってとんでもない事件がおこるわけではなく、クラスの暴れ者とのいざこざ、突然《とつぜん》学校に入る視察や、ハレー彗星《すいせい》の到来……そういうことが一大事件として綴《つづ》られるだけ。でも個々それぞれの人物像、ひねりのきいた会話、学校や家族がふたりの到来できらめきを増してゆく様子などは、素晴らしいことばの重ね方で描《えが》かれています。かめばかむほど味わいが増す、そんな豊かな情感にあふれた文章。ぜひともゆっくりじっくり読んでほしい、そう心から思う作品です。

タイトルにも出てくる口笛は、ローズが家事の合間に吹く口笛と、季節がめぐりやってくる白鳥の鳴き声とにかかっているそうです。それは幸せの象徴《しょうちょう》。すべてを乗り越え、幸せにむかって突《つ》き進む一家の前に突如《とつじょ》現れる真実は正直ちょっと驚《おどろ》きなのですが、そもそも人生にはハッピーエンドなんて存在しないですからね。その先も続く、それが人生。

でも、人の本質は変わらないし、心にしみるものもそう簡単には変わらないと信じてしまう強さがここにあります。ぜひともあのハレー彗星の夜の興奮を一緒に味わってほしいです。

（酒井七海）

子どもたちの切実な声が深く強く、心に響く

幻冬舎
二〇一四年八月
定価：一六〇〇円（税別）

有川浩《ありかわひろ》

「あしたの家」という児童養護施設を舞台《ぶたい》に、元会社員の新米職員・慎平の１年間の奮闘ぶりを描《えが》く。プロであるが故《ゆえ》にぶつかり合う同僚たちの様子や当事者である子どもたちの切実な想いを交えながら、社会のあるべき姿を問いかける。

厚生労働省によれば、二〇一三年時点の児童養護施設《しせつ》入所者数は二万九九七九名にのぼる。保護者の養育が期待できない子どもが三万人ほど暮らしている施設なのに、その実態は意外と知られていない。キャラクター造形に定評のある有川浩が手がけているだけに、児童養護施設で暮らす子どもたちや職員たちの声が心に響《ひび》く作品となっている。

もちろん、児童養護施設のことを知らなくても大丈夫。新米職員の慎平《しんぺい》を通して、その現実を知ることができるからだ。たとえば、赴任《ふにん》したばかりの慎平が施設の子どもたちへの同情から散らかっている靴《くつ》を片付けようとする。ところが、一般家庭の子どもであれば大目に見られることであっても、「これだから施設の子は」のような厳しい世間の目にさらされるのだから甘やかすべきではないと同僚《どうりょう》から叱《しか》られる。施設の子どもたちが置かれている厳しい現実が垣間《かいま》見えよう。

なかでも、奏子《かなこ》の進路問題は難題だった。施設にいられるのは十八歳までなので（高校に進学できない場合は十五歳で退所しなければならない）、高二の奏子にとって退所後の進路はまさしく人生の岐路《きろ》であった。保育士を目指す奏子は進学を希望しているのだが、保護者による経済的支《し》援《えん》が期待できず、女性の場合、身を持ち崩《くず》すリスクが高いこともあって、「あしたの家」では就職を勧《すす》める方針が採《と》られていた。奏子の担当で進学を応援したい和泉《いずみ》は、最も信頼《しんらい》しているベテラン職員である猪俣《いのまた》と衝突《しょうとつ》することになる……。

退所後のケアができれば、進路に対する方針も変わるのだろうが、多忙《たぼう》をきわめる児童養護施設の職員にそんな余裕《よゆう》はない。折しも、退所後の子どもたちを支援する唯一《ゆいいつ》の施設である「日だまり」が予算削減《さくげん》により、廃止《はいし》の危機に陥《おちい》る。この危機に際し、元会社員のキャリアを活《い》かして、慎平が活躍《かつやく》するラストは熱い。児童養護施設を通して示される社会のあるべき姿に、ぜひとも考えをめぐらしてほしい。

（目黒強）

055 奇跡《きせき》の人
The Miracle Worker

青森を舞台に繰《く》り広げられる もうひとつの「奇跡」の物語

双葉社
二〇一四年十月
定価：一六〇〇円（税別）

原田マハ

アメリカ帰りの去場安のもとに、青森県弘前の男爵家から「娘の教育係になってほしい」という依頼が舞い込む。娘の名は介良れん。見ることも聞くこともできない少女だった。ヘレン・ケラーの自伝を明治の日本に移植した、異色の長編小説。

『奇《き》跡《せき》の人』っていったら、そりゃあヘレン・ケラーの自伝に決まってる。アン・サリバン先生の特訓《とっくん》でヘレンが言葉を獲得《かくとく》する、あのお話ね。

原田マハ『奇跡の人』の主人公は去場安（さりば・あん）という。一方、彼女が教師として出会った少女は介良れん（けら・れん）だ。

やだな、もしかして、ふざけてる？

うん、私も最初はそう思った。ところがですね、読みはじめたらおもしろいんだ。

去場安は二十五歳。九歳のときに岩倉《いわくら》使節団の留学生として渡米《とべい》、最高の教育を受けて帰国した当時の最先端《さいせんたん》を行く女性。明治二十年（一八八七年）、そんな彼女に伊藤博文《いとうひろぶみ》（っていうのもスゴイよね）経由で青森県弘前《ひろさき》町の男爵《だんしゃく》家から「娘《むすめ》の教育係になってほしい」という依頼《いらい》が舞《ま》いこむ。一歳で視覚と聴覚《ちょうかく》を失ったれんは現在七歳。行ってみると、蔵《くら》に閉じこめられ、使用人たちから「けものの子」と呼ばれて虐待《ぎゃくたい》に近い扱《あつか》いを受けていた。安は一念発起《いちねんほっき》、れんに人間としての尊厳を取り戻させるべく格闘《かくとう》がはじまるが……。

敵は身内にあり、というのでしょうか。娘の行《ぎょう》儀《ぎ》さえよくなればよしとする父、娘をひたすら甘やかす母によって、開花しかけたれんの才能は何度も後退。安は深い苦悩《くのう》の中に沈《しず》んでいく。

それにしても、なぜ舞台《ぶたい》が青森？

理由は徐々《じょじょ》に明らかになる。

静かな環境《かんきょう》で授業に専念したいという安のたっての頼《たの》みで、金木《かなぎ》村の別邸《べってい》に移った安とれんは、そこで盲目《もうもく》の少女・狼野《おいの》キワと出会うのだ。津軽《つがる》三味線の名手である十歳のキワは「ボサマ」と呼ばれる津軽地方の旅芸人の娘だった。さらには行き詰《づ》まっていた安に示唆《しさ》を与える盲目の巫女《みこ》＝イタコの存在。〈この地域には、盲目の女性らならではの生きる術《すべ》がある〉

れんとキワの間に芽生える友情は美しく、介良男爵に向かって啖呵《たんか》を切る安は迫力満点。単なる翻案《ほんあん》のレベルを超えた逸品《いっぴん》だ。

（斎藤美奈子）

いるの？　いないの？
その子の存在は大切な秘密

理論社
二〇一〇年九月
定価：一四〇〇円（税別）

岩瀬成《じょう》子《こ》

空き家だと思っていた１軒の家。そこにまだ幼い小さな女の子がたった１人で暮らしていると知ったら、あなたはどうしますか？　まつりちゃんという名のちょっと不思議な女の子の物語。

「まつりちゃんは小さな植物の種のようだな」とこの本を初めて読んだ時に思いました。種はあまりに小さくてあまりにちっぽけな存在。けれどひとたび土に根を下したら、ふたばが芽生え、どんどんと根っこを張り、お日さまをめざしてぐんぐんと枝を伸ばしていくのです。そしてささやかだけれどいい匂《にお》いのする花を咲かせるかもしれませんし、果汁たっぷりの瑞々《みずみず》しくどっしりとした実をつけるのかもしれません。

描《えが》かれているのはどこにでもありそうな町。塾《じゅく》にしぶしぶ通っている小学生の男の子。だんなさんとあまりうまくいっていないおばさん。空き家だと思っていた家に誰《だれ》か住んでいるのではないかと気になってしかたのない女の子。みんな小さなきっかけで、まつりちゃんという本当ならひとり暮らしなんてできっこない小さな女の子が、ひっそりと暮らしていることに気がついてしまいます。

ここで重要なのはみんながまつりちゃんという女の子の存在を大切な秘密として心の中に持っていること。誰も誰かに話したり、ましてや警察に通報したりなんてしないのです。そしていつの間にか心の中に小さな花が咲いたように、ふくふくとした幸せをそっと抱いているのです。

まつりちゃんのお父さんとお母さんは大変な事情でどうしようもなくまつりちゃんと離《はな》れて遠くで働いています。二人ともまつりちゃんのことが大好きで、心配で心配で毎日夜になると電話をし、週末になるとまつりちゃんに会いに帰ってきます。まつりちゃんは淡々《たんたん》と自分の立場を受け止めて暮らしているのですが、孤独《こどく》という風には見えません。まだ世間を知らないからなのか、我慢《がまん》強いからなのかわかりませんが、そんな暮らしを楽しんでいるようにさえ見えます。そのこと自体がファンタジックでもあります。

ここには魔法《まほう》使いも妖精《ようせい》も出てきません。けれども魔法使いよりも妖精よりも不思議な人間たちの姿が愛おしく描かれているのです。（鈴木潤）

いつまでも色褪せない児童文学の古典

岩波書店（岩波少年文庫）
二〇一三年三月
定価：八〇〇円（税別）

マーガレット・マーヒー
清水真砂子・訳

ニュージーランドの作家マーガレット・マーヒーが1984年に発表した古典的名作。2013年にその改訳版が出版された。14歳のローラの成長とその痛みを描《えが》く。本書での「魔法」は超能力《ちょうのうりょく》というより、思春期の繊細《せんさい》さや万能感の比喩《ひゆ》とも取れる。

発表は一九八四年。比較的新しめの作品が並ぶこのブックガイドにあって、数少ない「古典」。だからと言って学校の授業で読むような堅苦《かたくる》しい作品かというと、とんでもない。むしろ今の日本で読むほうがより響《ひび》くんじゃないかな。

メインストーリーは十四歳のローラの成長譚《たん》。ある朝突然《とつぜん》、魔女《まじょ》に「目覚めて」しまったローラは、以前から気になっていたふたつ年上の優等生ソリーの正体が、「かくれ魔女」（男なのに！）だという秘密を母親のケートに打ち明ける。

だが、もちろん取り合ってもらえない。母子家庭で、三歳になる弟ジャッコのいるこの家では、ただでさえ朝は戦場のよう。ところがその夕方、ジャッコは人の姿をした悪霊《あくりょう》カモーディ・ブラックの罠《わな》にかかって生命力を奪《うば》われてしまう。衰《すい》弱《じゃく》していく弟を救うため、ローラは真の魔女に覚《かく》醒《せい》するための儀式《ぎしき》に挑《いど》むが……。

まとめれば、少女の通過《つうか》儀礼《ぎれい》――作品内の言い方にならえば「偏位《シフト》」――の話。そこに美少年ソリーとの恋愛《れんあい》、母ケートとのすれ違《ちが》いが絡《から》み、読後感はぐっと深くて豊か。普段《ふだん》は優等生の顔をしているソリーは、ローラの前では自信家で横暴な表情を隠《かく》さない。幼少時に虐待《ぎゃくたい》され、吃音《きつおん》の症状も残っているが、そんな彼もローラと触《ふ》れ合ったことで救われていく。

シングルマザーのケートは「慢性的《まんせいてき》な金欠病」に悩《なや》まされているものの、ユーモアと新しい恋人に支えられている。この作品では大人も子ども同様に間違うが、そこから学び、成長していく姿もきちんとフォローされている。家族とは何か、生活の中から見出すべき価値とは何か。家族の在り方を問い直すべき時期に来ているこの国で、だから本作の輝《かがや》きは未《いま》だ色褪《あ》せることはない。

派手な魔法《まほう》合戦はなし。ただし、本作にはとびきりの魔法がかけられている。訳者の清水真砂子が児童文学の大家フィリパ・ピアスから、「マーヒーの英語を訳すなんてクレージー」と労《ねぎら》われたほど、その文章はマジカルで美しい。最終章の甘やかさは小説を読む歓《よろこ》びそのものだ。

（古川耕）

母親を探す旅に出た少女の切なくも力強いロードノベル

ゴブリン書房
二〇一一年七月
定価：一七〇〇円（税別）

シヴォーン・ダウド／尾高薫《かおる》・訳

ロンドンの児童福祉施設《ふくししせつ》で暮らしていたホリーに里親が見つかる。だが、新しい家庭になじめず、毎日がイライラの日々。ママを探そう！　ホリーは家出を決行する。子どもだと気付かれないように変装し、アイルランドを目指すのだが……。

十五歳のホリーにとって、里親はとてもありがたい存在に思えます。実際、母親代わりとなるフィオーナはホリーを気遣《きづか》い、彼女が心穏《こころおだ》やかに暮らせるように計らっています。けれど、ホリーはこう思っている。

「どうしてこんなとこに来ちゃったんだろう」。

そしてフィオーナを傷《きず》つける言葉をいくつも吐《は》きます。「あたしはママの子だ、てめえの子じゃねえんだから」。ガンで卵巣《らんそう》を摘出《てきしゅつ》したことを知ったときは、卵巣なしババアとまで……。ここまでの激しい敵意はどこからくるのでしょうか？

ホリーは、フィオーナが抗《こう》がん剤《ざい》治療《ちりょう》で髪《かみ》の毛が抜《ぬ》けたときに使っていたブロンドのウィッグを付けて「ホリーより三つ年上で、頭が切れて、最高にクールでゴージャスな子」サラスに変身し、旅をします。「ホリー・ホーガン、あんたはもう死んだよ」「あんたはこれからサラスだからね」。

もちろんそれは子どもだと怪《あや》しまれるからですが、おそらくそれだけではありません。彼女は「ホリー」を隠《かく》したいのです。

ホリーは母親に捨てられたのですが、それを認めたくはありません。ですからアイルランドまで母親に会いに行こうとするのです。見つければ母親は自分を受け入れてくれると思いたいのです。しかし一方で、そんなことはあり得ないともどこかで理解はしています。

もし、里親を認めれば、母親が自分を捨てたとも認めなくてはいけなくなる。おそらくホリーはそう考え、まるで憎悪《ぞうお》しているかのようにフィオーナを扱《あつか》うわけです。

そして、ホリーであることをやめれば、この問題から目をそらすことができる。アイルランドまでの旅は、母親に会いに行くというよりは、受け入れがたい真実から逃《のが》れるためです。

とはいえ、やがて人は目の前の真実と向き合わなければいけないときが来ます。ホリーがどうするか？　確かめてください。

（ひこ・田中）

わたしはどうしてここにいるの？ わたしのルーツってなに？

フレーベル館
二〇一四年一月
定価：一五〇〇円（税別）

ロディ・ドイル／こだまともこ・訳
こがしわかおり・絵

12歳のメアリー、ちょっと天然な母スカーレット、もうすぐ死を迎えようとしている祖母エマー、そしてエマーの母親タンジー（幽霊）。時代も生き方も違う4人の女性がアイルランドを舞台《ぶたい》に出会い過ごした一夜の夢のような物語。

わたし。

わたしにはお父さんとお母さんが、そのお父さんとお母さんにもお父さんとお母さんが……。

わたしが存在するためにはなんとたくさんの人たちが存在することでしょう。けれど名前や仕事、どんな暮らしをしていたかを知ることができるのはせいぜい三代、四代くらい前なのではないでしょうか？

一度でいいから自分のひいひいおばあちゃんに会って、いろんな話をきいてみたいと思いませんか？　きっととても面白いに違《ちが》いないでしょうし、話す方も相手が自分のいつか生まれるであろう子孫なら、きっととっておきの話をしてくれるのではないでしょうか？

十二歳のメアリーの前に突然《とつぜん》現れたちょっと古風な身なりの女の人タンジー。彼女はメアリーのひいおばあちゃん。祖母のエマーが幼い頃に早逝《そうせい》した母親だと言います。ですので当然、幽霊《ゆうれい》。タンジーは、入院中でもうすぐ死を迎《むか》えようとしているおばあちゃん、つまり娘のエマーに「愛していたのよ　さみしい想いをさせてごめんね。ずっと見守っていたのよ」と伝えたい一心でやって来たのです。その想いの深さはメアリーとメアリーの母親のスカーレット、そして「死」に怯《おび》えていたエマーの心をそっと満たしていくのです。

脈々とつながっていく絆《きずな》。わたしたちもまたその一部なのです。だからこそ、自分の後ろに居てくれたたくさんの人たちのこと、そしてこれから出会うかもしれないたくさんの人たちのことを想わずにはいられません。

わたしはわたしだけれど、決して一人ではないのですから！

それぞれの人物の性格までも描《えが》きこまれたような、こがしわかおりさんの絵が読む者を物語の深い世界へと誘《いざな》ってくれるのです。

（鈴木潤）

戦争の狂気に巻き込まれた少女の心を支えた、九通の手紙

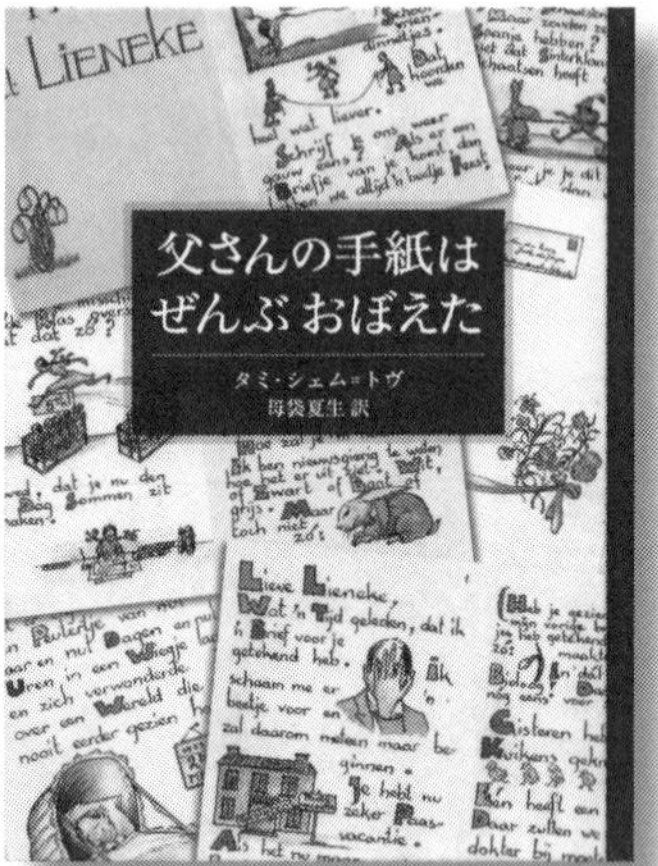

岩波書店
二〇一一年十月
定価：二一〇〇円（税別）

タミ・シェム=トヴ／母袋《もたい》夏生《なつう》・訳

ナチス占領下のオランダ。家族と離《はな》れて暮らすユダヤ人の少女リーネケの慰めは、父から密《ひそ》かに届く絵入りの手紙。読んですぐ手放さなければならなかったその手紙が、奇跡的に残っていた。それによって明らかになった戦争の記憶《きおく》を描《えが》いた物語。

まず、表紙にレイアウトされた絵手紙の数々、カラフルで、かわいい！　オランダ語がわからなくても、ユーモアと、愛情に満ちたものだとみて取れます。ところが、これをもらった娘《むすめ》は、こんなに素敵な手紙を、読んだらすぐに手放さなければならなかったのです。

一九四〇年、オランダにナチス・ドイツが侵攻《しんこう》すると、そこでもユダヤ人への迫害《はくがい》の手が伸《の》びました。リーネケの父は生き延びるために、家族みんなの名前を変え、子どもたちを知人に預けます。リーネケは一人、ある村医の家で、オランダ人として暮らすことになりました。村医夫妻は、リーネケを家族のように扱《あつか》ってくれました。もし、ユダヤ人をかくまっていることがばれたら、自分たちの命にも危険が及《およ》ぶことを知った上でのことです。

リーネケは薬局を手伝い、学校へ行きますが、何よりの心の慰《なぐさ》めが、父から届く絵入りの手紙だったのです。それは小さな絵本のように糸で綴《と》じられたもので、一つ一つの文字に、絵に、娘の寂《さび》しい気持ちを払拭《ふっしょく》させる深い愛情が感じられます。しかし、父親が小さな娘に送った手紙でさえ、ナチスの恐怖《きょうふ》にさらされ、すぐに処分しなければなりません。リーネケは短時間に何度も何度も読み返し、その手紙を心にすり込んだのでしょう。

やがて戦争は終わり、リーネケは村医の家を去りますが、別れ際《ぎわ》に庭から掘り出され、手渡されたのが九通の手紙だったのです。

これは、この奇跡的《きせきてき》に残った手紙と、実在するリーネケへの取材をもとに、著者があらわしたドキュメント物語です。九通の手紙とは裏腹に、ユダヤ人の少女が体験した、あまりにも理不尽《りふじん》な戦時下での生活がわかります。狂気《きょうき》に満ちた戦争に巻き込まれる人々、その中で良心を忘れず、自他の命を守った人々がいたことも、私たちは知り、伝えていかなければなりません。

（石田ユミ）

061　光のうつしえ
廣島　ヒロシマ　広島

世代を超えて紡ぎ直され語り継がれる永遠の「物語」

講談社
二〇一三年十月
定価：一三〇〇円（税別）

朽木祥《くつきしょう》

原爆投下から25年目の広島。「被爆二世」の希未や俊たちは、「あのころの廣島《ひろしま》とヒロシマ」というテーマで、美術部の文化祭展示をすることに。中学生たちは、周りの人々が体験した原爆の日のできごとに、耳を傾《かたむ》けていく。

この作品に登場する中学生たちは「被爆《ひばく》二世」。広島の原爆《げんばく》に直面した人々の子どもたちにあたる世代である。つまり、今から四十年以上も前の中学生が主人公という、ちょっと不思議な設定だ。しかし、作者自身がこの世代であるからということ以上に、「被爆二世」を作品の中心に据《す》えたことには、大きな意味がある。

広島に生まれ育った美術部の希未《のぞみ》や俊《しゅん》は、顧問《こもん》の吉岡《よしおか》先生が原爆の後遺症《こういしょう》を抱《かか》えているかもしれないと知り、「よう知っとると思うとることでも、ほんまは知らんことが多いよな」と思う。そして、秋の文化祭で、身近な人から原爆の日の話を聞いて、それを絵や彫塑《ちょうそ》などの作品にしていこうと呼びかける。

叱《しか》りつけて学校へ行かせたまま原爆で息子を失ったお母さん、教え子たちを守ったまま火にまかれた若い先生と子どもたちの骨……。親だけでなく、祖父母や先生や近隣《きんりん》の人などから語られる「あの日」の話は、いずれもむごく悲しいできごとばかり。しかし、それらの個別的な話は、新聞に投稿《とうこう》された短歌と重なったり、中学生たちが作りあげた美術作品となったりしながら、広く共有される戦争の記憶《きおく》として、定着していく。

人間は、古い時代から、「昔話」というかたちで、ひとや社会が抱える不条理《ふじょうり》を伝え続けてきた。この作品の中で「被爆二世」の子どもたちが受けとめたむごく悲しい話も、ひとつひとつ普遍《ふへん》的《てき》な「物語」となって、紡《つむ》ぎ直されたのではないだろうか。やわらかな方言の響《ひび》き、短歌の素朴な言葉、伝統的な美しい語彙《ごい》に、ていねいに包まれながら……。

「物語」を紡ぐ。戦争の記憶を聞き、語り継《つ》ぐ。それは、直接経験しないことにもひとは共感できるのか、という挑戦《ちょうせん》である。被害《ひがい》体験も加害《かがい》体験もくぐらずに、共に苦しみ、未来への警告を失わずにいられるのか、という挑戦でもある。戦争を直接経験していない「被爆二世」たちの挑戦は、「今」の読者へと託《たく》されているのだ。　（奥山恵）

不条理でナンセンスな笑いで ソ連の暗黒時代を描く

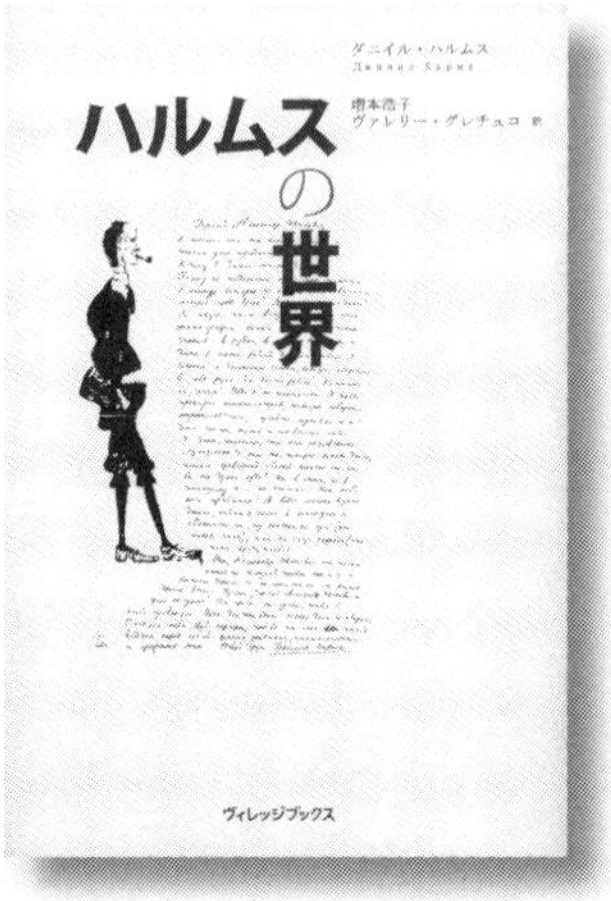

ヴィレッジブックス
二〇一〇年六月
定価：一九〇〇円（税別）

ダニイル・ハルムス
増本浩子、ヴァレリー・グレチュコ訳

ダニイル・ハルムスは1905年のロシアに生まれ、スターリン政権下のソ連という、いつ秘密警察に連行されるかわからない状況《じょうきょう》下《か》でナンセンスな笑いを追求し続け、36歳の若さで獄中《ごくちゅう》死した作家。本書はその代表作39編を収録した傑作《けっさく》集です。

ハルムスの作品世界の中で、人は平気で殴《なぐ》り、殴られたら殴り返します。人はいとも簡単に死に、誰《だれ》もその死を悼《いた》みません。なぜ殴るのか、なぜ死ぬのか、その理由はどこにもありません。必然性もありません。

気持ちのいい夏の日は、誰かが誰かに向かって唾《つば》を吐《は》いたり、女が桶《おけ》で子どもを殴りつけたり、小さな男の子が痰壺《たんつぼ》に入った汚《きたな》らしいものを食べたり、農夫がズボンのボタンをはずしてイチモツを開陳《かいちん》したりして始まります。

ハルムス世界の住人は、たとえば落ちてきたレンガによって頭蓋骨《ずがいこつ》がへし折られても、野次馬《やじうま》に向かって〈みなさん、どうぞご心配なく。私は予防接種を受けていますから。ご覧ください、私の右眼には小石が刺《さ》さっているでしょう。これもちょっとした事件だったんですよ。こういうことに、私はもう慣れているんです。私は何があってもへっちゃらです!〉と言い放ち、「結婚《けっこん》」という簡単な言葉の意味すら共有できない母子が登場すれば、トンチンカンなやり取りの末、息子が母親の首を絞《し》めてしまうんです。

さて、しかし、皆さん、こうした不条理でナンセンスなエピソードのすべてが、ソルジェニーツィンも『収容所群島《しゅうようじょぐんとう》』という震撼必至《しんかんひっし》のノンフィクションで描《えが》いている一九三〇年代から四〇年代にかけてのソ連では〝リアル〟だったとしたら、どう思いますか?

わたしたち日本人にとってはコントのようにしか思えない出来事が、もっと酷《ひど》いかたちで日常茶飯事だった社会で、言論を弾圧《だんあつ》され、存在を闇《やみ》に葬《ほうむ》られ、ペレストロイカ以降に再発見されたハルムスが、どんな思いでこの作品集に収められている物語を書き続けていたかと想像すると笑い泣きしたくなるのだし、周囲の人々による密告や秘密警察の訪問に怯《おび》えながら、ナンセンスギャグを生みだせた精神力を思えば自然と頭が垂れてくるというもの。ハルムスの世界を無邪気《むじゃき》に笑える人は、もう日本にはいないはずです。(豊﨑由美)

女性報道写真家の一生を
激動の昭和史をからめて描く

ポプラ社
二〇一四年五月
定価：一六〇〇円（税別）

小手鞠《こでまり》るい

戦争のさなかに生まれた鳥飼茉莉江は、０歳で空襲のガレキの中から助け出され、10歳でアメリカにわたり、17歳でニューヨークを目指した。激動の現代史を背景に、一女性報道写真家の一生を描《えが》いたノンフィクションみたいなフィクション。

あれっ、この鳥飼茉莉江《とりかいまりえ》っていう人は実在の人物なの？　それとも誰かモデルがいるの？　ウィキペディアで名前を検索《けんさく》してしまいそう。

小手鞠るい『アップルソング』は茉莉江の足跡《そくせき》を追う「私」こと美和子《みわこ》が語り手をつとめるノンフィクションみたいなフィクションだ。資料を集め、ゆかりの人々を訪ね歩く過程で、徐々《じょじょ》に徐々にあぶり出されていく茉莉江の人生。

鳥飼茉莉江は戦争が激しくなった一九四五年生まれ。六月、岡山を襲《おそ》った空襲《くうしゅう》のガレキの中から助け出され、十歳のとき母とともに氷川丸《ひかわまる》でシアトルに渡った。だが母は自ら命を絶つ。ハイスクールを中退し十七歳で単身ニューヨークに出た茉莉江は、ウェートレスやホテルの客室清掃のバイトをしながら「写真」に出会った。

報道写真家って、ちょっと憧《あこが》れの職業でしょう？　だけど、二十世紀には、女性が報道写真を撮《と》るなんて、考えられなかった。女性が就《つ》ける仕事は限られていたし、事件や事故の現場では女は足手まといと思われていたしね。

植物や小鳥のような、この世界にある美しいもの、可愛《かわい》らしいものを撮ろう。そう考えて写真の勉強をはじめた茉莉江の運命を変えたのは、ベトナム戦争の現場で撮影《さつえい》された殺戮《さつりく》場面の写真だった。彼女の目は釘付《くぎづ》けになる。〈私もかつて、このような場所にいたのではなかったか。私もまた、この幼子《おさなご》のように、瓦礫《がれき》のなかから懸命《けんめい》に、外を見つめていたのではなかったか〉

最初にフィクションだっていったけど、ここにはたぶん、たくさんの女の人の影が投影されていると思うのね。ベトナム反戦運動、日本航空機墜落《ついらく》事故、チェチェン紛争《ふんそう》、九・一一同時多発テロ。現代史に刻印された内外の事件や事故を織り込みながら進行する迫真《はくしん》の物語。鳥飼茉莉江は特に有名な写真家ではなく、でも自分で自分の道を切り開いていく。世界で起きていることは、あなたの人生ともリンクしているのよ。（斎藤美奈子）

笑いに託して語られる
絶望の中の希望の持ち方

集英社
二〇一〇年五月
定価：一二〇〇円（税別）

井上ひさし

プロレタリア作家小林多喜二の最後の３年弱を２幕全９場で描いた音楽劇の戯曲。井上ひさしの最後の作品。多喜二の姉、妻、恋人、２人の特高刑事が登場し、多喜二の拷問死を取り上げながら、喜劇仕立てとなっている。

戯《ぎ》曲《きょく》というのは、台詞《せりふ》と、ト書き（場面や演技などの説明）でできていて、舞台《ぶたい》で上演するために書かれた脚本《きゃくほん》形式の文学です。

小林多喜二《こばやしたきじ》は実在の小説家です。資本家が、労働者を安く働かせて利益を上げる社会を批判し、労働者階級の社会を作ろうという主張を込めた文学――プロレタリア文学の作家として、有名な人です。多喜二の没後《ぼつご》七十五年に当たった二〇〇八年、「格差」「貧困」が問題になってきていて、多喜二の代表作『蟹工船《かにこうせん》』がブームになりました。

多喜二は二十九歳の若さで亡くなりました。死因は拷問《ごうもん》。思想取り締まりの治安維持法《ちあんいじほう》の下、特別高等警察（特高）による拷問で亡くなったのです。

それを題材にしながら、これは、喜劇なのです。例えば、多喜二の家に下宿して見張り（！）をしていた特高刑事《けいじ》のひとりは、ペンネームで書いた捕物帖《とりものちょう》（今の刑事物）を多喜二に読ませます。多喜二はあまりのばかばかしさに声を上げて爆笑《ばくしょう》します。また、後に、特高の目を盗《ぬす》んで支援《しえん》金《きん》の受け渡しをする場面では、同じく偶然《ぐうぜん》チャップリンのような変装をした多喜二と、チャップリンの変装をしてしまった件《くだん》の特高刑事が鉢合《はちあ》わせしてドタバタになります。その最中にも刑事は自分の小説原稿《げんこう》の添削《てんさく》を多喜二に頼《たの》む始末です。

しかし、この刑事の小説にも、涙を誘われるような背景があるのです。井上ひさしは、特高も含《ふく》めて、登場人物たちを愛情込めて描《えが》き、多喜二を悲劇的なヒーローではなく、愛すべきひとりの青年として私たちに見せてくれます。

多喜二が殺された一九三三年は、ドイツでヒットラー政権が成立した年です。のちに日本はドイツ、イタリアと三国同盟を結び第二次世界大戦に突《つ》き進みます。舞台で小林多喜二に「あとに続くものを信じて走れ」と歌わせた井上ひさしもこの戯曲初演の翌年、二〇一〇年に亡くなりました。みんなが幸せに生きる世の中を作るための闘《たたか》いはまだ続きます。

（西山利佳）

壮絶《そうぜつ》な現実の中に浮かぶ はてしなく出ないうんこの問題

早川書房（ハヤカワ文庫NV）二〇一一年十二月
定価：九〇〇円（税別）

デイヴィッド・ベニオフ
田口俊樹・訳

ナチス包囲下のレニングラード。食べ物を見つけられず餓死《がし》していく人も多い中、レフは大佐から卵を見つけてくるように命じられる。ほぼ絶望的な状況の中、相棒となったコーリャと一緒に命がけの卵探しに出かけてゆくが……。

うんこが出ない登場人物！　と聞くと笑うかもしれません。何をかくそうわたしも存分に笑ってしまいました。でも実は状況《じょうきょう》はそう笑えるものじゃない。出ないということは、食べてないということだから。

第二次世界大戦、ナチスのレニングラード包囲戦は世界一過酷《かこく》な包囲戦と言われています。なぜならとにかく長かったから。三年近く陸の孤島《ことう》となっていました。当然物資も入ってこず、極限まで飢《う》えてたくさんの人が死にました。この物語はそんななか卵を探しにいくという奇妙《きみょう》なお話です。

そんな重苦しい雰囲気《ふんいき》を物ともせずにぶち破っていくのが、主人公レフとコーリャの軽快なやりとり。コーリャという男はとにかくおしゃべりで、女好きで、ジョーク好き。対するレフは真面目《まじめ》で、最悪の事態をいつも考え、ちょっぴり臆病《おくびょう》。そんな正反対のふたりの会話は狙撃手《そげきしゅ》ヴィカによると〝ホモのカップルみたい〟。うんこやおしりやおっぱいの話に明け暮れているかと思えば、バルザック、スタンダールのような文学の話、天文の話、かと思えばまたおしりに戻るというような具合。はてしなく繰《く》り広げられるシモネタは十代には少々刺激《しげき》が強いかもしれないけれど、素晴らしい小説っていうのは往々にして刺激物なのです。

この小説はそんなユーモアあふれる会話の背後に、戦争の愚《おろ》かしさ、途方もない哀しみ、生きることの喜びを見事なまでに浮《う》き上がらせます。そのことに気づいたとき、笑いながらも心に空洞《くうどう》があいていくのを感じてしまいます。何の喜びも大義も正義も見いだせない戦争という大きな力。そんな争いをずっと繰り返している人間の愚かしさ。

スリルあふれるラストシーンを読んだら、知らず知らずのうちに祈りにも似た感情がわきおこっているのに気づきます。お願い、どうか！　と。それほど物語にのめりこみ、ふたりが大好きになっている自分がいるでしょう。どうか奇妙なふたりと一緒《いっしょ》に、卵探しの旅を存分にたのしんでください。

（酒井七海）

平凡な人間の中にひそむ黒い悪をリアルに描き出す

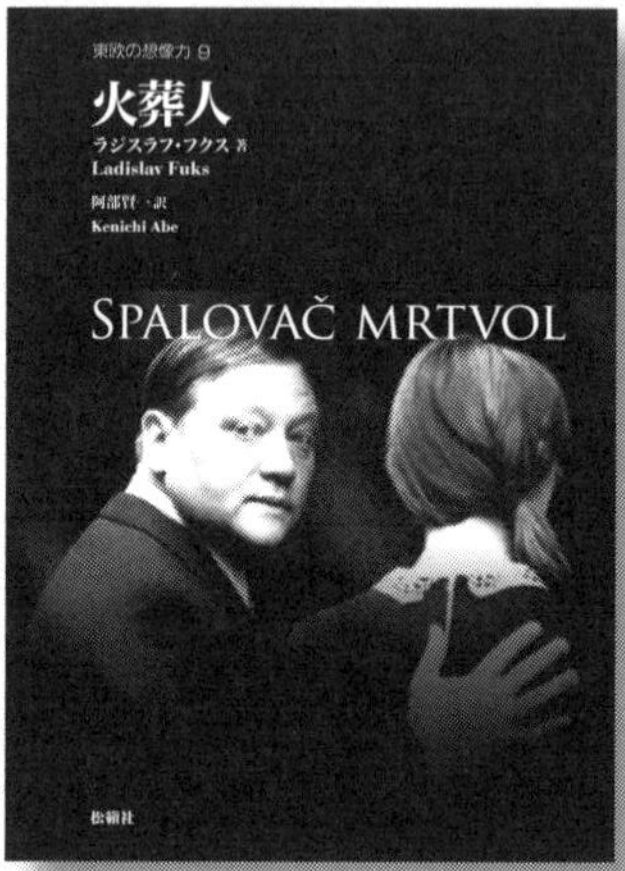

松籟社
二〇一二年十二月
定価：一七〇〇円（税別）

ラジスラフ・フクス
阿部賢一・訳

20世紀後半のチェコで活躍《かつやく》したラジスラフ・フクスの代表作。ナチスドイツの影が迫《せま》る1930年代のプラハで葬儀場《そうぎじょう》に勤める主人公の日常が、時代状況《じょうきょう》や親ナチスの友人の影響を受けながら次第に変質していくさまを描いた、グロテスクな物語です。

よく言われることですが、一番怖《こわ》いのは幽霊《ゆうれい》や怪物《かいぶつ》なんかじゃなく、人間。そのことをまざまざと思い知らされる小説が『火葬人《かそうじん》』です。舞台は一九三〇年代末のプラハ。主人公は火葬場で働くコップフルキングル氏です。家族を心から愛する、穏《おだ》やかな紳士《しんし》として登場する氏ですが、しかし、少し変わったキャラクターを付与《ふよ》されてもいます。

チベット仏教に関する書物を愛読し、火葬こそが創世記《そうせいき》の一節〈塵《ちり》である汝《なんじ》は塵のなかに帰るのを忘れるな〉を実現させ、生の苦しみをすばやく和らげると固く信じている。ファーストネームがカレルであるにもかかわらず、妻にロマンと呼ばせ、妻のことも本名のマリエではなくラクメーと呼ぶ。買ってきた肖像画《しょうぞうが》を、絵のモデルとなった人物名を知りながら、別人の絵として飾る。他人の言葉をそのまま自分の言葉として使う。コップフルキングル氏が実は中身が空疎《くうそ》で、自分にとって都合のいいことだけを信じるタイプの人間だということが、読んでいくうちにじわじわとわかってくるんです。

上の階に住むユダヤ系の医師ベッテルハイムを尊敬し、〈こんなに優しく、犠牲《ぎせい》すらいとわない〉ユダヤ人を、どうしてヒトラーは迫害《はくがい》するんだろうと思っていたのに、ヒトラーを支持し、ドイツ系チェコ人で構成される党に入って出世を遂《と》げている友の影響《えいきょう》を受けると――。差別や暴力と無縁《むえん》だったはずの好人物が、少しずつ黒い偏見《へんけん》に染まっていき、やがてダークサイドに落ちていく。

その過程を、動物園内の捕食《ほしょく》動物の館やら、十七世紀にプラハを襲《おそ》った黒死病《ペスト》の恐怖《きょうふ》をテーマにした蠟《ろう》人形館といった、薄気味《うすきみ》悪いエピソードと共に描《えが》く筆致《ひっち》はほとんどホラーなのに、時にクスッと笑える場面もあったりして、いろんな意味で一筋縄《ひとすじなわ》にはいかない小説になっているんです。

読後、自分の中にコップフルキングル氏がいないかどうか、自問せずにはいられなくなる。そんなリアルな悪を描いて素晴らしい作品です。

（豊﨑由美）

師《し》匠《しょう》は敵か、味方か……？
道化師となった王子の数奇な運命

小峰書店
二〇〇九年十二月
定価：二四〇〇円（税別）

リリ・タール／木本栄《さかえ》・訳

フロリーン王子は、宿敵のヴィンランド国に欺かれ、王とともに捕虜になってしまう。ただひとつ生き延びる方法は、憎《にく》むべき敵の王宮に仕える道化師になることだった。そこで王子は、老道化師のミムスと出会う。

長年の宿敵《しゅくてき》ヴィンランド王国テオド王の陰謀《いんぼう》にはまり、モンフィールの皇太子フロリーンは、父王フィリップとその側近とともに捕虜《ほりょ》になってしまう。父王は牢獄《ろうごく》につながれ、処刑《しょけい》の日を待つばかり。一方のフロリーンは、王の宮廷道《きゅうていどう》化師《けし》ミムスの弟子にされてしまう。

道化師は王にとって愛玩《あいがん》動物みたいなものだ。ふだんはサル塔《とう》に住まわされ、みなに媚《こび》を売り笑わせなければならない。でも、少しでも敵王の機嫌を損《そこ》ねれば、父がどうなるかわからない。フロリーンは自尊心を踏《ふ》みにじられながらも、王の笑いものになって生きるしかなかった。気高い皇太子にとって、まさに精神の拷問《ごうもん》、というような日々だった。

屈辱《くつじょく》と絶望のなかで、頼《たよ》れそうなのはただひとり。師となる道化師ミムスだ。でも、やせっぽちで醜《みにく》い初老のこの男は、なんともひどいくせものなのだ。宮廷道化師とは、笑わせるのが商売なので、王宮に出入りする王の賓客《ひんきゃく》をからかったり、罵倒《ばとう》しても許される。ミムスは白刃《はくじん》が首にあたるようなきわどいジョークをとばしながらも、王の寵愛《ちょうあい》も受けているという不思議な存在だったのだ。

ひとを平気で裏切るくせに、妙《みょう》に気高い心を感じさせたりする。いくつもの顔を持つミムス。

そこへ、故郷モンフィールから救いの密使が現れ、父王の奪還《だっかん》作戦が始まる。処刑の日が刻々と近づくなかで、父を救う鍵《かぎ》を握《にぎ》るのはミムス。けれども、この老道化師を信じていいのだろうか？　最後の賭《か》けに出た王子に、ミムスが土壇場《どたんば》でみせた行動は、なんと道化……。それもみなを圧倒《あっとう》する凄味《すごみ》のあるものだった。

だれからも軽蔑《けいべつ》される最下層の立場でありながら、自由にふるまい、なにも恐《おそ》れるものがないというミムスの生き方を見て、フロリーン王子は、ほんとうの王とはどうあるべきかを学んでいく。

（那須田淳）

人は見えると思うものを見て
信じたいことだけを信じる

東京創元社
二〇〇九年四月
定価：二五〇〇円（税別）

フィリップ・リーヴ／井辻朱美《いつじあけみ》・訳

紀元500年頃のブリテンで吟遊詩人ミルディンに拾われた孤児の少女。最初は少年グウィンとしてその後は娘グウィナとして指示されるままに働く。年月がたち、多くの死を見届《みとど》けたとき、彼女もまた語り部となっていた。

物語の読み方に決まりはない（はずだ）が、アーサー王伝説が中世以降にさまざまな人によって作られてきた虚構《きょこう》（フィクション）だということや、リーヴの作品が過去の多様なアーサー王物語を土台にしながらそれらを覆《くつがえ》していること、この二つを頭に入れておいて損はないだろう。

「熊」というあだ名をもつアーサーとその一党の襲撃《しゅうげき》で、仕えていた主人と住処《すみか》を失った孤児《こじ》のグウィナ。運命のいたずらか、アーサーの参謀《さんぼう》のひとりで吟遊《ぎんゆう》詩人のミルディンに拾われる。ミルディンは泳ぎの得意なグウィナを湖の妖精《ようせい》に仕立て、自分が買った剣を妖精に扮《ふん》したグウィナがアーサーに授《さず》けたように見せかけた。すると誰《だれ》もがこれを奇跡《きせき》だと信じ、アーサーの名声が高まった。

このエピソードは、アーサーが湖の貴婦人から剣エクスカリバーを手渡《てわた》される伝説に該当《がいとう》するが、リーヴ作品では、ただのまやかしだったと暴《ばく》露《ろ》されている。これをもとにアーサーが高潔《こうけつ》な英雄として活躍《かつやく》する展開を予想しなくなったあなたは賢明《けんめい》だ。

ミルディンはアーサー王伝説中の魔法《まほう》使いマーリンに当たる。ただし彼が操《あやつ》るのは言葉である。人々が聞きたがっているとおりに物語を語り、それを事実と錯覚《さっかく》させる。これは一種の騙《かた》りだ。

グウィナはミルディンの手駒《てごま》のひとりで、彼に従者グウィンになれと言われて男の子らしい動作を身につける。思春期がきてアーサーの奥方《おくがた》の侍女《じじょ》にと言われれば、ナイフを針に持ち替える。でも両方の世界の裏側を知ったグウィナは、戦いに熱中する男の世界にも、むなしく男を待ち続ける女の世界にもうまく溶け込めなかった。彼女が成長し、自分の意思で行動するのは当然といえよう。

アーサーがミルディンの期待に応《こた》えないまま亡くなり、ミルディンもこの世を去ったとき、グウィナが選んだのは、アーサーの武勲《ぶくん》とその最後を希望の物語として語ることだった。それゆえ、この作品は虚構についての物語でもある。

（西村醇子）

水の都ヴェネツィアで
豊かに紡ぎだされる物語

ポプラ社（ポプラ文庫）
二〇一四年二月
定価：六八〇円（税別）

大島真寿美《ますみ》

18世紀、ヴェネツィア共和国のピエタ慈善院に、ウィーンから、ヴィヴァルディ死去の知らせが届く。彼の教え子で、慈善院で育ったエミーリアは、院のこれからを考えるとともに、師の思い出にひたる。そこへ妙な事件が起こり……。

ピエタ、ピエタ、ピエタ、ピエタ。この本を読み終えて、数日間は、この言葉が雨音のように繰《く》り返し耳をたたいてやまなかった。

一七四〇年、カール六世がウィーンで死去し、その皇位と領地をめぐって、オーストリア継承《けいしょう》戦争が始まった。その次の年、やはりウィーンにいたアントニオ・ヴィヴァルディ（合奏協奏曲『四季』などで有名な作曲家）の訃報《ふほう》が彼の生まれ故郷、ヴェネツィアにあるピエタ慈善院《じぜんいん》・音楽院に届《とど》く。主人公は、四十五年前にそこに捨てられたエミーリア。幼い頃にヴィヴァルディに会って指導を受けて以来、彼の才能と人柄と音楽の魅《み》力《りょく》にとりつかれている。

「ヴィヴァルディ先生は、ともかくそんなふうに、呼吸するみたいに、なにかを吸い込んだら、吐《は》き出す時には、すべてが音楽になっている人なのだった」

エミーリアは幼い頃から〈合奏・合唱の娘たち〉として育ってきたが、いまでは経営が傾《かたむ》いてきた慈善院の運営を手伝っている。

そこへ、貴族の娘、ヴェロニカが、ヴィヴァルディから昔もらった楽譜《がくふ》をさがしてくれといってくる。このあたりから、物語がゆるやかに揺《ゆ》れ始める。これに、ヴェロニカの兄とエミーリアの実現しなかった結婚《けっこん》話、ヴィヴァルディと懇意《こんい》だったという高級娼婦《しょうふ》などが加わり、物語は謎《なぞ》をふくみつつ、次第に大きくうねってゆく。そしてやがて、それぞれに癖《くせ》のある登場人物が自らを、そして運命を語り合う。

「出会うことのない者が出会ってしまう」街で繰《く》り広げられる優しい悲喜劇。読む者を、そっと幸せにしてくれる。

結びにカート・ヴォネガットの遺作のエッセイ集、『国のない男』から引用しよう。

「神が存在することの証明は音楽ひとつで十分であった」

（金原瑞人）

運命は切り開くものだと力強く背中を押される

偕成社
二〇〇九年十月
定価：一六〇〇円（税別）

ドナ・ジョー・ナポリ／相山夏奏《あいやまかなで》・訳

母親に新しい靴一足だけを持たされて、イタリアのナポリからアメリカに渡った９歳の少年。母親の「生きのびなさい」という教えを胸に見知らぬ土地で生きていく決意をする。勇気と知恵に溢《あふ》れた成長物語。

この物語の下敷《したじ》きに作者の祖父の話があると知って、納得した。だから、こんなにも生々しいのか。一八九二年イタリアのナポリから九歳の少年が、母親の手で密航させられるところから始まる。たった一人、母親に手渡《てわた》されたぴかぴかの靴《くつ》だけを持って少年が降り立ったのはアメリカ・ニューヨークのスラム街。イタリア移民の暮らすマルベリーストリートで、アメリカ人ドムとして他の浮浪児《ふろうじ》たちと生き抜《ぬ》いていく。そのサクセスストーリーは読んでいて本当にわくわくする。

別れ際《ぎわ》の母親の「あなたは特別な子ども、生きるのが仕事」という言葉を胸に、いつかナポリに帰ることを夢見て、必死に暮らしていく。新天地として母が送り出したアメリカは、九歳の少年には苛酷《かこく》な環境《かんきょう》だった。それでもしっかりと生きることにしがみつくドム。一人ぼっちの彼が、仲間を得て、商売を覚えていく。それはまるで少しずつ根を張ってゆく樹木のようだ。

ゼロからでもスタートできる。知恵と一歩踏《ふ》み出す勇気があれば……。作品全体に生きていくエネルギー、たくましさが満ち満ちている。どんな環境においても、冷静に周りを観察し、信頼《しんらい》できる仲間と出会うことができれば、誰《だれ》でも前に進んでいくことができるのではないだろうか。

初めは、母親に会いたい、ナポリに帰りたい一心で、パンを手に入れサンドイッチを作ることを思いつき、仲間とともにお金を稼《かせ》ぐことに一生《いっしょう》懸命《けんめい》だったが、自分の仕事に邁進《まいしん》し人の役に立つ人間だと自分のことを認識した時、厳しい現実と向き合う強さを得たのではないか。この体験がドムが九歳から十歳になるまでのわずかな時間だということになんとも胸が痛む。しかし、新しい靴を手に入れ、お守りにしていた母親からもらった古びた靴を手放した時、そこにはしっかりと自分の居場所を見つけ、子どもから大人になっていく彼の頼《たの》もしい姿があった。

（兼森理恵）

ふるさとを出た移民の人生を絵だけで語る、字のない絵本

河出書房新社
二〇一一年三月
定価：二五〇〇円（税別）

ショーン・タン

移民として他国に渡《わた》った男性が、慣れない土地で試行錯誤《しこうさくご》しながら生活を始め、やがて家族を呼び寄せるまでの物語。１ページを12分割した小さなコマ割りから、見開きの大きな絵まで、セピア色の濃淡《のうたん》で表された絵だけですべてを語る。

まず、字のない絵本でこんな深く重厚な世界が表現できることに衝撃《しょうげき》を受ける。それぞれの絵に見入り、進んではまた戻り、全体だけでなく、ひとつひとつの絵にしかけられた奥行《おくゆき》に感動する。

弾圧《だんあつ》だろうか、不況《ふきょう》だろうか。国を出る切羽《せっぱ》つまった事情は暗喩《あんゆ》で示され、主人公の男性の住む街は、トゲのある巨大《きょだい》な植物でおおわれている。平凡《へいぼん》な市民である男性は、家族と離《はな》れて他の土地に旅立たなければならない。絵本の見返しにデザインされているのは、証明写真のようなたくさんの顔や身分証明書。無数の移民のひとりとして、男性も入国管理局を通過する。

作者のショーン・タンはオーストラリアの作家だが、移民をめぐるドラマはどこの国でも起こりえるものであり、三・一一のことを考えれば、これは日本の物語であるとも読めるだろう。

迎《むか》えてくれる人もいない初めての土地で、お茶を一杯飲むのにも苦労し、おふろの使い方も分からない。異文化体験と呼ぶにはあまりに心細い状況だ。土地勘《かん》もなく、読めない文字と地図をにらみながら、なんとか宿に泊《と》まり、かたっぱしから職探しをする。シリアスなトーンの中で、われわれの世界でいう犬なのかネコなのか、男性になついてきた謎《なぞ》の動物には、ほほえまずにはいられない。

移民とひとくくりにされるその中で、個々人の物語には、二つとして同じものはない。暴力的な植物にもとの街を追われた経験から回復するかのように、男性はたくましくこの国に根をおろしていく。初めてできた友だち、あたたかい家庭に招《よ》ばれて思い出すぬくもり。酒場で聞く老人の戦争の思い出は、男性がそれを聞く側にまわることのできるほど共同体になじんだことをしめす。

いくど読み直しても新たな発見がある。そして、いくど読み直しても、最後のページで胸がふるえる。作品誕生までの思考実験は同じ著者の『見知らぬ国のスケッチ』に詳《くわ》しいので、併《あわ》せて読むのもおすすめである。

（鈴木宏枝）

光源氏の姿を通して"日本の心"を見る

理論社
二〇一三年八月〜二〇一四年一月
定価：各一七〇〇円（税別）

紫《むらさき》 式部《しきぶ》／荻原規子《のりこ》・訳

「源氏物語」五十四帖《じょう》のうち、「桐壺《きりつぼ》」「若紫」から光源氏の晩年までを一気に読み通すことができるようにまとめられた現代語訳。和歌は意訳され、セリフはすっきりとまとめられているが、花鳥風月を愛《め》でる姿は生き生きと描かれる。

「源《げん》氏《じ》物語」といえば、千年以上も前に一人の作家が書いた世界最古の物語として有名です。日本の古典の傑作《けっさく》といわれ、谷崎潤一《たにざきじゅんいち》郎《ろう》、円地文子《えんちふみこ》、与謝野晶子《よさのあきこ》、瀬戸内寂聴《せとうちじゃくちょう》、橋本《はしもと》治《おさむ》、田辺聖子《たなべせいこ》、林望《はやしのぞむ》などそうそうたる作家たちが、現代語訳をものしています。大和和紀《やまとわき》による漫画《まんが》『あさきゆめみし』で知ってるよ、という人もいるでしょう。

雀《すずめ》の子を犬君《いぬき》がにがしたと訴える幼い紫の上を光《ひかる》源氏が見ている「若紫《わかむらさき》」の一シーンは、国語の教科書に掲載されていて、ここだけは読んでいるという人も多いはず。でも、なかなか原典にあたって読んだり、現代語訳の全巻を読み通すのは難しい。途中《とちゅう》で入る和歌や役職の説明、多彩な人間関係にも頭がクラクラしてしまいます。

日本の神話や歴史をもとにしたファンタジーで知られる荻原規子が手がけた本作は、一巻から三巻までで、光源氏の晩年までを一気に読み通すことが出来ます。物語の中で詠《よ》まれる和歌は、登場人物の心情を表すものとして、意訳されて読み下され、時系列にそって物語が進むので、状況《じょうきょう》の変化やそれに伴《ともな》う心情の変化もわかりやすい。すると、光源氏って超《ちょう》イケメンの女ったらしなんだよね、とは単純に思えなくなってきたのでした。

何人もの女の人に思いをかけ、行き来が途絶《とだ》えつつあっても、その後を心配してさりげなく手を添《そ》える姿は、情け深く、思いやりに満ちていました。相手のことをわがことのように感じてしまう光源氏だからこそ、共に見る風景、一緒《いっしょ》に奏《かな》でる音曲《おんぎょく》などにも生き生きと心を添わせ感じ入ることができたのではないかしら？　暮らしの調度や文を記す紙にも、相手を思い心をくだくこの人は、「思いの深い」人だったのです。

荻原版「源氏物語」では、光源氏という人を通して、日本文化が連綿と持ちつづけた心性を見ることができます。それぞれの女性の描《えが》かれ方が気になる人もいるでしょう。男性だって、いろいろ。さまざまな読み方ができるのが、この物語の凄《すご》みだと思います。

（ほそえさちよ）

いのちのつながりを静かに奏でる絵本

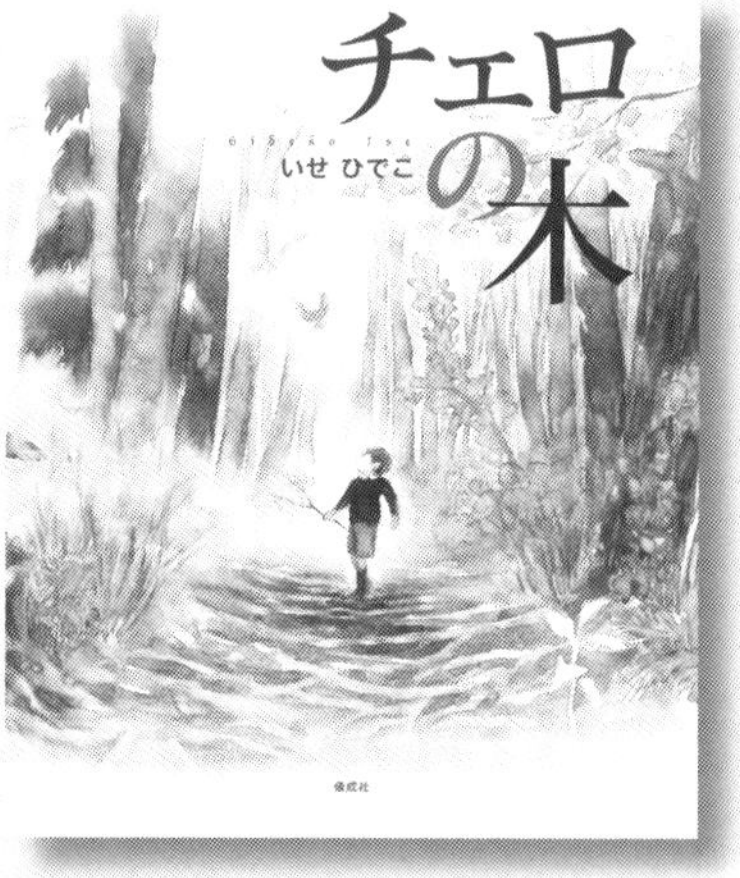

偕成社
二〇一三年三月
定価：一五〇〇円（税別）

いせひでこ

森を育て木を育てる人、木から楽器を作る人、楽器から音楽を作りとどける人、楽器を弾く人を育てる人。長い時間のなかでつながる人と自然を、チェロという楽器をモチーフに描いた絵本。

ご自身もチェロを弾《ひ》かれるいせひでこさんの作だけあって、ページを開くと、絵や色彩やことばがあって、そして静けさのなかに、確かにチェロの音が聞こえる、そんな絵本です。

森の木を育てるおじいさん、弦楽器職人《げんがっきしょくにん》のお父さんとともに、少年は鳥や木々が奏でる森の音や、木を削《けず》る音を聞きながら育ちました。ある日少年は、お父さんの作ったチェロの演奏に心を奪われます。お父さんはそれに気づき、少年に小さなチェロを作ってくれます。少年は半年もの間、楽器や木の話を聞きながら、毎日毎日少しずつチェロになっていく様子をそばで見守ります。

ある日、森で百年以上も生きた木の切り株を見つけ、少年は考えます。この木は切られたあと、どこへいったのだろうか。木は、ここで見たり聞いたりしたことを、歌ったのかもしれない、楽器になって、と。

そのチェロを手にし、少年が大人になった今。絵本は時の流れを物語ります。

森のいのち、木のいのち、楽器のいのち、音楽のいのち、そして人のいのち……、そんないのちのつながりが感じられます。ゆっくりと時間をかけて育《はぐく》まれたものは、またゆっくりと長い時間をこえて残っていくのでしょうか。

ところで、この絵本に登場する「パブロさんが演奏するバッハ」というのは、バッハ作曲『無伴《むばん》奏《そう》チェロ組曲』だと思いますが、機会があればこちらも併《あわ》せて聞いてみませんか。パブロさんと同じ名前の世界的なチェリスト、パブロ・カザルスの演奏も、CDなどで聞くことができます。「森をわたる風のようだったり、川の流れのようだったり、祈りのようだったりした。ことばではあらわせないことを思い起させるようだった」かどうか、あなたの耳で確かめてみてください。

音楽と絵本が結びつき、お互《たが》いをより高め合っている絵本です。

（石田ユミ）

優雅《ゆうが》な貴族のお屋敷にブタ泥棒!?
ウッドハウスの傑作《けつさく》シリーズ

国書刊行会
二〇〇七年九月
定価：二二〇〇円（税別）

P・G・ウッドハウス／森村たまき・訳

イギリスの田舎《いなか》ののどかな城は「泥棒」だらけ。
主《あるじ》の伯爵の甥、姪の恋人、執事、探偵、元秘書。
彼らが狙うのは、伯爵ご寵愛《ちようあい》の巨大ブタと伯爵の
弟の書くスキャンダラスな回顧録だ。結婚《けつこん》のため、
お金のため、名誉《めいよ》のため、素人《しろうと》泥棒は暗躍《あんやく》する。

二十世紀最高のユーモア作家と言われるウッドハウスだが、日本で本格的な翻訳《ほんやく》が始まったのがわずか十年前だ。本作をたまたま書店で手にした瞬間《しゅんかん》、運命の出会いとわかった。それ以来、邦訳《ほうやく》されたものを全て読んだが、一番好きなのは本作とその続編『ブランディングズ城は荒れ模様』だ。

舞台《ぶたい》は、イギリスののどかな田園地帯のお城。丘《おか》の上の城からは、見事なバラの咲く大庭園や湖、谷の遠くに川まで見える。イギリスの貴族が大邸宅《だいていたく》を構え、たくさんの使用人と暮らしていた、一世紀ばかり前の時代の物語だ。お城の午後のゆったりとしたお茶、かぐわしいバラ園のそぞろ歩き、激しい嵐の中の森のボロ小屋など、五感すべてで引き込まれるような、すごい臨場感《りんじょうかん》がある。

ブタのことしか頭にないぼんやりやの老伯爵《はくしゃく》クラレンス。小粋《こいき》な遊び人で、友人貴族たちの若き日の愚行《ぐこう》を暴《あば》く回顧録《かいころく》執筆中のギャリー。若者たちの恋愛《れんあい》の障害であり、舌鋒《ぜっぽう》鋭い誇り高きコンスタンス。この兄、弟、妹の個性は強烈で、嚙《か》み合わない会話の面白さときたら!

物語の中心は、彼らの甥《おい》や姪《めい》である、熱愛中の若者たちで、ウッドハウスのカップルはいつもそうなのだが、めちゃめちゃトラブッている。四人の関係だけでも色々ヤバイのに、怪《あや》しい探偵《たんてい》や元秘書がからんで、さらに大混乱のバトルに。

このシリーズの主役は、どうやら、伯爵の巨大《きょだい》黒ブタ、女王エンプレスらしい。エンプレスを守るためなら、伯爵はどんなことでもするし、許すので、クラレンスに何かむずかしい頼《たの》み事がある人々は、皆《みな》、ブタを入手せんと欲するのだ。……というわけで、若者たちはブタ泥棒《どろぼう》に走り、探偵と秘書はそれを横目で見つつ、回顧録泥棒に走り、あらゆる人がぶつかって怒濤《どとう》の波乱の展開。

楽しい! こんなに幸福感を覚える読書は、めったにないと思う。ぜひぜひ、ブランディングズ城を訪れて、午後のお茶をいただき、バラ園をそぞろ歩き、ブタ騒動に巻きこまれてみてほしい。

(佐藤多佳子)

わたしが子どものころ戦争があった

児童文学者が語る現代史

野上暁・編

記録し、
記憶をつなげていこう
私が何者かを
覚えておくために

理論社
二〇一五年八月
定価：一四〇〇円（税別）

私たちは生まれてから今日までいろんな経験をしてきました。十四年生きていれば十四年分。六十年生きていれば六十年分。とはいえ、たとえあなたが百年生きながらえたとしても、私たちが自分自身で経験できることは限られています。

ところが幸い、人類には積み重ねられた歴史があります。もし私たちが謙虚《けんきょ》な気持ちで、それらを吸収すれば、多くの英知《えいち》を得られるのです。

戦時下で子ども時代を送った人々の記憶《きおく》を集めたのが、この本。

森山京《もりやまみやこ》は兵隊を戦地に送り出す時、「『無事に帰っておいで』とか『待ってるよ』（中略）などとはだれもいいませんでした。いいたくても口には出せない言葉だったのです」と語ります。満《まん》州《しゅう》で子ども時代を過ごしたあまんきみこは、「知らなかった、見なかった、聞かなかった、子どもだったは免罪《めんざい》にはならないでしょう。むしろ、より罪深い場合さえあると思います」と語ります。

それらの言葉は、単なる思い出ではありません。私たちが大切に受け継《つ》ぐ歴史の記憶なのです。

（ひこ・田中）

3章

見知らぬ世界を旅する本

驚きの仕掛けの中に生きるヒントがある

小学館
二〇一三年三月
定価：一五〇〇円（税別）

L・S・マシューズ／三辺《さんべ》律子・訳

嵐で洪水に町をのみ込まれてしまい、新しい土地に引っ越したジャック。学校にうまくなじめない彼は、隣人のマイケルとの出会いや馬の世話を通して成長していく。そして、そこで育《はぐく》まれた信頼《しんらい》が、やがて村を変えてゆく。

表紙のハートフルな感じと、カバー袖《そで》に書かれた「再生と自立の感動の物語」という文言《もんごん》から馬と少年の心温まる物語かなと読み始めたら、全く違《ちが》った物語だった。

冒頭から、迫力の洪水《こうずい》のシーン。二階の窓まで迫《せま》りくる水。津波を彷彿《ほうふつ》とさせるような描写《びょうしゃ》に、ドキリとしてしまう。その嵐《あらし》で何もかも失ったジャックが、新しい村で頑張《がんば》って立ち直っていくお話なんだろうなと読み進めていたら、なんだか様子がおかしい。携帯《けいたい》電話が高価？　メタン排《はい》出《しゅつ》許可？　資源が足りず、今まで自由に使えていた電力は制限され、メタンを排出するという理由で、動物さえ自由に飼ってはいけないことになっている。どうやら、どこだかわからないけれど、近未来のようだ。ただし、そう遠くない未来。今の世の中のありかたを暗示しているようでぞっとする。自然や環境《かんきょう》とどのように共生していかなくてはならないのか、あらためて考えさせられる。

全体的には何もかも失ったジャックが隣人《りんじん》マイケルに背中を押され、みすぼらしい馬のバンを、役に立つ家畜《かちく》に育てていくことで一歩ずつ前進していく成長記だ。ジャックもマイケルも、本当は殺される運命にあった馬のバンさえも得ることができた、生きる喜び。その力が周りをも巻き込んで、人々の心を変えていく。

誰《だれ》かに必要とされたり、必要としたりすることで、生きていくことに色がついていく。大きな嵐のように自分を揺《ゆ》るがすことは誰にでも起こりうることだ。居場所を見つけられずにいる子どもたちの背中を力強く押してくれるのではないだろうか？

この物語の中には作者の様々な仕掛《しか》けが隠《かく》されている。その仕掛けを素直な心でとらえながら、もう一度読み返していくとまた新たに、生きていくためのヒントをもらえるような気がする。とりわけ作者が最後の最後に用意してくれた衝撃《しょうげき》のラストには驚《おどろ》きと感動がいっぱいだ。（兼森理恵）

青春はめんどくさい！
でも、だからこそ愛しい時間

福音館書店
二〇一五年一月
定価：一六〇〇円（税別）

佐藤哲也

突然《とつぜん》飛来した謎の火球は、深く巨大《きょだい》な穴を残して消える。ぼくの住む町は少しずつ地面に飲み込まれていく……。それでもぼくは中間試験のことが気になる。日常と非日常の狭間《はざま》で高校生のぼくが送る日々を、圧倒的《あっとうてき》なリアリティで描《えが》く青春小説。

青春ってどんなものだろう。甘酸《あまず》っぱい？　きゅんとする？　がむしゃら？　反抗《はんこう》……？　どうだったかしら。いやいや、ただただ〈めんどくさい〉ものだった、と思い出したのはこの本を読んだから。まずは少しだけ引用します。

〈そこに入ってはならない、とぼくは自分に言い聞かせた。もし入れれば、ぼくは（中略）非精神的な存在になり、現実と迷妄《めいもう》との区別を見失って、ばかげたことを始めることになるだろう。恋をするのだ、とぼくは思った。すでにしているのかもしれない、とぼくは思った。しかし、言うまでもなく恋とは迷妄の一種であり、どう好意的に考えても熱病以外の何かではない。それは非精神世界の王者であり（中略）恋とは迷妄だ、とぼくは頭の中で繰り返した〉

どうです。めんどくさいでしょう？　話に沿って翻訳《ほんやく》すれば「ぼくは久保田葉子《くぼたようこ》が好きになっちゃったかもしれないけど、それを認めたら恋をはじめることになっちゃって、精神的なぼくは崩《ほう》壊《かい》しちゃうから、ぼくは恋の手前でとどまる」ということを言っています。何度も何度も言っています。

主人公である〈精神的な〉ぼく、〈松本零士《まつもとれいじ》の描《えが》くキャラクターにちょっと似てい〉て、〈そのせいで無機質なところがあるものの、なにかしらの美人である〉久保田葉子、どちらかといえば主人公になりそうなヒーロー要素のある平岩《ひらいわ》、映画オタクの倉石《くらいし》、そんな人間関係のなかで、ほのかな恋や、学校生活があるのですが、驚《おどろ》くべきことに、話の主軸《しゅじく》は、近くに隕石《いんせき》のような火の玉が落ちてきて、謎《なぞ》の陥没《かんぼつ》が相次ぎ、落ちて来たそれは生きているのかもしれず……というSF的な出来事にあるのでした。

実はこの本は「ボクラノSF」というシリーズで中学生の読者を想定したもの。だから「青春」そのもののみなさんが本来はターゲットなのです。

このめんどくさい可愛《かわい》さは、中学生の頃に読んだら、ただただその温度に共感できるものだったのかも。その頃読みたかったなあ。

（名久井直子）

少女たちにとっての「友だち」を描いたSF小説

KADOKAWA（電撃文庫）
二〇〇九年七月
定価：六一〇円（税別）

うえお久光《ひさみつ》／綱島志朗・イラスト

紫色の瞳《ひとみ》を持った中学生の少女、鞠井ゆかり。彼女は自分以外の人間が、“ロボット”に見えるという。そんな彼女に迫る過酷《かこく》な運命を塗《ぬ》り替《か》えようと、友だちの女子中学生マナブが奔走《ほんそう》する。ＳＦライトノベルの傑作《けっさく》。

中高生男子向けライトノベルというと、主人公の周囲にたくさんの美少女キャラがいて、なぜかその主人公が女の子たちにモテてしまう、そんな小説を思い浮《う》かべる人もいるかもしれない。たしかにそういう小説も少なくない。だが、たとえば上遠野浩平《かどのこうへい》『ブギーポップは笑わない』や支倉凍砂《はせくらいすな》『狼《おおかみ》と香辛料《こうしんりょう》』などを読んだことのある人であれば、ライトノベルというのがけっしてそういった作品ばかりではないことを知っているはずだ。そんなライトノベル作品のなかでぜひ読んでみてほしいのが、この『紫《むらさき》色のクオリア』である。

『紫色のクオリア』の鞠井《まりい》ゆかりは、自分以外の「生きているモノ」が、機械に見える。そしてただそのように見えるだけでなく、まるで機械を直すかのように、機械の部品を使って人間を修理することもできてしまう。そしてゆかりは、その能力のために、殺されてしまうことになる。

そんな彼女の友だち、波濤学《はとうまなぶ》。携帯《けいたい》電話の部品を使ってゆかりに腕《うで》を治してもらったために、携帯電話の機能を持つようになってしまった彼女の左手に、電話が掛《か》かってきた。それは、彼女がいる世界とは別の平行世界にいる学自身からだった。学はゆかりによって行われた施術《せじゅつ》のために、いくつもの世界を行き来する能力を持ってしまっていたのだ。それぞれの平行世界のなかで、学はさまざまな生き方の可能性を実現して生きていた。そして、それらの世界を行き来するうち、学は気づく。もしかしたら、平行世界のなかのひとつに、鞠井ゆかりが死なないで済んだ世界を実現できるかもしれないと。

この小説は、人間の認知をめぐる「クオリア問題」と呼ばれる思考実験を題材にしたSF小説なのだが、そういう設定の部分だけで読むと、作品の魅力《みりょく》は半減してしまうだろう。この題材を通じて描《えが》かれるのは、ゆかりと学にとっての「友だち」という人間関係のあり方であり、そうした人間ドラマが描かれた物語なのである。（大橋崇行）

私たちの未来が深く描かれる最強のエンタテインメント

小学館
二〇一四年十月
定価：各一四〇〇円（税別）

アレックス・スカロウ
金原瑞人、樋《ひ》渡《わたし》正人《まさひと》・訳

2040年代、タイムトラベルが可能になった世界で、歪められた時間の流れを元に戻すため、時代も国も違《ちが》う所から集められた3人の少年少女たち。最高にスリリングなＳＦファンタジー。

読んでいる間、本当に心臓がドクドクするほどの疾走感《しっそうかん》！　ジェットコースターみたいなという表現がぴったりのスリル溢《あふ》れるファンタジーだ。

二〇四〇年代タイムトラベルができるようになり、時間をさかのぼり歴史を変えようとする人間たちが出てきた。そこでは「タイムライダーズ」と呼ばれる子どもたちが、時間の歪《ゆが》みを修正する時空警察のような組織をつくっている。

選ばれた子どもたちは「どこかの時代で死にかけている人たち」。一九一二年にタイタニックに乗っているアイルランド人の十七歳の少年リアム、二〇一〇年にアメリカで暮らしているプログラミングが得意な少女マディ、二〇二六年にインドのムンバイに住んでいる一番年少の女の子サル。

タイタニックが沈《しず》むとか飛行機事故とか、死に直面していた三人が、ある男によって連れてこられたのは、二〇〇一年九月十一日のニューヨーク。九・一〇と九・一一の二日間を繰《く》り返しずっと見続ける。それこそマディはここでテロが起こることを知っている。その暗い二日間を見続け、変化を感じたら時空に進入して修正に入るのだが、ここで面白いのは、本来の未来も良くないということだ。ニューヨークも荒廃《こうはい》し、世界中が汚染《おせん》されている。変えられずに進んだ未来も、多くの環《かん》境《きょう》・社会問題があったりと、決して素晴らしいものではない。それなのになぜ時空の歪みを直すのか。エンタテインメントとしても面白いけれど、考えさせられるところが多い作品だ。

未来を変えることはできないけれど、希望ある未来のために現在を精一杯生きていくことが、いま私たちにできることなのかなと痛切に思わされる。一瞬《いっしゅん》一瞬を必死に過ごしていくことで、自分たちの生きる意味がわかってくるのではないだろうか。タイムライダーズの三人がこれからどのような時代の流れに立ち向かってゆくのか、とても楽しみなシリーズだ。

（兼森理恵）

079 混沌《カオス》の叫《さけ》び1
心のナイフ 上・下

人を刺してもいい状況とは？
人間と暴力の問題を描く物語

東京創元社
二〇一二年五月
上下巻
定価：各一九〇〇円（税別）

パトリック・ネス
金原瑞人、樋渡正人・訳

男しかいないプレンティスタウンに住むトッドは、大人の儀式を控えていたが、育ての親に逃げるように言われ、沼地で出会った謎《なぞ》の少女、ヴァイオラとともに町を抜《ぬ》け出す。ところが、２人の命を狙う者に追いかけられ続ける。

「あの人、ちょっと苦手」「彼女とデートしてみたいな」なんて、もし、自分の考えていることが人にわかってしまったら、恐《おそ》ろしくて町を一歩も歩けません。ところが、トッドが生まれたプレンティスタウンでは、みんながお互《たが》いに考えていることが聞こえてしまうのです。

　ここは、地球から人間が移住してきた星。大人の儀式《ぎしき》を控《ひか》えたトッドは、育ての親に言われ、ナイフと、死んだ母親の日記を持ち、飼い犬のマンチーとともに、町はずれの沼地へ行きます。そして、そこで、両親を事故で亡くした少女、ヴァイオラが町のアーロン司教に襲《おそ》われているところを助けます。不思議なことに、ヴァイオラからは、心のつぶやきは聞こえず、静寂《せいじゃく》だけが感じられます。

　二人は町を逃《に》げ出し、お互いのこと、この星のことを少しずつ学んでいきます。なぜ、プレンティスタウンの人たちはお互いの考えていることが聞こえてしまうのか。どうして男しかいないのか。トッドが体験するはずだった大人になる儀式とは何か。トッドのお母さんの日記には何が書いてあるのか。ヴァイオラはどこから来たのか。どうして静寂が感じられるのか。この星には他にどんな町があるのか。この星にもともと住んでいたスパクルとはどんな人たちなのか。どうして、アーロン司教やプレンティスタウンの人々は、トッドとヴァイオラを追いかけ、命を狙《ねら》い続けるのか。

　二人は何度も命の危険にさらされ、アーロン司教やプレンティスタウンの首長の息子、デイヴィなどに襲われます。その中で、トッドはナイフを使わざるを得ない状況《じょうきょう》に追い込まれます。けれども、いざという時にナイフでとどめを刺《さ》す決心がつきません。

　この作品は三部作で、『問う者、答える者』『人という怪物《かいぶつ》』と続きます。トッドとヴァイオラを主人公としながら、星の政治的仕組みが明らかになると同時に、人間と暴力というテーマが深く掘り下げられていきます。（土居安子）

一冊で幾通りも楽しめる
多様な魅力《みりょく》にあふれた物語

白水社
二〇一五年二月
定価：二九〇〇円（税別）

ハリ・クンズル／木原善彦・訳

砂漠にそびえる巨大な岩山「ピナクル・ロック」。そこで起きた幼児失踪《しっそう》事件を中心に、アメリカ先住民の伝承から、UFOカルト、イラク戦争、金融危機まで、いくつもの時空を往還《おうかん》し、予測不能の展開を見せるインド系イギリス人作家の傑作長篇。

空飛ぶ円盤《えんばん》に興味のある人必読！ というのもこの作品、さまざまな時代に、神ともUFOとも解釈《かいしゃく》できる何かと遭遇《そうぐう》を果たしたり、翻弄《ほんろう》されたりする人々が登場する物語なんです。

一七七五年、舞《ま》い降りた天使から重大な秘密を明かされるガルシス神父。一八七一年、神々に高みへと引き上げられるモルモン教の暗殺組織に属する男。一九四七年、円盤でやってきたアシュター銀河司令部によって、世界を変革へと導くコミュニケーションの窓口として選ばれたシュミット。一九五八年、シュミットが興《おこ》したUFO教団の大集会の日、幼い娘《むすめ》を見失ってしまう教団幹部の女性のジョウニー。二〇〇八年、四歳になる自閉症《じへいしょう》の息子が行方不明になるという悲劇に見舞《みま》われるジャズとリサ夫妻。

その舞台《ぶたい》となるのが、カリフォルニア州南部モハヴェ砂漠《さばく》の中にある、先住民からは三本指の岩と呼ばれていたピナクル・ロックです。物語の中心は二〇〇八年のパートですが、作者はここにもう一人重要な人物を投入。新しい量的分析《ぶんせき》モデルを開発し、それによって金融《きんゆう》市場を支配しようと試みるバックマンです。

自分の仕事が〈神の顔〉の発見につながると豪語《ごうご》するこの天才と、異星人から重大な使命を与《あた》えられた（と信じている）シュミット。彼らのような「自分だけが真理に触《ふ》れている」という傲慢《ごうまん》な錯覚《さっかく》を抱《いだ》く人々の、危険性と愚《おろ》かしさをこの小説は明らかにしていくんです。

迫害《はくがい》される先住民、ニューエイジ思想、メディアの暴力、ネット文化、イラク戦争、リーマン・ショックなどと絡《から》んだエピソードすべてが無類に面白く、宗教や文化、戦争、経済といったテーマについて考えさせられるスケールの大きな現代文学であると同時に、オカルト好きにはたまらないUFO小説でもある。一冊で幾《いく》通りもの楽しみ方ができ、時代だけでなく、オカルトと科学といったさまざまな境界も超越《ちょうえつ》してしまう、多様性の思考の結晶といっていいこの傑作《けっさく》を、熱烈推薦《すいせん》いたします。

（豊﨑由美）

081 ジェンナ
奇跡《きせき》を生きる少女

近未来を舞台《ぶたい》に
絶望と希望が切なく混じり合う

小学館
二〇一二年二月
定価：一五〇〇円（税別）

メアリ・E・ピアソン／三辺律子・訳

すべての記憶を失った17歳のジェンナは、自分の過去を学習していく。ある日、自分がアメリカ文学の古典を1冊暗記していることに気づく。いったい、自分は、自分の記憶はどうなっているのか。やがて恐《おそ》ろしい事実が明らかに……。

彼女は動くことも、しゃべることもできず、記憶《きおく》もまったくなかった。「ジェンナ・フォックス」という自分の名前も思い出せなかったし、「時がいやしてくれる」といわれても、「時」がなんなのかもわからない。いま十七歳で、一年半前に事故にあって、二週間前に目覚めたと教えられた。

ある日、母親から「何千時間というわたし」を渡《わた》される。それは母親の子宮の中にいた頃から十六歳までの自分の映像だった。彼女はそれを最初から見て、自分の過去を学習していく。

母親は彼女を過保護なくらい気づかっているが、祖母は彼女に対して冷ややかだ。母親は祖母としょっちゅう口げんかをしてはこういう。

「お母さんならわかるはずよ！　体外受精がなければ、わたしはいなかった。お母さんはいつもわたしのことを奇跡《きせき》って呼んでたじゃない。どうしてわたしも奇跡を手にしちゃいけないの？　どうしてお母さんが、どこまで奇跡が許されるかを決めるのよ？」

学校に行きたいといいだした彼女に、母親が用意したのは、似た問題を抱《かか》えている生徒を集めた学校だった。彼女には、全員が何かを失っているようにみえた。

彼女はそこで学ぶうち、自分がヘンリー・D・ソローの『ウォールデン』をすべて暗記していることに気づく。

そしてあるとき、ふいに、あの事故のことを思い出す。

彼女は自分のことがわかってくればくるほど、心も体もばらばらになっていくような感覚にとらわれていく。

自分はだれなのか、いや、なんなのか……。

すべてが明らかになった、その次の章（最終章）は「二百六十年後」。

ミステリー仕立てのディストピア小説で、暗い雰囲気《ふんいき》が全体をおおっているが、読後感は驚《おどろ》くほどすがすがしい。

（金原瑞人）

私は守られたくない！
調和に反逆する少女たちの選択《せんたく》

早川書房（ハヤカワ文庫ＪＡ）
二〇一四年八月
定価：七二〇円（税別）

伊藤計劃《けいかく》

核戦争のあとの静けさの中、人々が互《たが》いを守りあい、管理しあって生きている世界。平和であること、健全であること、平均的であることが強いられる「空気」に、命《いのち》懸《が》けの抵抗《ていこう》を試みた３人の女子高生がいた――。日本ＳＦ大賞受賞作。

なんとも異様な読後感なのである。本書のエピローグを読み終えたときのしんとした気分、すとんと真下へ落とされるような感覚は、そうやすやすと経験できるものではない。

落下の距離《きょり》が長いのは、作品世界に魅《み》せられ、高ぶりながら読み進めた証拠《しょうこ》だ。設定。構成。人物造形。すべてにおいて、本書の著者は破格の術を見せつけてくれる。いったんその術にはまったが最後、ラストまで本を閉じられない。

舞台となるのは、大災禍《ザ・メイルストロム》と称される核戦争を経た未来の地球。放射能が蔓延《まんえん》させた種々の病《やまい》を駆逐《くちく》するため、世界はその構造を変える必要にせまられた。健康維持《いじ》。それを共通の最優先課題とし、全人類があまねく健やかたる世界の創設にのりだしたのだ。

絶えず人体をチェックし、病につながる分子は即座に排除《はいじょ》する恒常的《こうじょうてき》体内監視《かんし》システム。個々の健全性を他者の目で見張りあう社会的評価点（ソーシャル・アセスメント）。やせることも太ることも許されない「空気」。そのシステムの巧緻《こうち》さを知るほどに、完璧《かんぺき》に健全であることの薄気味《うすきみ》の悪さがじわじわとせまってくる。

あまねく健やかであることは、健やかならざるものは排除されるということでもある。人と人の調和を第一に重んじるのは、個人の中にある不調和を封《ふう》じこめること。自分たちを窒息《ちっそく》させるほどに守ろうとする社会へ、主人公のトァンは反逆の牙《きば》をむく。

平和とは何か。自分とは何か。命とは何か——。提示されているのは壮大《そうだい》なテーマである。それでいて観念的にはならず、読み手がトァンに寄りそいながら怒濤《どとう》の展開を追うことができるのは、彼女が壮大なテーマのために動いているわけではなく、あくまでも私的な「思い」を熱源としているためだろう。個であることのかけがえのなさを、なにより、彼女自身がその行動をもって訴えている。

（森絵都）

083 ログ・ホライズン1
異世界のはじまり

ゲーム世界に閉じ込められたプレイヤーたちが創る社会とは

KADOKAWA
二〇一一年三月
定価：一〇〇〇円（税別）

橙乃《とうの》ままれ／ハラカズヒロ・画

多人数参加型オンラインＲＰＧにログインしていたプレイヤーがゲーム世界に閉じ込められる。古参プレイヤーのシロエは、混乱の極《きわ》みにあるゲーム世界に秩序《ちつじょ》を取り戻すべく仲間とともに戦う。10巻まで発売中の人気シリーズの第１巻。

多人数参加型オンラインＲＰＧの世界で生きることになったら……。オンライン小説では定番の異世界転生モノであるが、アバターとしてゲーム世界で生きることを余儀《よぎ》なくされたプレイヤーの生活がとてもリアルで、ゲーム好きでなくても、楽しめるＳＦとなっている。

たとえば、シロエたちは同じ魔法《まほう》を連続して使用できない。再使用規制時間というゲーム上の法則が適用されているからだ。ゲーム世界のシステムに則《のっと》りながら戦闘する様子は、ゲームらしさが再現されていてとてもリアル。一方、意識は現実世界のままなので、異形《いぎょう》のモンスターを目《ま》の当たりにすれば、負けるはずがないとわかっていても恐怖心《きょうふしん》が湧《わ》いてくる。プレイヤーとしての意識とアバターとしての身体がせめぎあっているあたりも現実的だ。

このような現実世界とゲーム世界とのギャップは、食事などの日常生活にも認められる。素材さえ調達すれば料理スキルによって料理は作成できるのだが、ゲームの場合、味覚は不要なため、料理の味に違《ちが》いがない世界となっている。このような世界で暮らすことの味気無さがどのように克服されるのかなども読みどころだろう。

本シリーズがゲーム世界を舞台《ぶたい》とした単なるＳＦに留まらないのは、ゲーム世界に閉じ込められたプレイヤーたちの自治がテーマとなっているからである。一巻では、ノン・プレイヤー・キャラ（ＮＰＣ）に対して傍若無人《ぼうじゃくぶじん》に振《ふ》る舞《ま》うプレイヤーの姿が描《えが》かれている。ゲーム・システムによる制約を除けば、法が存在しない世界で見知らぬ者同士が暮らしていくことの困難は想像するに余りある。二巻以降では、ＮＰＣとの共存も視野に入れながら、他者との共生が模索《もさく》されることになる。

オンライン・ゲームのような現代文化を下敷《したじ》きとしながら、社会のあり方をシミュレートする方法論がユニークなシリーズ。

（目黒強）

パワースポット＋神社＋剣道＝？
一気に読みたい、長編エンタメ！

偕成社
二〇一四年九月〜十一月
定価：各九〇〇円（税別）

佐藤多《た》佳《か》子《こ》

現代の子どもや若者をリアルに優しく描き続けてきた著者が、初めて小学生の活躍する本格的なファンタジーに挑戦。これまでにない設定と展開が楽しい。もちろん、登場人物が魅《み》力《りょく》的《てき》なのは相変わらずだ。

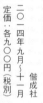

白《しろ》烏《がらす》神社の神楽殿《かぐらでん》では、年に一度、子ども神楽の奉納《ほうのう》がある。「子ども神楽は、一人が剣士、二人がお付きのカラスになって、三人一組……このトリオが二組の合計六人でおこなう」ことになっていて、来年は今の五年生が出ることが決まった。二組のうち片方の剣士は千里《せんり》。神社の宮司《ぐうじ》の孫で、幼い頃から古武術を学んでいる。武道にかけては天才的。そして、もうひと組の方の剣士には礼生《れお》が選ばれた。それをきいた千里は思わず「ぎょえええ？」とさけんでしまう。

　礼生は幼い頃から弱い者いじめばかりしているいやなやつで、幼稚園のとき、それを見かねた千里にぶん投げられたことが今でも忘れられない。体重八十キロ、県の少年相撲《すもう》大会で準優勝した六年生とケンカしても負けなかったのに、小学校入学以来、千里に指一本ふれることができないでいる。礼生は、来年の神楽の剣士に指名されたときの千里の反応をみて、「あいつ、いやがってるな。（中略）そうだろうな。おもしれえな」と思う。

　この相性がめちゃくちゃ悪いふたりのほかに、四人の仲間が加わる。千里のいとこの星司《せいじ》、数学抜群《ばつぐん》のくせに体育と音楽は四歳児なみの数斗《かずと》、千里の親友の美音《みね》、ファッションにうるさく「いちばんだいじなのは、センスだ！」と断言する有沙《ありさ》。

　やがて学校で礼生が星司をいじめはじめ、星司は数斗と親しくなっていく。千里は礼生のもくろみに気づいて怒りをつのらせていくが……。

　そんなとき千里と星司は、けがをした白いカラスを見つける。その頃から次第に六人の関係が変わっていき、千里と礼生はいよいよ反目し合うようになる。そしていくつかの事件が起こり、すべてが決着しそうになったとき、この現実的な話は思いも寄らない方向に傾《かたむ》いて、いきなり終わる。

　というストーリーの「パワーストーン」は長いシリーズ物の第一巻。このあと不思議な物語が始まり、第三巻の終わりで、いよいよファンタスティックな大展開が！

　三冊、一気読みを勧《すす》めたい。

（金原瑞人）

笑いながら背筋が凍《こお》る──
異色の傑作寓話

KADOKAWA
二〇一一年十二月
定価：一三〇〇円（税別）

ジョージ・ソーンダーズ
岸本佐知子・訳

小さな内ホーナー国とそれを取り囲む外ホーナー国。国境を巡《めぐ》り次第にエスカレートする迫害《はくがい》がヒートアップして——。「天才賞」として名高いマッカーサー賞受賞の鬼才《きさい》ソーンダーズが放つ、前代未聞のジェノサイドにまつわる怖《こわ》いおとぎ話。

《内ホーナー国》の小ささときたら、国民が一度に一人しか入れなくて、残りの六人は《内ホーナー国》を取り囲んでいる《外ホーナー国》の領土内に小さくなって立ち、自分の国に住む順番を待っていなければならないほどだった》

そんな哀《あわ》れな境遇《きょうぐう》の内ホーナー人に、国土の縮小化というさらなる不幸が襲《おそ》います。

結果、体が外ホーナー国側にはみだしてしまい、フィルという底意地の悪い外ホーナー人の主張によって、税金まで取られることに。機械と有機体が複雑に合体してできあがっている風貌《ふうぼう》のホーナー人の中でも、フィルはとりわけ変わっていて、脳が巨大《きょだい》なスライド・ラックにボルトで固定されているんですが、それが時々はずれては勢いよく地面に落ちてしまうんです。そして、そんな時のフィルはとても危険。熱狂的《ねっきょうてき》な口調によって民衆を煽《あお》り立てるデマゴーグと化してしまうからです。

やがてフィルは、何の権限もないのにリーダー然とふるまうようになり、すごく体が大きくて力の強いジミーとヴァンスを言葉巧《たく》みに惹《ひ》きつけ、〈フィルの親友隊〉にしてしまいます。そして、ついに払《はら》うものがなくなった内ホーナー人から小さなリンゴの木、小川、土、洋服まで奪《うば》い、さらには――。

粗筋《あらすじ》を読んだだけでも、これがナチスやスターリニズム、南アフリカのアパルトヘイト政策、イスラエルとパレスチナ問題、世界中で起きているジェノサイドの寓話《ぐうわ》だということがわかるでしょう。でも、それだけじゃありません。そういう人間がなす暗黒の行為《こうい》が、実は微笑《ほほえ》みや哄笑《こうしょう》を伴うチャーミングだったりユーモラスだったりするエピソードとイコールで結ばれてしまうこと、一人の人間の中には陽と陰《いん》があり、陽が時に陰へとダイレクトにつながっていくこと、そんな驚《おどろ》くべき真理を突《つ》いているのが、この小説の凄《すご》みなんです。

こんなに面白いのに、こんなに恐《おそ》ろしい。出《しゅっ》色《しょく》にして異色の傑作《けっさく》寓話です。（豊﨑由美）

すべてが謎につつまれた古い書店の秘密とは？

東京創元社
二〇一四年四月
定価：一九〇〇円（税別）

ロビン・スローン／島村浩子・訳

ペナンブラ氏の 24 時間書店は、客もいないのに 24 時間営業している不思議な本屋。そこで働くことになったクレイは、店の奥の、検索《けんさく》しても出てこない秘密の本のことを知り、最新技術を駆使して遥《はる》か昔から続く不思議な本の謎を解いていく。

恥《は》ずかしながら、わたしITというかパーソナルコンピューター関係のものに非常にうとくてですね。まぁインターネットは人並みに活用しているのですけど、なんちゃらのデータベースを使って、さまざまな情報をかき集め、導きだした確率を基《もと》に……なーんてなってくるともうお手上げなのであります。なにがどうなっていらっしゃるの？　ずずっ（お茶）という具合です。

この物語は、謎《なぞ》めいた店主の元に集まる謎めいた客たちのいる古ーい書店が舞台《ぶたい》。奥《おく》の棚《たな》にぎっしりつめこまれたすべてが暗号で書かれた本たち。主人公がその謎を暴《あば》いていくなんていうと、ITとは無縁《むえん》のそれこそ魔法《まほう》使いでも出てくるんじゃないかという雰囲気《ふんいき》が漂《ただよ》いますが、どっこい！　最新のIT技術を駆使《くし》し、グーグル社員のハイパーなガールフレンドと、さまざまな個性あふれる友人たち（オタク）。みんなで協力しながら、今までだれもが知り得なかった本に隠《かく》された謎を暴《あば》いていくという、非常にスリリングでわくわくする新しい小説です。こんなやり方があるのか！　と目からうろこ。なおかつ書物というものの魅力《みりょく》も存分に伝わってくるので、紙の本の素晴らしさもたっぷり味わえます。これからは、電子も紙も同じ本として、楽しめる時代になっていくのではないでしょうか。

そして、どんなに機械がすごくても最後は人間の力。友情やチームワークあってこそ使える技術だというところも、大事なこと。そこが信じられないとやっぱりすべてが壊《こわ》れてしまいますから。パソコン苦手なわたしもそんな前提があってこそ、新しい展開に胸をときめかせて最高に楽しむことができました。これはもう生まれたときからパソコンが傍《かたわ》らにあった世代には、もってこいのミステリーと言えるのではないでしょうか。

そうそう、もうひとつ、はしごのかかった高ーい本棚。これも本好きにはたまらないエキサイティングな小道具。どうです、想像するだけで楽しいでしょう。さぁ、一緒《いっしょ》に古いガラス扉《とびら》をあけましょう。チリンチリンと。

（酒井七海）

087　25時のバカンス
市川春子作品集Ⅱ

圧倒的な感覚の洪水に切な死にしそう

講談社（アフタヌーンKC）
二〇一一年九月
定価：六〇〇円（税別）

市川春子

収録作品に共通するテーマは「人」と「人の姿をした人でないもの」との愛である。情報の提示の仕方が普通《ふつう》の漫画《まんが》とは異なっている。絵にインパクトがありすぎて、人によってはトラウマになったという声も聞かれるから要注意。

本を開いて一頁《ページ》目を読み出した瞬間《しゅんかん》に、あ、これ、好きだ、と感じることがある。

「学校でおばけっていわれた」
「私は好きだ」
「おれはやだよ すぐ治るっていわれてもさ 救急車がもうちょっと早く来てればねってせんせいおばあちゃんと話してたってかおねえちゃんいくらゆーしゅーでもそんなへんなしゅみじゃ彼氏できないよ そうだ 今 おれ めずらしいでしょ? 何点?」

物語はまだ始まったばかりで、やりとりの意味もわからない。なのに、その切なさが感受できてしまうのは何故《なぜ》なのだろう。

『25時のバカンス』では、表題作をはじめとして、収録作品の全てが同じテーマを扱《あつか》っている。「人」と「人の姿をした人でないもの」との愛の物語だ。それが読者である私のツボというわけではない。今までは特に意識したことはなかった。にも拘《かか》わらず、その世界観に否応《いやおう》なく引き込まれる。それまで未開発だった性感帯（?）が目覚めるようなものだろうか。異形《いぎょう》の愛に触《ふ》れて、人間にとって最も重要だと思われているものを捨て去ることで、人類の未来の可能性が拓《ひら》けることがあるのかもしれない、と感じ始める。

一頁目にあった切なさの予感は、読み進めるにつれて全貌《ぜんぼう》を現す。それがこちらの予測を超えていて圧倒《あっとう》される。感覚の洪水《こうずい》に襲《おそ》われて切な死にしそう。受け止めきれない分が心の器からどんどん零《こぼ》れてゆくのがわかる。しまった、と思う。もっと読む態勢と心構えとバイオリズムを整えてから挑《いど》むんだった。全てを受け止めるのには、いったい何回読めばいいんだろう。

喜びと焦《あせ》りが混ざったようなこの感覚を味わったのは、高野文子《たかのふみこ》の「奥村《おくむら》さんのお茄子《なす》」以来のことだ。

（穂村弘）

もしも願いが何でも叶うなら？
怖くて切ない、異色ファンタジー

講談社
二〇一二年十一月
定価：一三〇〇円（税別）

石川宏《ひろ》千《ち》花《か》

気がつけば下水道の泥水のなかにいた、人ではない奇妙《きみょう》な生き物。人間と友達になりたい孤独《こどく》な生き物は、ようやくできた人間の友達の〈お願い〉を叶え続けてしまう。

メアリーは人ではない。臭《くさ》い涙《なみだ》を流し、泥水《どろみず》と自分の皮膚《ひふ》が一体化している、気がつけば地下にいた異形《いぎょう》の生き物。初めて地上にでたとき、遭遇《そうぐう》した女の子は卒倒《そっとう》し、かけつけて来た男の子はメアリーを激しく攻撃《こうげき》した。以来、人影から隠《かく》れてひとりぼっちで暮らしている。

人間の生活がうらやましくて、人間になりたくて、町にひっそり潜《ひそ》んでいるメアリーに気づいた人物がいた。とてもきれいな顔立ちで、優しい声をした十二歳の男の子マミヤ君。「メアリー」という名前をつけてくれた、初めての大切な大切な友達。

メアリーはマミヤ君が大好きで、一緒《いっしょ》にいるだけでうっとりするぐらい幸せ。マミヤ君のためならなんでもできる。なんでも叶《かな》えてあげる。マミヤ君の〈お願い〉で、メアリーはマミヤ君にたてついた人や、気に入らない人を傷《きず》つけ、陥《おとし》れ、クラスメイトや先生を恐怖《きょうふ》で縛《しば》り上げていく。マミヤ君の周囲に不穏《ふおん》な空気があることに気がついたクラスメイトのカセ君は、まっすぐにマミヤ君に向き合うが、マミヤ君はカセ君を陥れる〈お願い〉をし続ける。

メアリーは気がついてしまう。マミヤ君の心のなかには、何もないことを。ぞっとするような空洞《くうどう》があることを。マミヤ君は、してはいけないことをしている。自分の手を汚さず、周囲を思い通りにしていく快感を覚えたマミヤ君の〈お願い〉を、メアリーは叶え続けるのだろうか。

教室のなかを支配し、誰《だれ》でも思い通りに動かしたいという願望を叶えてしまうとどうなるのか。むき出しの自我ゆえに潜む危うさを、作者はメアリーの目を通し、淡々《たんたん》と映し出していく。息をのみ、ぞくぞくする展開は、ラストまで読者を惹《ひ》きつけてやまない。

きれいな顔をしたマミヤ君と醜《みにく》いメアリー。メアリーのお願いは、マミヤ君に届くのだろうか。

（森口泉）

089 墓場《はかば》の少年

ノーボディ・オーエンズの奇妙な生活

生きるために必要なことは すべて墓地の幽霊から学んだ

KADOKAWA
二〇一〇年九月
定価：二五〇〇円（税別）

ニール・ゲイマン／金原瑞人・訳

殺害された一家に生き残りの幼児がいた。墓地の幽霊は身元不詳《ふしょう》の彼をボッドと名付け、共同で育て始める。成長したボッドは墓地の外に好奇心を抱《いだ》くが、殺し屋は暗殺をあきらめておらず、幽霊たちは解決法を探る。一風変わった成長と冒険《ぼうけん》の物語。

物語の舞台《ぶたい》に、歴史と時間の堆積《たいせき》した墓地《ぼち》が選ばれることは珍《めずら》しい。墓地の特性を活《い》かした本書は、ファンタジー文学でも変わり種といえよう。

殺害を免《まぬが》れたよちよち歩きの幼児は、ノーボディ・オーエンズ（通称ボッド）と名付けられ、墓地の特別住民として育つ。墓碑銘《ぼひめい》を使ってABCを覚え、墓地の規則を学び、世界中の助けを求める言葉を暗記する。ボッドは好奇心《こうきしん》の強い物静かな子どもとなり、墓地内を探検してさまざまな時代の幽霊《ゆうれい》とつきあっては、知識を蓄《たくわ》える。

情報のなかにはボッドの限られた理解力にあわせ、暗示レベルのものがある。たとえば生者と死者が踊《おど》る「マカブレイ」の夜に現れた〈葦毛馬《あしげうま》の貴婦人〉とは、実は死神だろう。墓地の特別住人で日が暮れると町にも行ける後見人サイラスの場合、前身は吸血鬼《きゅうけつき》らしいが、物語中ではこの言葉は使われていない。

もうひとつ隠されているのが、ラドヤード・キプリング作『ジャングル・ブック』を土台としていることである。たとえば三章でボッドはグール（食屍鬼《しょくしき》）に騙《だま》され、グールゲートの奥深くにある赤い太陽と砂漠《さばく》が続く世界をグールに運ばれる恐怖《きょうふ》の体験をする。これは『ジャングル・ブック』で主人公がサルに騙されるエピソードに対応する。だがボッドはのちに追っ手の殺し屋〈ジャックたち〉を罠《わな》にかけるのに、このときの体験を利用している。つまり土台はキプリングでも、物語ではゲイマンの設定した世界の特性が活かされている。

墓地の世界でそれなりに充実《じゅうじつ》した日々を送っていたボッドも、成長するにつれて人間との交流を切実に求めだす。それを知ったサイラスは墓地を離《はな》れ、ボッドを狙《ねら》う勢力を根絶やしにする道を選ぶ。

同じ頃、五歳の頃に短期間友人だった女の子が十年ぶりに街に戻ったが、ボッドの痕跡《こんせき》をたどる殺し屋ジャックもまた街に来ていた。ここに至ってボッドをめぐる状況《じょうきょう》が一気に変わり、目が離せなくなるだろう。

（西村醇子）

ティム・バートンが映画にしたら絶対に面白い！ 傑作《けっさく》冒険小説

東京創元社（創元推理文庫）
二〇一三年四月
定価：一一〇〇円（税別）

ケネス・オッペル／原田勝・訳

舞台は、科学と似非《えせ》科学がせめぎ合う、フランス革命時代のジュネーヴ。大学で科学を学び、あの恐《おそ》ろしいモンスターを作ることになるフランケンシュタインが16歳のときに経験した事件が描《えが》かれる。

フランケンシュタインというと、首に電極を突《つ》き刺《さ》したモンスターを連想する人が多いが、メアリー・シェリーの原作『フランケンシュタイン』ではモンスターに名前はない。フランケンシュタインというのは怪物《かいぶつ》を作った若き科学者の名前だ。

これは、そのヴィクター・フランケンシュタインが十六歳のときの物語。

時代はフランス革命の最中。舞台《ぶたい》は都市国家ジュネーヴの市街から少し離《はな》れた村のはずれ。中心になるのは、行政長官の息子ヴィクターと双子の兄コンラッド。これに遠縁《とおえん》の親戚《しんせき》エリザベスと詩人肌《はだ》のヘンリーがからむ。

四人は仲よく過ごしていたが、ある日、コンラッドが原因不明の病気で倒《たお》れるところから物語が始まる。

父親は近代人らしく科学を尊重し、医師にコンラッドをゆだねる。しかし、ヴィクターは秘密の図書室の書物を見て、錬金術《れんきんじゅつ》に心をひかれる。錬金術というのは、鉛《なまり》や鉄のような卑金属《ひきんぞく》を金に変える術だが、不老不死の霊薬《れいやく》の調合なども扱《あつか》う。

ヴィクターは兄を救うため、図書室で見つけた本を持って、車椅子《くるまいす》の錬金術師ポリドリに接近し、協力をあおぐ。そしてポリドリが不老不死の秘薬を作るために必要なものを、エリザベスとヘンリーの助けを借りてそろえていく。

暗闇《くらやみ》でしか発光しない地衣類《ちい》、地底湖にすむ不思議な魚、そして……。

近代科学が隆盛になりつつある時代でもまだ、魅力《みりょく》を持っていた錬金術、それを核に、おどろおどろしい恐怖《きょうふ》小説の不気味さをたっぷりからめ、愛と友情と、嫉妬《しっと》と裏切りの冒険《ぼうけん》小説が展開する。

それに色を添えるのが、コンラッドとエリザベスの淡い恋と、そんなふたりをながめるヴィクターの気持ちだ。文学バカのヘンリーもいい味を出している。

最後の最後まで予断を許さない展開と、圧倒的《あっとうてき》な迫力《はくりょく》が素晴らしい。

（金原瑞人）

うまく説明できないけれど素敵で可愛《かわい》い小説です！

新潮社
二〇一〇年六月
定価：一五〇〇円（税別）

福永信《しん》

この小さい光があれば、物語は消えてしまわない。はるか彼方《かなた》、地球のどこかで暮らす子供たち。時間は不意に巻き戻る。忘れがたい世界へといざなう、野心あふれる長篇《ちょうへん》小説。と帯に書いてあります。

福永信という作家の小説は、ちょっと変わっていて、毎回なにか趣向《しゅこう》のようなものを感じるのですが、この小説では、登場人物（？）がA、B、C、Dという記号で表現されています。

　例えば冒頭《ぼうとう》、〈Aはとびだした。それ以上がまんできなかったのだ。たった五分だがながいながい時間にそれは思われた。雪はやんでいたが降っていたことすらAは知らなかった。Aは立ち止まった。雪だるまを作りたいと思ったからだ。〉そしてAの行動が終わると、〈Bはすこし後悔《こうかい》をしていた。いいすぎたかなとこめかみをかいた。雪はやんでいた。〉そしてC。〈ねだるのにこんなに時間がかかってしまった。窓の外ではこの五分間でやんでいた雪がすこしだけパラパラ降ってきてまたやんだ。だがCはそんなこと気にしてなかった。〉〈Dは庭のバケツをひっくりかえし窓をのぞいた。ながいながい時間がすぎたと思ったのにまだ五分しかたってなかった。いやDにとってそれは十分ながい時間だった。〉

気がついたでしょうか。読点がない文章です。そこも不思議です。時間が、ＡＢＣＤそれぞれに流れ、景色を形づくっていきます。季節があって、朝から晩までいろんな時間が流れて、帯文によれば〈小さなおはなしのくりかえしが、二度とくりかえされない出来事を呼び寄せています。〉

〈主人公がたくさんいます。数え切れないほどです。〉〈この小説には、数え切れないほどの感情がまたたいているのです。〉とのこと。内容の説明が本当に難しい小説です。

　説明できないから、というわけではありませんが、この小説はわたしが装幀《そうてい》をしたのでその説明をさせてください。この本の表紙にはいろんな星座が描《えが》かれています。ぎゅうにゅう座や、ちびたえんぴつ座など、架空《かくう》の星座です。その星座を構成する星のひとつひとつは、福永さんがとある一ヶ月間に実際に会った人々に描いていただきました。そういうことが、似合う小説なんです。


（名久井直子）

友だちはフェアリー!? 日記に綴《つづ》られた本好き少女の青春

東京創元社（創元SF文庫）
二〇一四年四月
定価：各八六〇円（税別）

ジョー・ウォルトン／茂木健《たけし》・訳

制約が多い寄宿学校に入れられ、不本意な日々を送っている少女モリ。町の読書クラブに参加して初めて、同じ趣味《しゅみ》をもつ仲間を得た。だが災いの元凶《げんきょう》である母は、嫌《いや》がらせをやめない。モリはそれに対抗《たいこう》できるのだろうか。

十五歳の少女モリの日記形式の本書は、数通りに読むこともできる。

ひとつは寄宿学校を舞台《ぶたい》とする学校物語として。自由を好むモリには規則ずくめの寄宿学校は、これまで書かれた古今の学園小説にもまして、ひどい環境《かんきょう》だった。スポーツが重要視されているが、モリは事故のせいでスポーツができない。またウェールズ育ちなので、同級生とは話し方も興味関心の対象も異なる。もっとも物語の途《と》中《ちゅう》からボーイフレンドが現われると、物語の焦点《しょうてん》がモリと家族の問題に置かれ、学校は背景に退《しりぞ》いていく。

つぎにウェールズを核とした一種の文化研究書として。ストーリーに直接関係ないと思う人もいるかもしれない。モリは自分が育ったウェールズの風景と人々の伝統的な生き方が好きだ。でも父方の祖父に出会って、ユダヤ文化にも関心をもつ柔軟《じゅうなん》さがある。いっぽう伯母《おば》たち（父とは異父姉妹）は、モリを自分たち同様の典型的イングランド人にしたがっている。

本書は魔法《まほう》とフェアリーに関する物語でもある。フェアリーとモリとの交流は、あらゆる意味で、読み手の意表を突《つ》きそうだ。また魔法に関する部分、とくに母親とのやり取りなどは、どこまでが現実か、読んでいて迷うかもしれない。終結部でモリは彼らとの関係に決着をつけこの世界で生きていくと決め、未来へ踏《ふ》み出している。なお作者もウェールズ出身で、「謝辞《しゃじ》と覚書《おぼえがき》」末尾をみると、フィクション性を強調したうえで「ただし、妖精《フェアリー》はちゃんと実在する」と断言している。

最後はSF及《およ》びファンタジーのブックガイドとして。モリは文学書から哲学書、科学エッセイまで、読みに読んで日記に感想を記す。町の読書クラブに参加し始めてからは、嬉々《きき》として仲間とのSFの読書談義に加わり、鋭いコメントを連発してもいる。読み手が知っている本については、モリたちの議論に共感を覚えたり反発したりすることもできる。巻末には、作品中で言及《げんきゅう》された作品のリストがある。

（西村醇子）

勝負、国、家族、人生――ダイナミックな展開に目が離せない

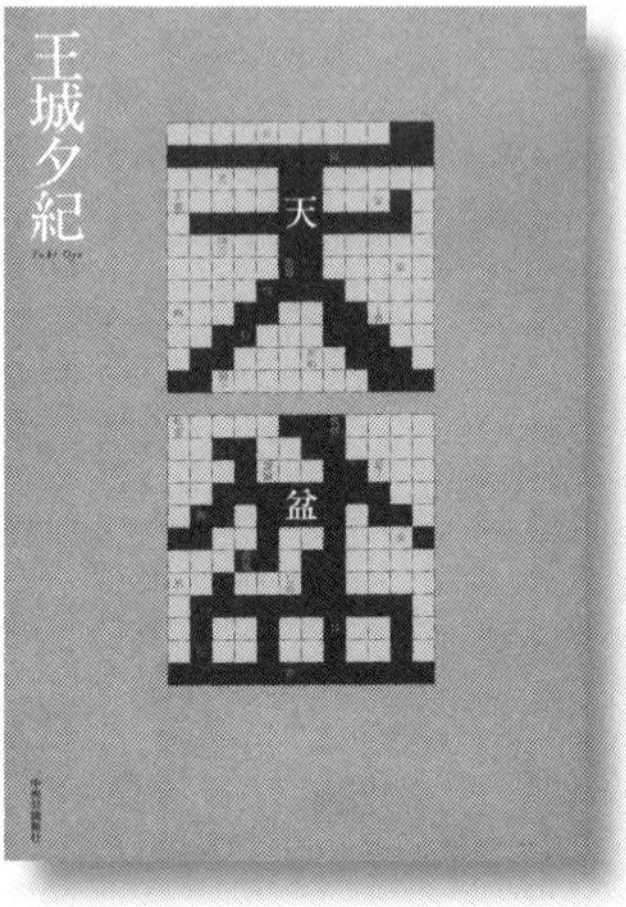

中央公論新社
二〇一四年七月
定価：一三〇〇円（税別）

王城夕紀《おうじょうゆき》

「天盆は、ただの盤戯《ばんぎ》ではない。天盆とは、天の縮図。この盆上は、ひとつの天、すなわちこの世そのもの」。そんな「天盆」を打つために生まれてきたかのような少年、凡天が頂点を極めていく様を描いたファンタジー。

蓋《がい》の国には「天盆《てんぼん》」という将棋《しょうぎ》に似たゲームがある。人々のこれにかける情熱はすさまじく、年に二度の大行事では腕《うで》に自信のある者たちがしのぎをけずる。各地の代表になれれば、「地方の名士となり、国の政《まつりごと》に参与《さんよ》することさえ夢ではない」のだ。

凡天《ぼんてん》という名の少年は天盆に魅入《みい》られ、ひたすらこの道を歩む。そのせいで家族関係はきしみ、凡天自身、様々な災難を背負いこむことになる。

しかし、口数が少なく、天盆を打つことしかできない凡天は、やはり天盆の名手である兄や、謎《なぞ》の老人に導かれて、大きな流れに乗る。

「〈神手《しんしゅ》というのは〉誰も思いつかぬ神のような手を言う。だがそれも流れの先に生まれるもの。実力の差がある者同士が打っても出てはこない。神手は、流れの果てに、打たねばならぬ時に出てくるものであり、降りてくるものなのだ」

一方、蓋は小国で、まわりの大国や強国が隙《すき》さえあれば力まかせに攻め入ってくる。そのうえ、国内は権力と金で腐敗《ふはい》している。そんななか、天盆にまつわる国の大行事が始まる。果たして凡天はどこまで勝ち進むのか。

勝負とは、国とは、そして人生とは何かを、ファンタスティックに描《えが》きあげた怪作《かいさく》。

ルールもわからないゲームの進展を写し取る文体がじつに見事。

「凡天の打った白師《はくし》。攻め手であるが、帳君《ちょうくん》の攻めの要《かなめ》を狙《ねら》う、攻防手。獅子《しし》を取れば、攻めが崩《くず》される。盆上の流れが、幾《いく》つかの前線が勃発《ぼっぱつ》する混沌《こんとん》へと落とされた」

凡天が勝ち進むのと前後して、ばらばらになりそうだった家族がひとつにまとまっていく一方、蓋の国が崩壊《ほうかい》していく。このダイナミックな展開が最後の最後まで読者を放さない。最終ページの意外さと、潔《いさぎよ》さと、爽快《そうかい》さは、本ならではの醍醐《だいご》味《み》だ。

（金原瑞人）

読んでいた人のことを気にかけてくれる本たち

講談社
二〇一〇年一月
定価：一五〇〇円（税別）

柏葉《かしわば》幸子《さちこ》／山本容《よう》子《こ》・絵

ふるさとの図書館で働き始めた桃さんのところに、読んでいた人のその後が気になると、作中人物たちがやってくる。はだかの王様、狼、あまのじゃく……。桃さんは、かれらの気がかりを解消すべく、読んでいた人を探し始める。

この作品、なによりもまず、発想がユニークだ。読んでいた「本」のつづきが気になるというのはよくあることだが、ここでは逆に、本の登場人物たちが、読んでいた「人」のつづきが気になってしかたがないという。たとえば、はだかの王様が、『はだかの王様』の本を読んでいた病気の女の子のその後が知りたくて、パンツ姿でうろうろ。他にも、狼やあまのじゃくなど、昔話や絵本でおなじみの登場人物たちが、やはり読んでいた子どもたちのつづきが気がかりで本から出てくる。

その登場人物たちの相手をするのが、図書館司書の桃《もも》さん。突然《とつぜん》出てきて家に住み着く、強引でどこかとぼけた存在たちに振《ふ》り回されながらも、本を読んでいた「人」探しを始める……というファンタジーである。

しかも、この逆転の発想は、ただ斬新《ざんしん》なだけではない。なによりやさしいのだ。桃さんがつづきを調べていくと、それら気がかりな子どもたちは、必ずしも幸せな状況《じょうきょう》で、本を読んでいたわけではなかったことが、わかってくる。実の親と育ての親との関係、両親の離婚《りこん》、養子など、子どもには不条理《ふじょうり》ともいえる状況の中で、それらの本は読まれていた。とはいえ、子どもたちは見捨てられていたわけではない。おとなたちもまた、どうしようもない事情を抱《かか》えながら、子どもたちを気にかけ、悩《なや》み、生きていたのもわかってくる。

そんな不器用な人々の、言葉にならないせつない思いが、きっと、はだかの王様や狼《おおかみ》やあまのじゃくとなって、この世界に出てきてしまったのだ。そんなふうに不思議を納得させてくれるやさしさが、このファンタジーの底には流れている。

家族のかたちがどのように変わろうとも、それですべての関係が壊《こわ》れてしまうわけではない。気にかけてくれる人は、きっといる。離婚し、失業して、仕方なくふるさとに戻り働き始めた桃さん自身も、やがてそのことに気づいていく。

山本容子の洒落《しゃれ》たイラストも魅力的《みりょくてき》な、大人になってもずっとずっと持っていたくなる一冊だ。

（奥山恵）

物たちの声が聞こえる
天才どろぼうの奇妙《きみょう》な人生

福音館書店
二〇一四年九月
定価：一五〇〇円（税別）

斉藤倫《りん》／牡丹靖佳《ぼたんやすよし》・画

ある日刑事《けいじ》の「ぼく」はどろぼうを捕まえる。犯罪を立証するために10日間の取り調べが始まる。名前はどろぼん。彼が話すどろぼう人生は、今まで聞いたこともないふしぎな話だった。

世界には生物と物があります。人間は多くの物を作り出してきました。人間は便利に、心地良く生きていくために物を作り出しました。石器は狩りを、土器は食料の保存、調理を容易にしてくれました。スマートフォンも同じですね。

物はそれを所有する私たち一人一人の愛着によって生かされています。たとえ大量生産品であっても、それを買った時点であなたにとってそれはたった一つの物となります。そして使い続ける日々が思い出となり、あなたと物をつないでいく。

でも物は、もう必要がなくなったとたんに一気に価値を失い、忘れ去られてしまう可能性が高いのも確かです。物の側に決定権はありません。この本の中に出てくる話を例に挙げれば、アールヌヴォーの花瓶《かびん》ですら、傘立《かさた》てになってしまうのです。

物の声を聞くことができる、どろぼうのどろぼんは、悲しみ嘆《なげ》く物たちを盗《ぬす》みだします。忘れ去っていますから所有者たちは盗まれたことに気付きませんし、どろぼんが捕《つか》まることもありませんでした。彼は本当に必要としている人の手に渡《わた》るように、それらを知り合いの故買商《こばいしょう》に売ります。

ところがどろぼんは、忘れられ、世話もされずに放っておかれた犬と出会ってしまいます。そして彼は物ではなく生き物を盗んでしまい、よぞらと名付ける。これまで盗んだ物に名前は付けませんでした。でも、よぞらは生き物ですから……。それをきっかけにどろぼんの能力は衰《おとろ》えていきます。そして捕まった彼とよぞらの運命は？

私たちは物に囲まれながら生きています。その物に対しては、単に便利さだけではなく、ちょっとした思い入れを持っていることも多いと思います。たかが物なのですが、その思い入れはあなたの感性を正直に映し出していますから、自分自身を知る手がかりとなります。そして嬉《うれ》しいことに、あなたは人間という生き物にも囲まれています。

この物語を通して、物と生き物について考えを巡《めぐ》らせるのも悪くないですね。

（ひこ・田中）

決して交わらないはずの異界に生きる者たちの物語

理論社
二〇一三年三月
定価：一九〇〇円（税別）

田中彩子

保は亡くなった祖父の遺品の中から日記を見つける。そこに記された「天狗ニアフ……」の謎《なぞ》めいた文字。祖父の残した秘密に引き寄せられるように保と仲間たちは不思議な事件に巻き込まれていく。ひと夏の忘れがたい物語。

私たちが暮らしている世界。学校や職場があって、友達や家族がいる世界。ここが全《すべ》てだと思っているけれど、本当にそうなのでしょうか?

日本には古くから言い伝えられている妖怪《ようかい》や天狗《てんぐ》など伝説上の生きものがたくさん存在します。けれどそれは想像の世界のことで、現実には存在しないと思っていませんか?

保《たもつ》の家は弓道場《きゅうどうじょう》のある小さな民宿を営んでいます。夏休みのある日、ばあちゃんに頼《たの》まれて古新聞を探しに行った保。物置となっている部屋は、もともと亡くなったじいちゃんの部屋として使われていたので、まだじいちゃんの物がいろいろ置いてありました。そこでふと古い日記帳を手にとり、何気《なにげ》なく開いたページに「天狗ニアフ。」の一文を見つけます。

じいちゃんに導かれるように、保と友人たちは天狗を探そうと夢中になります。

私たちと等身大の主人公たちが繰《く》り広げる物語は、遠いよその国のファンタジーにはない臨場《りんじょう》感《かん》に溢《あふ》れています。

子どもと大人の間の12歳の夏。もっと幼ければこの試練を乗り越えることはできなかっただろうし、あとすこしでも大人になっていたら、その存在にすら気がつかなかったのかもしれない。保たちが体験したひと夏の冒険は、過去と現代を繋《つな》げ、今は亡き人たちの想いを受け継ぎ、そして何より、彼らを大きく成長させる出来事だったのです。

自然の中に潜《ひそ》む恐ろしくも壮大《そうだい》な未知の力。それに抗《あらが》うことのできない人々の営み。その存在を感じつつ、私たち日本人が不思議な存在と共に暮らしてきた時代が、確かにあったのです。

それは遠い昔のことではなく、特別な場所でもなくて、私たちの家のすぐそば、裏山とか神社の森とか川とか身近な場所にひっそりと息づいていたのです。

保たちの冒険に手に汗握り、自然の中の不思議な存在を感じながら暮らしていくことの尊さと豊かさに、改めて気づかされた深く爽快《そうかい》な読みごたえある物語。

（鈴木潤）

胸の奥《おく》が温かくなるような素敵な愛にあふれた物語

KADOKAWA（角川文庫）
二〇一三年一月
定価：四七六円（税別）

万城目学《まきめまなぶ》

小学１年生のかのこちゃんと、この家にやって来た気高い猫のマドレーヌ夫人、それぞれの視点で描かれた日常は、驚《おどろ》きや喜びに満ちています。淡々《たんたん》とした中にも、はじけんばかりのきらめきが見え隠れする物語。

この物語の一人目の主人公は、かのこちゃん。小学生になり、それまでの指しゃぶりを卒業し、「知恵が啓《ひら》かれた」と悟《さと》ります。同時に好奇心《こうきしん》も爆発《ばくはつ》させ、難しいことばでもなんでも吸収していくのです。例えば「刎頸《ふんけい》の友」。

ある日かのこちゃんが学校へ一番乗りしたかと思ったら、既《すで》に女の子が席にいて、その子は、両の親指を鼻につっこみ、親指以外の指をひらひらさせていたのです。ただ者ではないと、かのこちゃんはその子すずちゃんにひかれ、すんなりではなかったものの、「刎頸の友」となります。

もう一人（？）の主人公、アカトラの猫《ねこ》、マドレーヌ夫人は、かのこちゃんが小学校にあがる半年前にやって来ました。ゲリラ豪《ごう》雨の日、かのこちゃんのうちで飼っている老犬、玄三郎《げんざぶろう》の小屋に逃《に》げ込み、それから、一緒《いっしょ》にいるのです。そのとき、マドレーヌ夫人は、自分が犬の言葉を話せることに気づき、玄三郎と夫婦になりました。人間の言葉や文字もわかり、気高さゆえ、近所の猫から一目《いちもく》おかれています。

さて、かのこちゃんと、マドレーヌ夫人、二つの視点で描《えが》かれた日々は、不思議なことがあったとしても、それが別段不思議でもなく、さらりと日常にとけ込んでいます。周りの人も動物も、対等で、しかも思いやりがあり、そんな中での出会いと別れが心にしみます。特に、マドレーヌ夫人と玄三郎の夫婦愛は固く、深いものがあります。

万城目氏の作品は、壮大《そうだい》で突拍子《とっぴょうし》もない設定というのが魅力《みりょく》ですが、この作品は、隣《となり》で起こっていそうな穏《おだ》やかな設定です。それでも、どこか「あの」世界とつながっているような所も見え隠《かく》れする作品です。そして登場人物の気負っていない行動や言動にユーモアがあり、やっぱり笑わせてくれるし、泣かせてくれます。

もしまだ読んでいなかったら、『鹿男《しかおとこ》あをによし』もおすすめします。

（右田ユミ）

いま生きているこの世界は誰かの夢の中かも？

平凡社
二〇一一年一月
定価：一四〇〇円（税別）

フジモトマサル

あなたの夢は有罪ですか？　漂流《ひょうりゅう》する宇宙船、月面に埋《う》もれた石板、洞窟《どうくつ》に消えた兄弟……どこまでも晴れ渡った草原の青空と、そして反転し続けるふたりの記憶《きおく》……。夢から現《うつつ》へ、現から夢へ。ループする終わりなき悪夢の果ては……？

朝、目覚ましが鳴って、まだ眠《ねむ》いのに仕方なく起き、いつも通りの手順で顔を洗って歯を磨《みが》いた……はずだったのにまだそれが夢の中だった、ということはありませんか。わたしはあります。しかもそれが二重になっていたこともあって、起きてもまだ夢、起きてもまだ夢、でありやうく遅刻《ちこく》をするところでした。

この漫画《まんが》の冒頭《ぼうとう》は〈その夢の中で僕はカモノハシとして目を覚ました〉というモノローグで、カモノハシがむくりと布団を捲《めく》り上げたところから始まります。

〈僕は僕がカモノハシであることに違和感《いわかん》を覚えたけれど〉〈本当の自分がカモノハシ以外の何だったかまるで思い出せない〉と言いつつ、カモノハシは目を覚ましたその部屋に順応し、自分は二ヶ月もひきこもりだったカモノハシの息子なのだと認識し、外に出かけて素晴らしい解放感を味わう……〈っていうところで目が覚めたんですよ〉と突然《とつぜん》でてくるヤマアラシ！　しかも刑務所《けいむしょ》の中です。

獄中《ごくちゅう》のそのヤマアラシは「頬《ほお》つねりの罪」で夢警察に現行犯で逮捕《たいほ》されていたという顛末《てんまつ》を同室のヤマアラシに報告します。相手のヤマアラシが出所し、一人になった瞬間《しゅんかん》、牢屋《ろうや》がどんどんせまく変型してきて真っ暗になり……〈狭《せま》いわね……よいしょ〉と西洋風のお墓からカンガルーの女性が蓋《ふた》をずらして出てきます。そして続く夢、夢、夢。

どれが本当の世界なのか、それとも世界は夢の入れ子構造で成り立っているのか。うっすらと漂《ただよ》う不穏《ふおん》な雰囲気《ふんいき》に、だんだんうっとりしてきてしまいます。

冒頭の〈その夢の中〉も一体誰《だれ》の夢の中なんだろう。ちなみにラストシーンがハッピーエンドかどうか、友人たちと意見が分かれました。みなさんはどう思うかな。

フジモトマサルさんの漫画の中では、これが一番の長編です。他に『いきもののすべて』という本もおすすめです。

（名久井直子）

子どもも大人もワクワク！ 愉快、痛快《つうかい》なバイキングの物語

評論社
二〇一一年九月
定価：一四〇〇円（税別）

ルーネル・ヨンソン／石渡利康《いしわたり》・訳
E・カールソン絵

今から千年ほど昔、スウェーデンやノルウェーにはバイキングという海賊《かいぞく》がいました。船で遠征《えんせい》して町を襲《おそ》うので人々からは恐《おそ》れられていたのです。そんな男たちの中で活躍《かつやく》し、世界中で愛されている小さなバイキング、ビッケの物語。

道行く人に「ピーター・パンを知っていますか?」と聞いてみるとします。「もちろん知っている」と答える人がほとんどでしょう。では「原作を読んだことがありますか?」と聞いてみたら? きっと読んだことはないはず。けれど、主な登場人物となんとなくのストーリーは、皆《みな》知っているのです。

でもそれって本当に知っているといえるのでしょうか?『小さなバイキングビッケ』は小さな頃にアニメで見ていました。けれど子どもの頃の記憶《きおく》はあいまいで、内容はほとんど覚えていませんでした。この本が刊行されたとき懐《なつ》かしくて思わず手に取ったのですが、読みだすと私はあっという間にビッケとバイキングたちの冒険《ぼうけん》に夢中になったのです。

ビッケはバイキングの族長の一人息子。父親のハルバルはビッケを一人前に育て上げ、いずれは自分の跡取《あとと》りになって欲しいと願っていました。けれどビッケは臆病者《おくびょうもの》で、おまけに何より争い事が大嫌《だいきら》い。そんなビッケのことをハルバルや仲間たちはいつも頼《たよ》りなく思っていたのです。

けれどビッケにはハルバルたちにはないものを見極める目と遠くの物音を聞く耳、匂《にお》いをかぎ分ける鼻、そして深々とした知恵が備わっていました。大人より経験も力もないのが子ども。それもビッケの周りにいるのはただの大人ではなくバイキングなのです! 大人たちをなだめすかし、時にはおだて、夢を語り、少しずつ信頼《しんらい》を築き上げたビッケ。力自慢《じまん》で喧嘩《けんか》っ早く、ちっとも人の話を聞こうとはしない仲間たちの中で小さなビッケが大活躍するのですから、面白くないわけがありません。

知っているつもりになって手に取らなければ、再びこのわくわくとした気持ちともビッケとも出会うことがなかったと思うと、「つもり」って人生をつまらなくしてしまうかもなぁと思いました。

ビッケはシリーズで刊行されています。どれも愉快《ゆかい》でとびっきり面白いですよ。　（鈴木潤）

超絶、変で、とにかくかわいい！
不思議の国の赤ずきん

フェリシモ出版
二〇〇九年七月
定価：一二八六円（税別）

いしいしんじ／ほしよりこ・絵

赤ずきんは、若い連中にいじめられていた亀《かめ》を助けてあげました。「したら亀が、メルシーお嬢《じょう》さん、なんて人間の言葉しゃべんじゃない。あんたファンタジー？」。言葉とイメージとリズムの快さ、話のめちゃくちゃなところがすごい絵本です。

赤ずきんは、自分と、ドンデコスタ丸で出発したジロー以外にはみえないはずのずきんをかぶり、透明《とうめい》なおおかみを連れてバスに乗って、旅行に出た。着いたところには、わさび園があって、森があって、温泉につかると、体が半透明になって、透明なおおかみを連れて散歩にでる。すると狩人《かりうど》がいて「熊でますよ、デッカーイ！」と注意される。赤ずきんはこわくなって逃げ回るうちに、ホダカ神社へ。

「……あたいは鳥居《とりい》の下から離れ社務所《しゃむしょ》のほうへいったら、大きな垂《た》れ幕《まく》がさがってて「交通安全祈願《きがん》」て書いてある。ウォウ、ウォウ。あたい、おおかみかと思った。ウォウウォウ。でもそれはおおかみじゃなかった。神社の外、鳥居の向こう側からきこえていた。ウォウウォウウォウ。吠《ほ》え声はどんどん高まっていき、耳をつんざくばかりとなり、そして最高潮のままどんだけつづくかと思うと（中略）ウォウ！　土浦《つちうら》ナンバーの真っ赤なスポーツセダンだった」

続きが気になった方は（って、絶対、気になると思う）、ぜひこの絵本を！

とにかく、いしいしんじの描《えが》く赤ずきんが、超《ちょう》絶《ぜっ》、変で、変わってて、かわいい。そして、まわりの世界も変。たぶん、これは現代日本版、〝不思議の国の赤ずきん〟なのだ。

こんなにびっくりな赤ずきんに、こんなところで出会えるなんて、思ってもみなかった。こんなびっくりは、西村書店の〈ワンス・アポンナ・タイム・シリーズ〉の『赤ずきん』（サラ・ムーンの写真構成による絵本で、この本でもなぜかオオカミは車なのだった）以来じゃないか。

こんなお話を赤と黒の二色であっさり引き受けた、ほしよりこの絵がまた素晴らしい。日本の、いや世界の（翻訳《ほんやく》できるのか？）絵本史上に残る（ぜひ残ってほしい）一冊。

（金原瑞人）

とれたて！YA本

アメリカ児童文学の歴史

300年の出版文化史

レナード・S・マーカス／前沢明枝・監訳

読み物としても楽しい
充実度100%の
アメリカ児童文学史

原書房
二〇一五年八月
定価：六〇〇〇円（税別）

題名の通り、アメリカ児童文学の三〇〇年にわたる出版文化史をまとめたもの。

アメリカの児童書を扱《あつか》った本の中で、歴史的にも、文学史的にも、児童文学史的にも、資料的にもこれほど充実したものはあまりないと思う。まず、なによりカバーしている範囲《はんい》が広い。なにしろ、植民地時代から二十一世紀まで、作品でいうと、『ニューイングランド初等読本』から「ハリー・ポッター」のシリーズまで。この三〇〇年を、児童書に関わる出版社、印刷会社、編集者、著者、イラストレーター、批評家、図書館員などすべてを視野《しや》に入れて、解説しているのだ。

出版界についての記述が詳《くわ》しいのはいうまでもないが、出版部数、著者の印税率、子どもむけの雑誌の創刊、ペーパーバックの創刊、数多く誕生した出版社の盛衰《せいすい》などが具体的な数字とともに語られている。

しかし、なにより素晴らしいのは、こういった詳《しょう》細《さい》な情報をわかりやすく整理して、読みやすく、おもしろく並べているところだ。そしてその合間合間に、編集者や著者のユニークなエピソードをまじえてつなげていくところが、じつにうまい。（金原瑞人）

4章

言葉をまるごと味わう本

101　ファイン／キュート
素敵かわいい作品選

可愛い作品、つまみ食い！
贅沢《ぜいたく》気分に浸《ひた》れる一冊

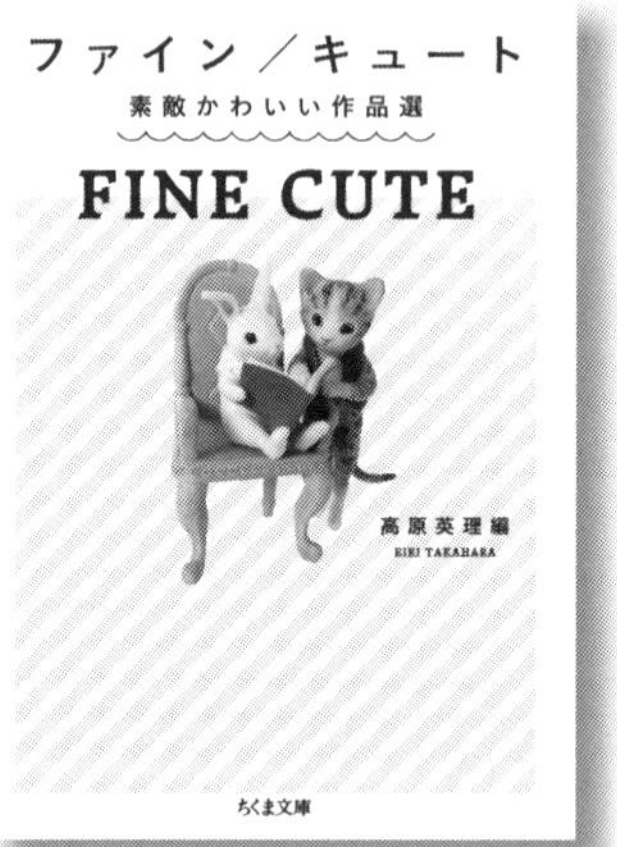

筑摩書房（ちくま文庫）
二〇一五年五月
定価：九〇〇円（税別）

高原英理《えいり》・編

可愛いだけじゃない、素敵さも伴《ともな》った作品を選りすぐったアンソロジー。犬たち猫たち、幼心、キュートなシニア、かわいげランド、といった様々な切り口で分類しています。100年以上前のスペインの詩人から新しい日本の小説まで、35編の作品を収録。

何か甘いものが食べたいんだけど……具体的には何が食べたいのかはっきりわからないなあといったような気持ちで、新しい本を探していたら、まずはこの一冊をおすすめします。

最初に胸をきゅんとさせてくれるのは、フワン・ラモン・ヒメーネス「プラテーロ」。〈プラテーロは小さくて、むくむく毛が生え、ふんわりしている。見たところあまりやわらかいので、からだ全体が綿でできている、骨なんかない、とさえ言えそうだ。〉という一文から始まるわずか十五行の見開きです。

プラテーロって何！　どんなに可愛《かわい》いの！　と期待が高まります。このお話は、本当は本一冊分ちゃんとある、長いものなのですが、編者が本当に可愛いところを抜粋《ばっすい》して、読ませてくれるのです。可愛いところのつまみ食いです。なんて贅沢なんでしょう。

プラテーロの余韻《よいん》のままページを捲《めく》ると、新美《にいみ》南吉《なんきち》「手袋《てぶくろ》を買いに」。みなさんも教科書で読んだことがあるのではないでしょうか。わたしも小さい頃に読んだはずだったのですが、改めて読むと、また違《ちが》った感動がありました。小さな子ギツネの小さなお手々を後に、つぎは工藤直子《くどうなおこ》「ちびへび」が続きます。こうして、次々とキュートかつショートな作品が連なっていくのです。中には小説だけでなく、エッセイであるとか、詩、短歌、俳句といった、いろんなジャンルが網羅《もうら》されているので、自分の好みのスタイルを見つけるのにもいいかもしれません。

わたしは最初から順番に読むことをおすすめしますが（順番で読むと輝《かがや》きが増すようにできている本だと思うからです）、気になる単語で拾い読みもいいかもしれません。中に入っている作家は「大人向き」の小説を書いている人もたくさんいますが、難しい本だけが大人向きでないこともよくわかると思います。

気になる作家がいたら、他の本も読んでみてください。わたしもこの本のおかげで、古くて新しい大好きな作家が見つかりました。

（名久井直子）

だれでも死にたくない
だから生きているんだ

ポプラ社
二〇一一年八月
定価：一三〇〇円（税別）

魚住《うおずみ》直子／植田真《まこと》・絵

飛ぶことをあきらめたチドリと、ぶかっこうなチドリの出会い。食べもしないのに生き物を殺すアオダイショウと、盲目《もうもく》の少女の出会い。飢《う》えたライオンと、肉を分けてくれる年取ったライオンの出会い。生きることをテーマにした短編集。

表題作の「クマのあたりまえ」は、子グマがオスグマの死体を見るところから始まる。子グマはにいちゃんに「死んだクマを見たの。うごかなくて、つめたくて、足がねじれてたよ」という。すると、にいちゃんは「だれでも死ぬんだぜ」。子グマはドン、と銃《じゅう》でうたれた気がした。「ぼくも死ぬの」。

子グマは必死になって死なないものをさがす。そして、石なら死なないと思って、石に、石になる方法をきく。石になるには、歌ってはいけないし、うごいてもいけないし……。石は、かゆくないし、はらをならさないし、ねないし……

さて、子グマはどうするんだろう?

「ショートカット」、この短編もいい。

山からおりてきて、ビル街に迷いこんでしまった子ザルが、スナックで働いているかあちゃんをさがす。そしてなんとか店をつきとめて、そこにいってみると、からだの毛がすっかり抜けて、にんげんとおなじようにつるつるになったかあちゃんが、男たちの相手をしていた。そして「ルミちゃーん」とか呼ばれている。かあちゃんはサル社会がつらくて、じぶんにはほかのサルとちがう何かがあると思って街に出てきたという。やがて、子ザルがまわりの人間に見つかって騒動になってしまい……。

困ったことがあると、アメンボから「池のおもて」をうすく、すくいとった「たま」をもらって、人生を切り開いていく女の子の話、「アメンボリース」も素敵だ。

この本は、よくある動物ものとちがって、かわいらしさを売りにしたりしていないし、押しつけがましい教訓もない。そのかわりに、そこはかとなく寂《さび》しい。しかし、どこかでほっとさせてくれる。

全七編のこの短編集、大人のための子どもの本だと思う。しかし、この本のよさが本当にわかるのは、もしかしたら中高生ではないか、とも思ってしまう。

（金原瑞人）

夜がやってくるまでのほんのひとときの時間、ひとさじの物語

福音館書店
二〇一〇年五月
定価：一四〇〇円（税別）

安《あ》房《わ》直子／MICAO・画

どこかうっすらとさみしい。あたたかいけれどかなしい。安房直子の描《えが》き出す物語はいっぷう変わった動物たちや人々が登場します。そしてみんなの心のひだにそっと寄り添うような話をしてくれるのです。

甘いものが大好きな人にとって、朝食にパンケーキ、昼食におぜんざい、おやつにチョコレートパフェ、夕食はケーキバイキング！　夢のようですが、これでお腹が満たされるでしょうか？　甘いものばかり食べていると、しょうゆのおせんべいなどが食べたくなったりしませんか？　そしてごはんに焼き魚やお味噌汁《みそしる》が自然と恋しくなるでしょう。甘いもののおいしさもごはんを食べた時の満足感も、どちらも心と体を作ってくれる人生の喜びなのですから！

悲しいことや苦しいことをひとつも経験せずに大人になった人がいたとします。その人は本当に幸せだといえるでしょうか？

安房直子さんの書く物語は明るく朗らかなものばかりでは決してありません。そこには人に言えない秘密や悲しみ、不思議な出来事やちょっと恐《おそ》ろしい経験や苦しみなども描かれているのです。『ひぐれのお客』もそんな一冊。たとえば、「白いおうむの森」という一編はこんなお話です。

ある日、みずえはいつものようにスダア宝石店に白いおうむを見に行きました。ところがいつもいるはずのおうむがいません。すると突然《とつぜん》お店の人に「あんたの飼いねこが大事なおうむを食べたんだ、おうむをかえしてくれ」と言われてしまいます。そんなはずはないと信じたいみずえ。けれどもその日からみずえの大好きなねこのミーもどこかに行ってしまったのか、姿が見えなくなってしまいます。必死にミーを探すうちに、不思議な世界へ迷い込んでいくみずえ。みずえは無事にミーとおうむを探し出すことができるのでしょうか……。

さみしさを知っているから人にやさしくなれる。悲しみを知っているから喜びを分かち合える。喜びも泣きそうになる失敗も、どれもがかけがえのないもの。私が私らしくあるための大切なものなのではないでしょうか。安房さんはそんなことを物語を通して私たちに語りかけてくれるのだと思うのです。ペーソスとあたたかさに包まれた物語が六編。どれも絶品ですよ。

（鈴木潤）

ミステリーの姿をした詩のような永遠の謎を秘めた作品集

東京創元社
二〇一三年十月
定価：一五〇〇円（税別）

深緑《ふかみどり》野《の》分《わき》

収録された5編のミステリーにはいずれも「少女」を巡《めぐ》る謎が描かれている。時代や国などの設定はさまざまだがいずれも傑作《けっさく》。残酷さと美しさ、論理と神秘、相反するかに見える要素が溶けあって唯一無二《ゆいいつむに》の世界を作り出している。

短編集『オーブランの少女』の表題作に描《えが》かれているのは、少女だけが集められた美しいサナトリウムで起こる惨劇《さんげき》である。彼女たちの一人一人が、そこでは花の名前を与えられている。

〈そうして時は過ぎ夏を迎《むか》える頃、荷物札のような手首のリボンの存在にある共通点があることに気づいた。ローズとミオゾティス、それこそ太陽と月のような双極《そうきょく》の美貌《びぼう》を持つふたりだけが高貴な紫《むらさき》色で、他は黄色か赤のリボンが多かった。はじめは病気の重さで分けているのかと思ったが、最も深刻な病状を抱《かか》えている小児癌《しょうにがん》のイリスと、命の危険がないわたしが同じ青色なので、その可能性は消えた。共通項はイリスもわたしも、おそらくサナトリウム内で一、二を争う、あまり愛らしい顔立ちではないということ、ただひとつ。個性的だが愛敬《あいきょう》のある顔立ちのミュゲは赤。その意味するところは……頭の隅《すみ》に黒い影が忍《しの》び寄《よ》る。もしこのリボンでの色分けが、少女の「質」によるとしたら〉

残酷《ざんこく》な想像の広がりに、どきどきしながら一つ一つの言葉を追ってゆく。けれど、リボンの色には全く違った、もっと怖《おそ》ろしい意味があった。

優れたミステリーには、説明できるとは思えないような謎《なぞ》が現実的な論理で鮮《あざ》やかに解かれる快感がある。だが、本作の場合、それで終わりにはならない。一つの謎が解かれることによって、世界とそこに存在する人間に関するさらに深い謎が生まれている。我々が生きているのはこんなにもとんでもない場所だったのか、という驚き。本を閉じた後も、底知れない生の深みにくらくらするような感覚が残る。

自分が惹《ひ》かれるミステリーはどれも皆、『オーブランの少女』と同様の構造をもっていることに改めて気づかされた。一つ目の謎が解かれても、二つ目の謎は永遠。だからこそ、ミステリーでありながら、何度も読み返すことができるのだ。このタイプの永遠の謎を秘めた作品が、私には「ミステリーの姿をした詩」のように思える。

（穂村弘）

詩情と優しさにあふれた青春群像劇の傑作

小学館（IKKI COMIX）
二〇一三年十一月
定価：六四八円（税別）

奥田亜紀子

「僕の望み」「窓辺のゆうれい」「運命のプロトコル」など6編からなる連作短編集。奥田亜紀子のデビュー作にして2015年7月時点での唯一《ゆいいつ》の単行本。「ぷらせぼくらぶ」というタイトルについて思いを馳《は》せるのもまた一興（プラシボとは偽《ぎ》薬《やく》のこと）。

ある中学校を舞台に、一話ごとに主人公が入れ替わっていく群像劇。中心となっているのは二年生のクラスにいる「岡ちゃん」こと岡綿《おかめん》子《こ》と、彼女の親友・田山《たやま》ユキのふたりを巡《めぐ》る物語だ。

岡ちゃんは周囲とうまく馴染《なじ》めない。まわりと自分を勝手に線引きしては、「あっち」を見下すばかりの日々。でも、「こっち」には優越感《ゆうえつかん》と劣《れっ》等感《とうかん》がゴチャゴチャに詰まっている。結局、今いる場所から動けない。恋をした田山に置いていかれる焦《あせ》りに戸惑《とまど》いながら、なんとか自分も変わろうとする。この作品の登場人物は全員似たもの同士だ。誰《だれ》もみな不器用で、クラスのセンターとは遠い場所にいる。

思春期特有のキリキリとした自意識を的確に捉《とら》えつつ、しかしこの作品の手ざわりがどこか柔《やわ》らかく、優しいのは、絵柄のかわいらしさによるところがまず大きい。周囲の人間は普通《ふつう》に描《えが》かれている中、なぜか岡ちゃんの体型だけ二頭身。意味がわからない。けどカワイイ。かと思えば、各話のクライマックスに突然《とつぜん》、息をのむような大胆《だいたん》で美しいイメージカットが現れる。夜空に跳躍《ちょうやく》するダンス、運命の歯車と水仙《すいせん》、茨《いばら》の蔓《つる》に囚《とら》われた姫……。こうした急激なシフトチェンジは漫画《まんが》表現の醍醐味《だいごみ》だが、本作ではこれを詩情と理解したほうがよりしっくりくる。要所にはさみ込まれるモノローグの美しさがその詩情に拍車《はくしゃ》をかける。

「あの日のかわいい光を／おおきくちいさく／交差しては離れる光の線を／繋げた一瞬を／嘘にする前に／私たちはまだ輝かない星です」

本作では〈光〉が実に多彩な画法で描かれている。紙の上で光をどう描くかに漫画家のセンスと力量が顕《あらわ》れるが、この作者のそれは驚《おどろ》くほど独創的であり、見事だ。

さもありなん、本作にとって〈光〉は希望の象《しょう》徴《ちょう》である。そして、なにげない日常の光を乱反射させて新しい輝きを生み出すプリズムが、詩情の役割なのだ。青春群像の新しき傑作《けっさく》。（古川耕）

惨《むご》い現実の中のかすかな光を描く
濃厚《のうこう》な異世界ファンタジー

新潮社（新潮文庫）
二〇一三年七月
定価：五九〇円（税別）

小野不由美《ふゆみ》

「十二国記」シリーズの外伝的短編集。『yom yom vol.6』(2008年3月)、『同vol.12』(2009年10月)に掲載《けいさい》された2編と書き下ろし2編を収録。王の非道や不在によって荒廃《こうはい》する世界で、苦しむ民の立場から一筋の希望を指し示す。

『月の影　影の海（上・下）』などの「十二国記」シリーズは、いまも進行中の古代中国風ファンタジーです。人も含《ふく》め生き物が木に実ったり、国の役人になると不死になったりという全く架空《かくう》の法則で成り立っているので、本編にあたる長編を一冊も読んだことのない人には、わかりにくい部分もあるかもしれません。しかし、緻密《ちみつ》に構築された異世界と、丁寧《ていねい》な人間描写のおかげで、読者はあっという間に「十二国記」の世界に連れて行かれると思います。

　表題作「丕緒《ひしょ》の鳥」は、王の悪政によって、師と仲間を理不尽《りふじん》に奪われた悲しみと、思いが伝わらないむなしさを抱《かか》えた丕緒の物語。「落照の獄《ごく》」では、司法の最高責任者瑛庚《えいこう》が極悪な殺人犯を「殺刑《しけい》」にすべきかどうか、悩みぬきます。交わされる言葉はそのまま現在の死刑《しけい》制度に関する議論として読めます。「青条《せいじょう》の蘭《らん》」は山毛欅《ぶな》に広がる奇病《きびょう》がやがて山を壊《こわ》し、山村の民《たみ》の暮らしを破壊《はかい》すると気づいた標仲《ひょうちゅう》たちが、それを食い止めようと何年も苦労を重ね、かすかな希望を手に入れる物語。「風信《ふうしん》」は、女の国外退去命令という理不尽な施策《しさく》で、目の前で母と妹を失い町ごと焼き払われた少女蓮花《れんか》が、暦《こよみ》を作る嘉慶《かけい》らとの暮らしの中で再生していく物語です。

　このシリーズは、全くの架空世界でありながら、現実世界の国や政治、人の生き方を考えさせます。

　今回の短編集は東日本大震災《だいしんさい》の後に出ているので、例えば「あの悪夢のような瞬間《しゅんかん》までの、穏《おだ》やかでなんの変哲《へんてつ》もない時間を、もっとよく見つめて噛《か》みしめておけばよかった」（「風信」）といった細部に、あの津波を思い起こしたりします。

　巡《めぐ》り来た春に帰ってきたツバメを見て涙《なみだ》を流してしまう母を描《えが》き（「同」）、「せめて希望だけは持っていてもらいたい」（「青条の蘭」）と書く作者は、やはりこれらの作品で、惨《むご》い現実の中に希望を生み出そうとしていると思うのです。現実と重ねて読んでもらいたい作品です。

（西山利佳）

107 ウェストール短編集
遠い日の呼び声

戦争の記憶《きおく》、古い屋敷《やしき》……時間をめぐる短編集

徳間書店
二〇一四年十一月
定価：一六〇〇円（税別）

ロバート・ウェストール
野沢佳織・訳

カーネギー賞作家で長編にも定評のあるウェストールの短編から18作を選び、『遠い日の呼び声』と『真夜中の電話』に9編ずつ収録。過去や時間をテーマにした本作は、少年のまっすぐな感情や葛藤、戦争の中にある狂気と人間らしさへの問いかけなど、作家の筆が冴《さ》えわたる。

ウェストールの本は、いつでも期待以上におもしろい。長編も短編も、いずれも甲乙《こうおつ》つけがたい。この短編集ももちろん絶品だ。思春期の男の子の心の機微《きび》のこまやかな描写《びょうしゃ》は秀逸《しゅういつ》で、作者が、たとえ老境になっても、子どもの未熟な若さをその痛みや喜びとともにきちんと記憶していることが分かる。

「じいちゃんの猫《ねこ》、スパルタン」は、読後感が抜《ばつ》群《ぐん》にいい。十八歳のティムの敬愛するじいちゃんは、車の事故で急死するが、そのあとも魂《たましい》として家に残り、孫に、じっくり成長していく時間を贈《おく》る。飼いネコだったスパルタンや、じいちゃんをよく知る近所の人たちそれぞれの中にじいちゃんの一部が生きて、ティムを励《はげ》ましてくれる。

「遠い夏、テニスコートで」は、青春期に味わった女の子と階級への複雑な思いを回顧《かいこ》する話である。アッパー・ミドルの学園のクイーンと、ロウワー・ミドルの平凡《へいぼん》な少年は、テニスを通じて互《たが》いにひかれあう。嫉妬《しっと》と階級差別に翻弄《ほんろう》され、誤解が誤解を生む中で、タフィンがコートのフェリシティに「ごめん。きみが好きだ！」と叫《さけ》べた事実が、初恋を甘酸《あまず》っぱい思い出に変えている。

日常のドラマの反面で、戦争もウェストールの大きなテーマのひとつである。「アドルフ」では、近所に住む老人をヒトラーと勘違《かんちが》いした少年により、町が狂気《きょうき》に駆《か》り立てられる。「空襲《くうしゅう》の夜に」では、酒に酔《よ》って溺《おぼ》れかけたドイツ兵を助けるべきかどうかで少年が葛藤《かっとう》する。

アンティークにインスピレーションを得た作品として、「赤い館の時計」には深い余韻《よいん》が残る。相容《い》れない父と息子、古物商の真心、没落《ぼつらく》した少佐の無念。いずれの感情も、みごとなマホガニーの時計の刻む時間の中に搦《から》めとられていく。

ハードボイルドな中にもあたたかみが醸《かも》し出され、読み始めたら止まらない。ところどころに登場するネコがまた、いい味を出している。

（鈴木宏枝）

どこがおかしいのかわからないのに 妙《みょう》におかしい、妙に切ない

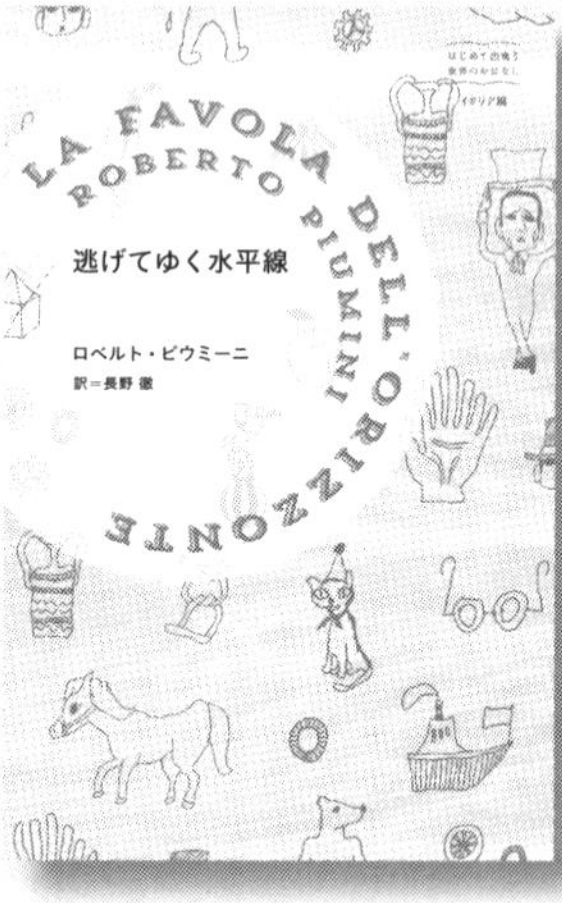

東宣出版
二〇一四年十二月
定価：一九〇〇円（税別）

ロベルト・ピウミーニ／長野徹・訳

イタリア発のナンセンスな短編集。突飛《とっぴ》、無茶、無理、無意味、ありえない……けど、楽しい、おもしろい、おかしい、切ない。ナンセンス（ばか話、たわ言）なのに、不思議と心に迫《せま》ってくるものもある奇妙《きみょう》な１冊。

ナンセンス物といえば、なんといってもイギリスだろう。『不思議の国のアリス』を書いたルイス・キャロル、『ナンセンスの絵本』を書いたエドワード・リアなど、イギリスのナンセンス作家は世界的に有名だ。日本でもいろんな人がいろんなふうに訳している。

しかしイタリアも負けていない。『木のぼり男爵《だんしゃく》』や『マルコヴァルドさんの四季』などで知られているイタロ・カルヴィーノも『レ・コスミコミケ』というSF風ナンセンスの傑作《けっさく》を書いているし、ジャンニ・ロダーリも『猫《ねこ》とともに去りぬ』なんて、底抜けにナンセンスな短編集を書いている。そしてもうひとり、忘れてならないのがロベルト・ピウミーニ。

この本にはこんな話が入っている。

●貴族たちの間で決闘《けっとう》が流行し、その半数が剣《けん》に刺《さ》し貫《つらぬ》かれて死んでしまったナバラ国を救った「編み物式決闘」とは？

●自分の足下さえろくに見えない近眼のくせに眼鏡《めがね》をかけようとしない男の両足が眼鏡をかけた、おいおい、どうなる？

●ザイルとハーケンとピッケルを持って、頂《いただき》を極《きわ》めようと巨大《きょだい》な氷山を登りはじめたホッキョクグマの運命。

●聴覚《ちょうかく》、触覚《しょっかく》、視覚、味覚、嗅覚《きゅうかく》の五人が世界を旅しているうちにリンゴに出会ったらどうなる？

●カーニヴァルの夜、驚《おどろ》くほど美しい人々から「きみに比べれば、ぼくなんか怪物《かいぶつ》も同然だ。さあ、きみの美しさをよく見せておくれ」といわれるほど美しい仮面の騎士《きし》は、自分の姿を見ようと思うが……

●追いかけても追いかけても、逃《に》げて逃げて絶えず遠ざかる、恥《は》ずかしがり屋の水平線は、昔は社交的だった？

ここにはナンセンスの魅力《みりょく》がぎゅうぎゅうに詰まっている。

（金原瑞人）

109 ジーヴズの事件簿《じけんぼ》 才智《さいち》縦横の巻

超《ちょう》天才執事とおマヌケご主人様が繰《く》り広げる、最高のコメディ

文藝春秋（文春文庫）
二〇一一年五月
定価：五五二円（税別）

P・G・ウッドハウス
岩永正勝、小山太一・編訳

お金持ちでまぬけな好青年のバーティと、変わり者の友人や親戚《しんせき》は、次々と珍妙《ちんみょう》なトラブルに巻きこまれる。事件を毎度颯爽《さっそう》と解決するのが、バーティの執事で、天才的頭脳のジーヴズだ。イギリスが世界に誇る、古典的ユーモア小説の傑作《けっさく》短編集。

舞《ぶ》台《たい》は、二十世紀前半のイギリス。主人公のバーティは、有閑《ゆうかん》階級の貴族である。クラブ、パーティー、スポーツなどで日々のんきに遊び暮らしていて、ロンドンのマンションでの独身生活の身の回りの世話係として、ジーヴズを雇《やと》っている。

ジーヴズの年齢《ねんれい》は不明だが、執事《しつじ》の一般的《いっぱんてき》なイメージの中高年より、だいぶ若く思われる。頭脳明晰《めいせき》、チョー有能、堅苦《かたくる》しい丁寧《ていねい》な態度、スマートな物腰《ものごし》。完璧《かんぺき》な朝の紅茶をいれ、強烈《きょうれつ》な二日酔《よ》いを治せるスペシャルドリンクを調合し、室内を浮遊《ふゆう》するように歩き、ご主人様のどんなトラブルもばっちり解決できる。誰《だれ》しも欲しくなるような万能の従者なのだが、あまりに優秀《ゆうしゅう》すぎて、バーティはまったく頭が上がらない。主従のくせに上下関係が逆転しているこの二人は、実は、相性抜群《ばつぐん》の名コンビである。

クラシックな好みのジーヴズが、奇抜《きばつ》なものを身につけたがるバーティとバトルになるのが、このシリーズの一つの読みどころだ。なにしろ、喧《けん》嘩《か》中、ジーヴズはバーティのトラブルの相談にのろうとせず、にっちもさっちもいかなくなってから参戦して事を納め、ご主人に愛用の品をすみやかに始末させるのだ。これは、ジーヴズものの多くの話で使われる黄金パターンだ。ジーヴズの嫌《いや》がり方とバーティのビビリ方が、いつも最高。

親友の恋愛《れんあい》奇人《きじん》ビンゴ、イタズラの天才の双子《ふたご》の従弟《いとこ》、世界最強のアガサ叔母さんなど、脇《わき》をかためる登場人物が、ものすごい。面白いを通り越した爆弾《ばくだん》級の破壊《はかい》力を持つ。彼らが巻き起こす事件は、どれもクソ馬鹿馬鹿しい。おバカすぎて、笑うしかない。笑ったあとは、気分がすっきりするし、不思議な安心感を覚える。人間なんて馬鹿でいいし、人生なんて馬鹿馬鹿しくてもいいと、へンに安心してしまうのだ。真に優れたユーモア小説には、ストレスをなぎ払い、魂《たましい》を浄化し、精神力もりもりにするミラクルパワーがある。

世紀を越えて読み継《つ》がれるコメディを、ぜひ！

（佐藤多佳子）

110 国境まで 10 マイル
コーラとアボカドの味がする九つの物語

ヒスパニック・アメリカンの若者たちの迷い多き青春

福音館書店
二〇〇九年三月
定価：一六〇〇円（税別）

デイヴィッド・ライス
ゆうきよしこ・訳／山口マオ・画

国境からわずか10マイル。アメリカでありながら、スペイン語やメキシコ文化があふれるテキサス州南部の地域に暮らす子どもたちの成長や喜《き》怒《ど》哀楽《あいらく》をとらえた、ユーモアあふれる短編集。周囲の大人もおおらかであたたかい。

アメリカ合衆国のテキサス州は、もとはメキシコの領土で、国境に近いリオ・グランデ・バレー地域は、特にヒスパニックの文化が色濃《こ》い。子どものパーティでは陶器《とうき》のくす玉のようなピニャタを割り、女の子が十五歳になるとキンセアニェーラという名前の盛大なお祝いをする。食事の定番はファヒータという肉料理や豆料理だ。カトリックが多いので、若者もきちんと教会に通い、ミサにあずかる。

「コーラ」(アメリカ)と「アボカド」(ヒスパニック)の間に暮らすことは、ある部分では、特別な心情を生む。「もうひとりの息子」のトミーは、住み込みの家政婦のカタリーナが自分たちのお古を持って毎週末にメキシコに帰ることを何とも思っていない。しかし、カタリーナの息子のお葬《そう》式《しき》で初めてその自宅を訪ねたとき、生活格差を目《ま》の当たりにすると同時に、メキシコにいる彼らの方が、アメリカにいる自分たちを近しく思い、祈《いの》ってくれていたことに気づき、心がゆさぶられる。

「アメリカのいとこ」は、カリフォルニアからやってきたいとこたちが、豊かではないリオ・グランデ・バレーをバカにすることに、怒り心頭に発したきょうだいの仕返しの話だ。本当は悪いことなのだけど、最後に重々しく発せられる「メタンガス」という言葉には、思わず爆笑《ばくしょう》してしまう。

異性に関心を持ち、将来への見通しに悩む若者たちの姿は万国共通でもある。「パパ・ラロ」では、少年のハリーが母方の祖父と心を通わせて、男らしさをみがく。「さあ、飛びなさい!」では、人生の岐路《きろ》にたつ少女ミラグロスの大学進学を、百歳を超えたマナおばさんが応援《おうえん》する。「燃えるサトウキビ畑」で、思いがけないアプローチを受けるロメロの経験は、まさに「燃える」思い出になるだろう。

軽やかに国境を行き来するダイナミズムの中に、ローカルな魅力《みりょく》と迷い多き普遍的《ふへんてき》な若者像の両方が織り込まれていて、いずれの九編も味わい深い。

(鈴木宏枝)

キュートでダーク かわいくて怖《こわ》い小説集

講談社
二〇一三年九月
定価：一三〇〇円（税別）

藤野可織《かおり》

奇想《きそう》と1編ごとのスタイルの独自性が鮮《あざ》やかに結びついた短編集である。『爪《つめ》と目』による芥川《あくたがわ》賞受賞後第1作として刊行されている。10編の収録作品のバラエティの豊かさ、完成度の高さに驚《おどろ》かされる。

奇《き》妙《みょう》な想像力に充《み》ちた短編集である。傑作揃《けっさくぞろ》いの収録作の中でも、特に素晴らしいのは「ピエタとトランジ」だ。ここには、女の子同士による二人だけの世界が描《えが》かれている。二人の少女のうちの一人「トランジ」は強力な疫病神《やくびょうがみ》で、彼女がその場にいるだけで周囲の人々がドミノ倒《だお》しのように次々に破壊《はかい》されてゆく、という設定だ。

A組の木下なずなは、演劇部で主役に抜擢《ばってき》され、嫉妬した先輩の太田美佳子がわざとライトを倒したら、髪に火が燃え移って死んだ。木下なずなとつきあってたうちのクラスの橋本諒は、太田美佳子のまだ小さい妹を誘拐《ゆうかい》したけど、殺そうとして殺せないでいるところに私とトランジが駆《か》けつけて説得、無事解放させた。

現実の世界では最も無力な少女という存在に、世界を破壊する超能力《ちょうのうりょく》が与《あた》えられることで、目眩《まばゆ》く異次元が拓《ひら》かれている。ポイントは、その力が「トランジ」自身にもコントロールできないことだ。そのせいで、愛する者さえも殺してしまうかもしれない。

一方、相棒の「ピエタ」は、次のように考えている。

私は最近、システマを習いに行っている。システマっていうのは、ロシアの実践的《じっせんてき》な格闘術《かくとうじゅつ》。（略）今じゃけっこう強くなったし、ふつうの女子高生よりは殺されにくいと思う。もっと強くなって、もっと殺されにくくならなくちゃ。私はできるだけ長くトランジといっしょにいたいから。

なんて凄《すさ》まじい愛の言葉なんだろう。この後に来るラストシーンは、そのまま最高のラブシーンになっている。二人きりの世界を生きる者たちの愛の表現として完璧《かんぺき》すぎて、心がとろけそうだ。

（穂村弘）

最初の舞踏会《ぶとうかい》
ホラー短編集3

不気味で、不思議で、奇妙な味の
フランス生まれの短編たち

岩波書店（岩波少年文庫）
二〇一四年十一月
定価：七二〇円（税別）

平岡敦・編訳

岩波少年文庫からシリーズで刊行されているホラー・アンソロジー。英米編の1、2に続くフランス編。ペロー、モーパッサン、ゾラ、アポリネールらの名編から現代のものまで、英米とはまた違《ちが》った味わいの15編。初訳2編の収録もうれしい。

フランスの古いものから現代のものまで十五の短編小説が集められている。

まずこの本のタイトルにもなっている「最初の舞踏会《ぶとうかい》」はこんな話。社交界に出てまもない娘《むすめ》は、自分のために開かれる舞踏会に出るのがいやで、動物園のハイエナにぐちをこぼした。この娘、ハイエナ語はしゃべれるし、相手のハイエナとも仲よしなのだ。するとハイエナは「うらやましいわ」という。そこで娘は代わりに舞踏会に出てもらうことにする。「変装して人ごみに紛《まぎ》れこめば、誰《だれ》も気づかないわよ」というのだが……！

ほかにも、結婚《けっこん》した相手の女を次々に殺していく男の話「青ひげ」（シャルル・ペロー）、閉めきった屋敷《やしき》のなかで、ざんばらの髪《かみ》を椅子《いす》の背にたらし、「髪を梳《す》いてください……この頭をみてください……ああ、苦しい」と訴《うった》える女の話「幽《ゆう》霊《れい》」（ギ・ド・モーパッサン）、壁《かべ》と一体化する能力を持つ友人の話「消えたオノレ・シュブラック」（ギヨーム・アポリネール）、分厚い壁のなかを移動する能力を持つ男の話「壁抜け男」（マルセル・エーメ）など有名なフランスの短編もある。「怪盗紳士《かいとうしんし》アルセーヌ・ルパン」のシリーズで有名なモーリス・ルブランの「怪事件」は、日本で初めての翻訳《ほんやく》。残酷《ざんこく》な殺人事件の話だが、最後のオチが楽しい。

なかでも、シュペルヴィエルの「沖の少女」がすばらしい。大西洋の沖合、水深六千メートルもある海溝《かいこう》のうえに、赤レンガの家の並ぶ小さな村がある。そこにはたったひとり、十二歳の少女が住んでいる。ほかの人間に一度も会ったことのない沖の少女を描《えが》いた、この作品は、ほかに似た作品を思いつかないほどユニークで、美しく、そこはかとなく怖《こわ》い。そして読み返すたびに、そのイメージが変わる、不思議な短編。

フランスの怖い話、奇妙《きみょう》な話、不思議な話、幻《げん》想的《そうてき》な話が素敵な形にまとまっている。

（金原瑞人）

現代社会をリアルに映し出す 鮮烈《せんれつ》な短歌たち

KADOKAWA（角川文庫）
二〇一四年六月
定価：五六〇円（税別）

穂村弘

本の情報誌『ダ・ヴィンチ』内の短歌公募欄《こうぼらん》「短歌ください」に寄せられた短歌作品に、鬼才《きさい》の歌人穂村弘がコメントをつけた実践的《じっせんてき》短歌入門書。今を生きる若者たちの心が生々しく反映された歌を見つめ、現代という時代を探る。

帰さないと言はれたことのない体埠頭の風にさらし写メ撮る　コーネル久美子

誰《だれ》からも求められたことのないことを「写メ」という現代的な素材を取り入れつつ描《えが》いたこの作品に対し、穂村は「さみしいといえばさみしいけど自由といえば限りなく自由」であると捉《とら》え、下の句に「突《つ》き抜《ぬ》けた自由さ」を感じ取る。この「自由」の感覚には、従来の短歌が描いてきた叙《じょ》情《じょう》とは質の異なる新しさがある。

台所座り込んでは頬寄せた泣いてくれるの冷たい器械　岩波庵

「台所」の「冷たい器械」といえば冷蔵庫だろう。これは「音」というテーマに寄せられた短歌。人間の耳に心地よいものとして創作された音楽ではなく、仕方なく漏《も》れでてしまう作動音を、心を慰《なぐさ》めてくれる音として捉えた点が、なんだか痛切である。

テクノロジーが進歩する社会の中で、生身の人間の感情がその隙間《すきま》で蠢《うごめ》く様が、短歌という伝統詩を通してダイレクトに伝わってくる。読者は表出された心に共感したり、反発したり、不思議に思ったり、恐《おそ》ろしいと思ったり、心を揺《ゆ》らすことだろう。

『ねむる』の『む』その字のふかさに気付くときあたしのあたまのうえにてのひら　りえ

残念と繰り返す祖母がいなくなり黙って捨ててしまう残念　虫武一俊

「あたしも」と必ず後から手を挙げる心のなかで、生きてたことも　小林晶

夕焼けに消えるあなたの中央線私のものにはならなかったね　森響子

どの歌にも、独自の「発見」がある。その切り口に感心しつつ、あとからじわじわと切なくなる。あとがきの「みんなの心のなかに、こんなにも凄《すご》い歌たちが眠《ねむ》っていたのか」という言葉に素直に頷《うなず》く。一冊読み通すと、むずむずし始めて、歌を詠《よ》まずにはいられなくなる。

（東直子）

笑う、熱狂《ねっきょう》する、沈黙《ちんもく》する……日本の短歌はついにここまできた！

短歌研究社
二〇一四年四月
定価：一八〇〇円（税別）

吉岡太朗

刺激的《しげきてき》で爆発《ばくはつ》的で戦闘《せんとう》的で好戦的で挑発《ちょうはつ》的でスラップスティックで、ちょっと下品でちょっとセンチメンタル。多種多様な試みが楽しく、これが短歌か?! と思わずうなる。まず１首。「南海にイルカのおよぐポスターをアンドロイドの警官が踏む」

最初の連作「六千万個の風鈴《ふうりん》」にはこんな歌が収められている。

さくらばな光子を帯びて剝き出しの配線を持つ
てのひらにふる

新しい世界にいない君のためつくる六千万個の
風鈴

ところが、次の「魚くじ」という連作は、がらっと趣向《しゅこう》も雰囲気《ふんいき》も変わる。

粉々の夜で散らかる道を掃く　魚の顔のお面の
ひとが

そのたびに泥がこぼれる　図書館の本の着ぐる
み剝いだらさかな

さらに「ローソン」では、

一葉のもみじが先にいろづいて葉の裏にうす青
くMade in LAWSON

最果ての席に案内されたのでドリンクバーに辿
り着けない

そうかと思うと「無常」や「ほら穴」では、石川県の言葉と関西弁の入りまじった歌が続く。

傘を打つたびに雨からあまおとが剝がれていつ
か死ぬ身をわしは

うすやみに息をかぞえているわしはわしからわ
しに架けわたす橋

「もしスーパーマーケットが戦場になったら」という連作に入ると、いきなりアナーキーな戦いが始まる。

攻め込んだゲリラ部隊と店員が特売のねぎでし
ばきあう午後

冷蔵庫に墓碑銘書いて墓にするくびからうえは
冷凍室に

日本の短歌はついにここまできた。なみのエンターテインメント小説を超えてスリリングになった。遠慮《えんりょ》会《え》釈《しゃく》もなく、恥《はじ》知らずになった。なにより若々しく、新しくなった。しかしこれまで歌い継《つ》がれてきた、つらさ、悲しみ、共感、感動が根底にあるところがうれしい。

（金原瑞人）

十代の説明不能の感情が理屈《りくつ》抜《ぬ》きに胸に刺《さ》さる

ビリケン出版
二〇一一年九月
定価：一六〇〇円（税別）

平岡あみ
宇野亜喜良《うのあきら》・絵／穂村弘・解説

歌人・平岡あみが12歳から16歳の間に詠《よ》んだ瑞々《みずみず》しく、時に鋭《するど》い痛みを伴《ともな》う短歌に、イラストレーター・宇野亜喜良が絵を寄せた、まるで宝石箱のような歌集。

「あみちゃん」。友達じゃないけど、そう呼びかけたくなる女の子。二〇〇九年に出版された詩集『ａｍｉ《アミ》』（ビリケン出版）を読んで、瞬《またた》く間にあみちゃんの言葉の虜《とりこ》になってしまった。その後に出された『ともだちは実はひとりだけなんです』は、一語一語、あみちゃんがつぶやくように発した言葉が、そのまま大事におさめられている宝箱のような歌集だ。

　家にお父さんがいなくて、会うのはたまにおこづかいをもらう時くらい。お母さんとの近すぎる距離《きょり》。初めての彼氏。友達や、自分をめぐる日々のあれこれ。どこか冷《さ》めた目線で、一定の距離を持って周りを見ているあみちゃん。でも決して冷たいわけではなく、時には大人のような寛容《かんよう》さで両親を気遣《きづか》う。思春期特有の、なんて安っぽい言い方にはしたくない。しんとさみしくて硬質《こうしつ》な美しさ。取り巻く環境《かんきょう》は違《ちが》うけど、ちょっとずつ、自分があの頃持っていた感情だ。

　この本に彩《いろど》りを添《そ》える大人の男の人たちがまたとても素敵だ。宇野亜喜良さんはまるでミューズのようにあみちゃんを描《えが》いている。彼女の感情の全てがとても神々《こうごう》しく表現され、一瞬《いっしゅん》のきらめきのはかなさが伝わってくる。穂村弘さんの解説は彼女の言葉を更《さら》に痛感させてくれる。短歌から受け取ったうまく形にできない感情をきちんとした言葉で示してくれる。すとんと落ちる感じが心地いい。

「あみちゃん」。呼びかけたらどんな顔をするだろう。想像すると、昔々の自分がまっすぐこちらを見ている気がする。

ともだちは実はひとりだけなんです認めるまで
に勇気が必要

わかってほしい信じてほしいと思うのはわたし
に節度があるということ

しあわせが崩れることがこわいけどまたやりな
おせばいいってことか

十代の時に出会えていれば！

ヤングアダルトという説明の難しい年代の感情がすべて凝縮《ぎょうしゅく》されたような一冊だ。

（兼森理恵）

先生だって一人の人間！
短歌とエッセイで綴《つづ》った奮闘記《ふんとうき》

亜紀書房
二〇一〇年九月
定価：一五〇〇円（税別）

千葉聡《さとし》

文筆家を夢見ながら中学校の教師となった「ちばさと」先生は、生徒と友達のように仲良くなりたいと願うが、早速「キモい」などの暴言の洗礼を受ける。しかし日々真摯《しんし》に生徒と向き合ううちに信頼関係を築き、クラスは明るく活発になっていく。

中学生のとき、学校の「先生」は、「先生」という立場の大人でしかなかった。なんとなく生まれたときから先生だったような感じで見ていて、その内面に考えが及《およ》んだことはなかった。

大人になって、毎日学校へ朝早くから来て、プリントを配ったりテストの採点をしたり、行事の手配をしたりなど、忙《いそが》しいんだろうなあ、と思うことはあったが、やはりまだその内面を慮《おもんばか》ることはなかった。

そんな想像力のない私の頭をガツンとこの本は殴《なぐ》ってくれた。とても気持ちのよい音を立てて。

千葉聡、略して「ちばさと」は、生徒に自ら申し出たあだな。しかし「ちばさと、キモい」というセリフが連日投げつけられ、ついに辞職を決意する。そりゃあそうなるよね、と同情したが、ちばさと先生は、ある日開き直って生徒にこう言うのである。

《キモくても、いいんです。キモいのが仕事なんです》

プライドを一度ぺしゃんこにしたあとに芽生えた透明《とうめい》な心が言わせた言葉だと思う。多感な中学生同士が毎日肩を並べる校内は、いろんなことが起こる。それを象徴的《しょうちょうてき》に描《えが》いた短歌がある。

トイレにはトイレの匂いその中にさっき泣いてた誰かの匂い

人前で涙を見せたくなくて、トイレで泣くこともある。でもそのトイレの涙の中に、先生のものも含まれているに違《ちが》いないということが、リアルに迫ってきた。疲れ切った状態で飲んだお茶のことを「蛍光灯《けいこうとう》の光が眼にまぶしく、お茶はどんなときでもお茶の味がする」という一言が、胸に沁《し》みた。

温かな眼差《まなざ》しで一人一人の魅力《みりょく》を見つけ出し、一日の中の面白かったり、素敵だったりするエピソードを学級日誌に書きとめる。ときにその一瞬《いっしゅん》は、短歌という一行の詩の中に閉じこめられた。

「白い海みたいな空が見えました」一行だけの学級日誌

（東直子）

今を生きる我々の胸を照らす一行の光のような言葉

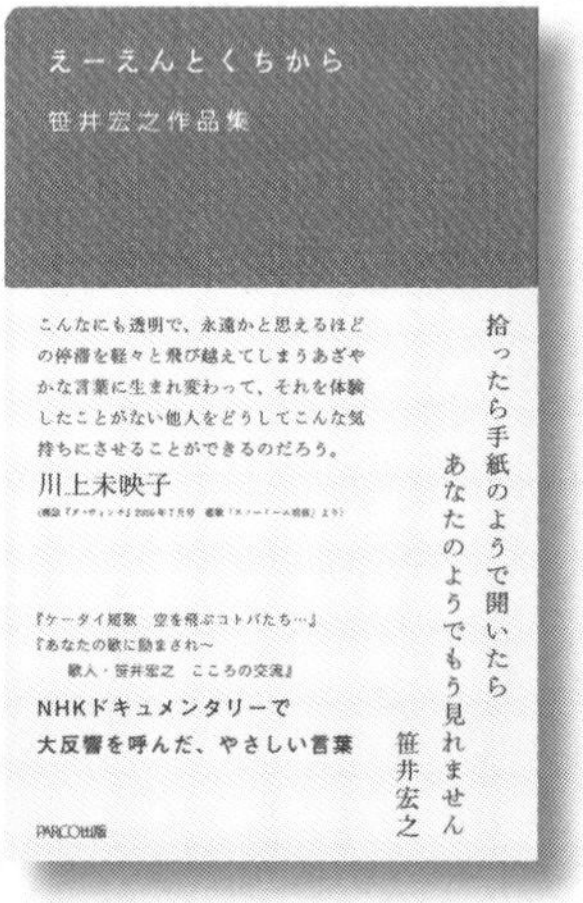
えーえんとくちから
笹井宏之作品集
拾ったら手紙のようで開いたら
あなたのようでもう見れません
笹井宏之
こんなにも透明で、永遠かと思えるほどの停滞を軽々と飛び越えてしまうあざやかな言葉に生まれ変わって、それを体験したことがない他人をどうしてこんな気持ちにさせることができるのだろう。
川上未映子
『ケータイ短歌　空を飛ぶコトバたち…』
『あなたの歌に励まされ～
歌人・笹井宏之　こころの交流』
NHKドキュメンタリーで
大反響を呼んだ、やさしい言葉
PARCO出版

パルコ出版
二〇一〇年十二月
定価：一六〇〇円（税別）

笹井宏之

2009年に26歳で亡くなった笹井宏之の短歌作品集。その歌は絶望の中から生まれた優しさ、柔《やわ》らかさ、眩しさに溢《あふ》れている。奥付《おくづけ》の日付は、作者の死からちょうど2年後の2011年1月24日になっている。

『えーえんとくちから』は短歌を中心とした作品集である。作者の笹井宏之は、二〇〇九年の一月二十四日に病《やまい》のために急逝《きゅうせい》した。二十六歳だった。もともと体の強い方ではなく、長い間、自宅での療養《りょうよう》生活を送っていたらしい。

えーえんとくちからえーえんとくちから永遠解く力を下さい

「えーえんとくちから」ってなんだろう。「エーエンと口から」声を出して、子供が泣いているのかなあ。そう思いながら読んでゆくと、最後に意味が反転したかのように「永遠解く力」が現れて、はっとさせられる。「永遠解く力を下さい」、ここには、自らの病や苦しみを直接語ることのなかった作者の、ぎりぎりの願いが籠《こ》められているようだ。

くちびるのふるえはたぶん宝石をくわえて旅をしていたからだ

「宝石」をくわえた旅人というイメージに惹《ひ》かれる。笹井宏之の言葉の中には、孤独《こどく》の深さ、そして絶望の純度の高さがある。だからこそ、それが反転した時の優しさや眩《まぶ》しさは比類無《ひるいな》い。そこには一粒の「宝石」のような希望があった。

拾ったら手紙のようで開いたらあなたのようでもう見れません

「手紙」「あなた」もまた希望の別名だろう。「もう見れません」からは諦《あきら》めではなく、世界に触《ふ》れる眩しさが伝わってくる。闇《やみ》を反転させる言葉の魔法《まほう》によって生まれた作品は、まるで一行の光のようだ。それは彼を失った世界の今を生きている我々の胸を静かに照らし続けている。

本書の巻末近くには、自らの運命を予感したかのような一首が置かれている。

眠ったままゆきますね　冬、いくばくかの小麦を麻のふくろにつめて

（穂村弘）

愛らしくて、大胆《だいたん》で
やがてほんのり怖《こわ》くなる

短歌研究社
二〇一一年四月
定価：一七〇〇円（税別）

雪舟《ゆきふね》えま

自在なイメージで、この世界を愛情深く描いた短歌。今までに見てきた風景や、出会った人々の記《き》憶《おく》が刷新《さつしん》され、やがて今抱《かか》えている心も新しくなる。この世界がどんなに素晴らしいかを伝えるために書かれた言葉たちにあふれた歌集。

目がさめるだけでうれしい　人間がつくったものでは空港がすき

空港を「人間がつくったもの」の一つとして捉《とら》える。当たり前のことなのだが、今までそんなに大きなカテゴリーで捉えることはなかった。スケールの大きさと切り口の自在さに、何度も圧倒《あっとう》された。

わたしの自転車だけ倒れてるのに似てたあなたを抱き起こす海のそこ

逢えばくるうこころ逢わなければくるうこころ愛に友だちはいない

やっと二人座れるだけの点のような家を想うと興奮するの

恋愛感情がもたらす世界は、二人きりでいることの究極の激しさと孤独感《こどくかん》の両面がある。いずれも、雑多な街の片隅《かたすみ》で、言葉も交わさず体を密着させている二人の姿が浮《う》かんでくる。

二人でいて、うれしい。二人でいて、さみしい。二人でいて、楽しくて、苦しい。二人でいることで、生きていて、死んでいる。いろいろな混乱を覚えつつもそれは、たしかに純粋で透明《とうめい》な魂《たましい》が重なりあって生まれた言葉だと思う。

ホットケーキ持たせて夫を送りだすホットケーキは涙が拭ける

この歌は「吹《ふ》けばとぶもの」という連作の中の一首で、なかなか職を得ることのできない夫を送り出すときの歌である。哀しみのにじむユーモアとともに、おおらかな愛情に包まれる。

とりこんだ布団のうえに寝《ね》てしまう　父母《ちちはは》わたしから生まれなよ

自分の中から生まれた母性に自分自身を、そして自分を産んだ命をも包み込もうとしている。底なしの愛は、やすらかであたたかな彼岸《ひがん》へとなだらかにつながっているようである。

寝顔みているとふしぎに音がない。来たくて来た場所はいつも静か

（東直子）

白い乳房《ちぶさ》 黒い乳房

地球をむすぶ 72 のラブ・メッセージ

世界は愛にあふれているのか
それとも、愛に飢《う》えているのか

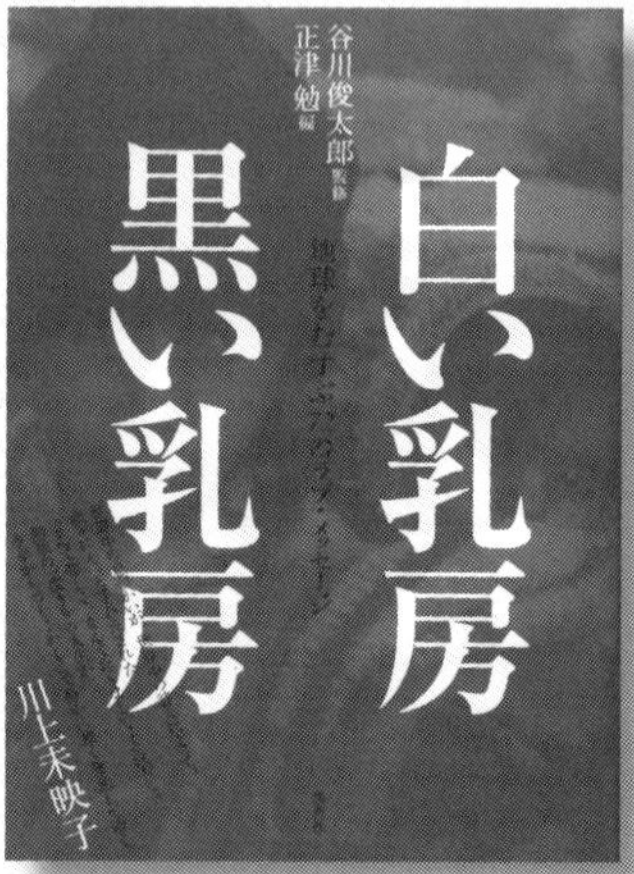

ホーム社
二〇〇九年四月
定価：一九〇〇円（税別）

谷川俊太郎・監修／正津勉《しょうづべん》・編

「第２次世界大戦後から今日現在までの」新しい詩、それも欧米だけでなく「アジア、中近東、アフリカ、中南米」までふくめた詩、それも「愛の詩」を１冊にまとめた詩集。ただ甘く美しいだけの詩はない。どれも鋭《するど》く険しい。が、やさしい。

「I章」にはこんな題名の詩が並んでいる。「愛しあわなければならない理由」「君がそばにいても、僕は君が恋しい」『恋人よ、さあ行こう』『平凡《へいぼん》な恋人の歌』『不安な恋』『やさしさの博物館』。

「II章」にはこんな人々の詩が並んでいる。モムチロ・ナスタシエヴィッチ（ゴルニ・ミラノヴァッツに生まれ、ベオグラードに死す）、ハイリル・アンワル（スマトラ島東北部のメダンに生まれ、ジャカルタに死す）。

「V章」に載っている扶桑《フーサン》（一九七一年中国河南省生まれ）の「霜《しも》」という詩の一部を引用しよう。

わたしのうしろでその小さなボタンをはずす
あなたの手がわたしの乳房を　握りしめる
まるで従順な二羽の鳩があなたの手にとまったかのよう
静かな屋根に　うすゆきのような霜……

最後の「XIV章」に載っているデサンカ・マクシモヴィッチ（セルビアを代表する女流詩人）の「血まみれの童話」という詩はこんな連で終わる。

少年たちは列をくみ
手をつなぎ
そしてさいごの授業から
処刑場へしずかに向かった
死など何でもないかのように
仲間たちは列をくみ
同じ時を昇っていった
とこしへのすみかへ

人は生まれ、出会い、愛しあい、別れ、死んでいく。その愛と死の恐《おそ》ろしさ、悲しさ、寂《さび》しさ、いとおしさ、素晴らしさで、この詩集ははちきれんばかりだ。

（金原瑞人）

日常の裂け目がするするとほどけていく

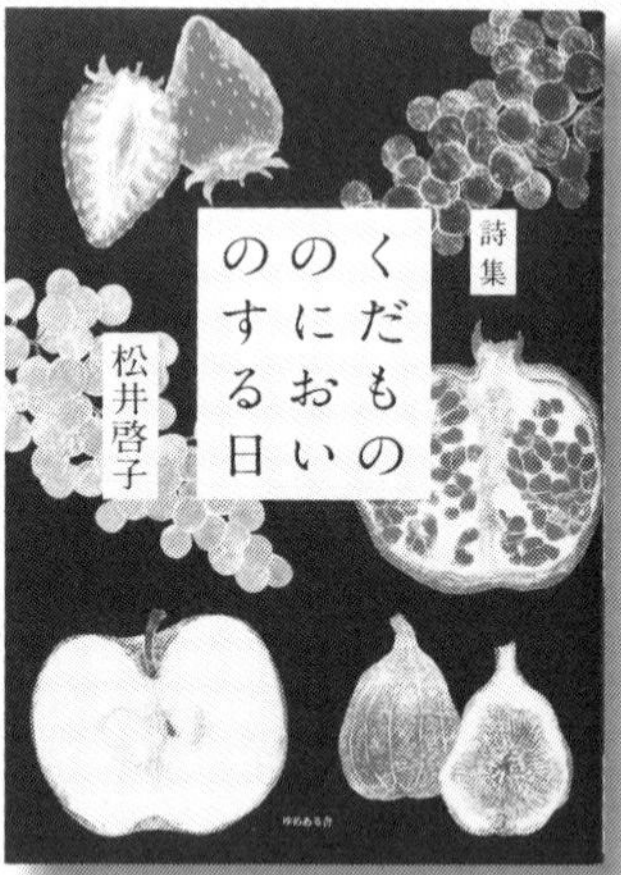

ゆめある舎
二〇一五年一月
定価：二四〇〇円（税別）

松井啓子

『のどを猫《ねこ》でいっぱいにして』（思潮社）などで知られる詩人の処女詩集（1980年・駒込書房刊）を新装復刊したもの。時代を感じさせないみずみずしい22編の詩で編まれ、カラー版画が彩《いろど》りを添えている。

詩集を手にするというのは、本を読むのとちょっと違《ちが》う。

ぱらぱらとページをめくり、目にとまった言葉を追っていくと、それは、いまここではないどこかに連なって、宙ぶらりんのような寄《よ》る辺《べ》ない気持ちになる。すると、さっきまで背負っていた重しがするするとほどけていき、ほうっと息がつけるような気がするのだ。だから、家にはいく冊かの詩集が常備してある。アンソロジーの気分のときもあれば、一人の詩人にとっぷりとつかりたいときもある。ただ手にして美しい造本をめでたいときもある。そしていつでも、詩集は小さく息をひそめて、手にとられるのを待っている。

黒地に果物のイラストが香《かぐわ》しい本書のなかで、たまらなく惹《ひ》かれるのはこの一編だ。

ひとりでごはんを食べていると／うしろで何か落ちるでしょ／ふりむくと／また何か落ちるでしょ／

と、始まる「うしろで　何か」という詩は、「何か」が落ちるだけではなく、自分の膝《ひざ》や肩《かた》まで落ちて、なんだかするっとぬけるのだ。「何か」ってなに？　と思う日は、その「何か」についてゆるゆると思いめぐらす。うしろでは何か落ちてるでしょう、ぜったい、と思う日は、何度もすこしくせのある古風な書体をながめつつ、その感覚を舐《な》めるように楽しむ。

松井啓子の詩は、普段《ふだん》のなにげない日常を舞台《ぶたい》にしながらも、いつのまにか違うところに迷い込んでいることが多い。ふとした裂《さ》け目が〝毎日〟にはあるのだ。それに気づかず、ふつうはせき立てられるように暮らしている。ちょっとした歩《ほ》幅《はば》、歩く速度、まわりを見渡《みわた》す角度、ふりむく頻《ひん》度《ど》が変われば、現れるかもしれないもう一つの世界。それを詩人は、ふくよかな言葉で見せてくれる。それはこわい？　こわくない？

箱を育てる女、ねむりねことねむるあなた、夜あそぶ母子、毎夜花嫁《はなよめ》になるわたし、いろんな人やものが出てくる。読んでいると「それはあたし、あたし」と聞こえてくるような気がする。

（ほそえさちよ）

一首の短歌から広がる美しくて妖《あや》しい物語世界

KADOKAWA
二〇一二年八月
定価：一六〇〇円（税別）

佐藤弓生《ゆみお》

古今東西の名歌から、ひんやりとした手触《てざわ》りのある百の小さな物語が紡《つむ》ぎ出された。１首の中にこめられた瞬間《しゅんかん》が溶《と》け出し、異次元の世界で生き生きと躍動《やくどう》する。そんな物語たちは、少し怖くて、とても妖艶《ようえん》で、ひたひたとうれしい。

人には、怖《こわ》いもの見たさ、という不思議な欲望がある。恐怖は、普通《ふつう》に考えるとネガティブな感情でしかない。しかし、ホラー映画や小説を、身銭《みぜに》を切ってでも見たり読んだりする人がいる。私も、怖がりなのに、それらが好きだったりする。架空《かくう》の恐怖《きょうふ》を取り込むことには、現実の恐怖を乗り越えるためのワクチンのような働きがあるのではないかと思う。

この本は、百本の細くてやさしい針が、恐怖に備えるためのワクチンを溜《た》めて待ちかまえている、ともいえるだろう。

物語を誘《いざな》う短歌は、最初から恐怖を目的として作られたものではない。短歌が内包《ないほう》する怖さを著者が掬《すく》い出し、物語としてあらたに独自の世界をふくらませたのである。例えば、こんな歌。

「潮騒」のページナンバーいずれかが我の死の年あらわしており　大滝和子

一冊の本のページ数と享年《きょうねん》という数字を重ねて考えるその発想に驚《おどろ》いた。作者の三島由紀夫《みしまゆきお》もこんなふうに表現されるとは夢にも思わなかったことだろう。この歌の世界は、『百物語』の中で図書館の中にある分厚い本へと移行する。その本には、誰《だれ》がつけたかわからない折り目がついていた。戻しても、戻しても、新たな折り目がついてしまう。運命の時を示すように……。

もしかしたら思い過ごしかもしれない、思い過ごしではないかもしれない。そんな目には見えず、しかし確かに存在する「気配」に鳥肌《とりはだ》を立てつつも、『百物語』の物語たちは、なぜかずっとそこにいたくなるような安心感がある。

歌からこぼれ出て、物語の中で存在を際《きわ》だたせる主人公たちは、生と死のはざまの一瞬《いっしゅん》の輝《かがや》きを見せる。そこに出てくる、人や人ならざる者、植物、動物、無機物にいたるまで、それらを好ましいと思う気持ちや愛情が包んでいる。

おしいれに小さなひとがいるときは少しよぶんに鼻歌うたう　佐藤弓生

（東直子）

水にまつわる作品世界に心地よくひたる

澪標
二〇一五年五月
定価：一五〇〇円（税別）

高階杞一《たかしなきいち》

『キリンの洗濯』でH氏賞を受賞した高階杞一の第15詩集。この人の詩は、どこかさびしい。雨のホームから見る「二本のレールが／取り消し線のように／のびている」。しかし、「雨の降りしきったあと／たとえば／空に　うかぶ／あの／白い雲のようなものに」なれる気が、ふとする。

この詩集の前半には不思議な味わいの詩が詰まっている。とくに、自分がほかのものになっていく詩がおもしろい。

たとえば「金魚の夢」。

「夜店の／金魚すくいのあとで／金魚になった／なってみれば／それほどたのしいこともない／みずのなかで／おちてくるえさをまつ」そのうち、「じぶんがなんなのか／すこしずつわからなくなっていく」。

たとえば「雨になる」。

「午後から／雨になる／お昼を食べて／食べ終わった食器の前で／ぼんやりと／外　を見ていると／何とはなしに／上の方から曇りだしてきて／腕や／手や／足の各地で／雨になる」。

たとえば「夕暮れ」。

「とうとう／手だけになってしまった／少しずつ／上や下からすりへっていき／とうとう／こんなにもしわくちゃな右の手だけに／なってしまった」。

その他、「角を曲がると／お侍《さむらい》さんになる」詩もあれば、「ついに／河童《かっぱ》になった」詩もある。

金魚や、雨や、手や、お侍や、河童になった自分がどうなるのか、それはこの詩集を読んでみないとわからない。それに、読んでも納得するかどうかは保証できない。やっぱり、この詩人は変な人だなあと思うかもしれない。だけど、読み終えたあと、きっと、この詩集がいとおしくなるはずだ。この詩人ならではの突飛《とっぴ》な発想とイメージが、読む人の心を快くゆさぶってくれる。

最後にひとつ、自分が伝わっていく詩を。

「投げた石が／水に落ちて／波紋が広がっていく／石はとっくに水の底に消えたのに／石の声は／遠くへ／遠くへ伝わっていく／／わたしの／ここにこうしてあったことも／そんなふうに伝わっていくのでしょうか／いつか／誰かの岸辺に／小さな波紋となって」。

この詩集が気に入ったら、ぜひこの著者の『キリンの洗濯《せんたく》』や『早く家へ帰りたい』も読んでみてほしい。

（金原瑞人）

リアルタイムで書かれた三六五日の短歌の日記

ふらんす堂
二〇一〇年十二月
定価：二〇〇〇円（税別）

東《ひがし》直子

2007年の1月1日から12月31日までの間に書かれた短歌日記である。1頁《ページ》ごとに日付と短いコメント、それに短歌が記されていて、見比べながら読むといっそう面白い。短歌とコメントと季節の化学反応が楽しめる。

東直子の短歌集である。「あとがき」には「その日のエピソードでその日のうちに短文を書き、短歌をつくり、日付が変わる前に山岡喜美子さん（註・編集者）にメールで送信しました」と記されている。まさにリアルタイムで書かれた短歌の日記だ。

11／14
あたたかいお茶がおいしい。
お茶が甘い、と感じられるようになったのは、いつからだろう。

南部鉄に湯をたぎらせる祖母の産んだ人の産んだ私は産んだ

「南部鉄」に「湯」をたぎらせて、お茶でも淹《い》れようとしているのだろうか。だが、そこからの展開に驚《おどろ》かされる。「祖母の産んだ人の産んだ私は産んだ」、これだけの言葉の中で「祖母」からその孫である「私」の子供つまり曾孫《ひまご》まで四代にわたる時間が、早回しのように一気に流れてしまった。その一方で、今ここという現実の時間においては、まだお茶を飲み終えてもいないいんじゃないか。

8／23
淋《さび》しい場所は少し怖《こわ》く、賑《にぎ》やかな場所は、とても怖い。どこでも生きていけるような気はするのだけれど。

冷蔵庫にトマト一つが黒くなりダメになったねえとつぶやく

じっと見ているうちに、「冷蔵庫」の「トマト」が、いろいろなモノに置き換えられるように思えてくる。例えば、「胸の中に思い出一つが黒くなりダメになったねえとつぶやく」とか「原発に原子炉《げんしろ》一つが黒くなりダメになったねえとつぶやく」とか。

（穂村弘）

はるか遠くへ連れていってくれる
キラキラ五七五七七！

小学館（小学館文庫）
二〇一四年二月
定価：七六二円（税別）

穂村弘

手紙魔「まみ」、妹の「ゆゆ」そしてウサギの不思議なトリオの、詩的で自由な生活。まみとゆゆを巡《めぐ》る恋人や友達や隣人《りんじん》……そして切なくふるえるまみの心、愛、祈《いの》り。「ほむほむ」に送られたたくさんの手紙から生まれた短歌たち。

この本を初めて読んだとき、なんて、なんて可愛《かわい》い短歌たちなんだ！　と驚嘆《きょうたん》しました。説明が難しいので引用します。

目覚めたら息まっしろで、これはもう、ほんかくてきよ、ほんかくてき

「妹のゆゆ、カーテンのキャロライン、なべつかみの久保、どうぞよろしく」

左から、宇宙スカート、プリンスカート、色盲検査スカート、まみ作

ハロー　夜。ハロー　静かな霜柱。ハロー　カップヌードルの海老たち。

引っ越してきた「まみ」とその妹「ゆゆ」そしてウサギの生活が、「ほむほむ」への手紙の形、さらに短歌という形をとってキラキラと広がります。

学校の国語の時間に、こんな短歌を一首書いたら、先生に「もっとまじめに書きなさい」と言われそうな短歌かもしれないけれど、まみの世界が、心が、苦しいほどに目の前に広がります。

一般的《いっぱんてき》に歌集というものは、その歌人が日常や、想像で感じたことを一首に込めて、それがたくさん入っている、という形式が多いのですが、この歌集は、本一冊を通して、架空《かくう》（？）の人物「まみ」のいる世界を立ち上げている、とても珍《めずら》しい形になっています。

水準器。あの中に入れられる水はすごいね、水の運命として

手紙かいてすごくよかったね。ほむがいない世界でなくて。まみよかったですね

のぞきこむだけで誰もが引き返すまみの心のみずうみのこと

神様、いま、パチンて、まみを終わらせて（兎の黒目に映っています）

読み終えて、「まみ」の世界が自分にもちょっとだけ移ってきたとき、大きな世界と、小さな小さな世界の、両方があることに胸がいっぱいになって、いろんなことが愛おしくなりました。

そしてたぶんきっと、自分でも短歌を書いてみたくなると思います。

（名久井直子）

大正生まれの歌人が描く瑞々《みずみず》しさと哀《かな》しみ

六花書林
二〇一〇年四月
定価：二〇〇〇円（税別）

杉﨑恒夫《つねお》

青空と海と星、花と昆虫、パンと果物と指先、庭や食卓や街の風景など、身の回りをとりまく愛すべき素材から、新たな世界が生成される、新鮮《しんせん》な歌集。少年のような心で生と死を誠実に見つめ続けた作品は圧巻。

北冥の天のさびしさ麒麟座の頸は北極星までとどく

音荒く雨ふる夜明け胸という一まいの野を展げていたり

砂時計のあれは砂ではありません無数の0がこぼれているのよ

一九一九年生まれの杉崎さんは、終戦後より一九八四年まで東京天文台（現・国立天文台）に勤務していた。その間、都会の喧騒《けんそう》を離《はな》れた武蔵野の森に、家族と暮らしていた。その環境《かんきょう》は、無垢《むく》でうつくしい作品世界の形成に大きく影響《えいきょう》しているのではないかと思う。

六十歳を過ぎてから本格的に短歌の創作と発表をはじめ、一九八四年から歌人集団「かばん」に所属し、二十代の若者に交じって、清新な作品を毎月欠かさず発表しつづけた。その作品には、若者から年配者まで、幅広《はばひろ》いファンがいた。

本書は、一九八七年に刊行された第一歌集『食卓の音楽』に続く第二歌集である。杉崎さんが、二〇〇八年四月に九十歳で亡くなられたあと、所属誌の「かばん」の有志によって編纂《へんさん》された。

卵立てと卵の息が合っているしあわせってそんなものかも知れない

「そんなものかも知れない」という軽い定義は、人生への深い真理へとつながる。

バゲットの長いふくろに描かれしエッフェル塔を真っ直ぐに抱く

背筋を伸ばして生きようとする決意が伝わる、さわやかな歌である。あらゆるものの存在意義を問うための象徴《しょうちょう》として、バゲットの袋に描《えが》かれた「エッフェル塔」はあるのだ。

バレリーナみたいに脚をからませてガガンボのこんな軽い死にかた

死を直接扱《あつか》った歌だが、よい意味での冷静な軽やかさがある。どんな場面を描いても上品なユーモアを忘れない一行の詩から、生と死に関わる思想がやわらかく立ち上がってくる。

（東直子）

とれたて！YA本

1944-1945年 少女たちの学級日誌

瀬田国民学校五年智《ち》組《ぐみ》

吉村文成・解説

偕成社
二〇一五年八月
定価：四五〇〇円（税別）

戦時下に綴られた
貴重な絵日誌
そこには今と同じように
子どもがいる

この本は、物語でも、ノンフィクションでも、歴史書でもありません。一九四四年四月から一年間、小学五年生たちが綴《つづ》った学級日誌です。七十年前の子どもたちがどんなことを考え、どんな学校生活を送っていたかがとてもリアルに伝わってくるだけでも、充分おもしろい。じいちゃん、ばあちゃんの子どもの頃が想像できるのですから。

七十年前ですから戦時中の子どもたちの暮らしぶりがわかります。これもおもしろい。遠足、学芸会、運動会。今と変わらない行事もありますが、疎開《そかい》してきた子どもとの交流や、なぎなたの稽古《けいこ》など、戦時下らしいエピソードもあります。

そして、「私たちは決戦下の少国民《しょうこくみん》として、一生けんめいに勉強してお国のためにつくします」「神風特攻隊《かみかぜとっこうたい》にまけぬよう、さむくてもつめたくても、がんばりぬこう」「にくい米英《べいえい》をやっつけましょうね」「私たちも（中略）、米英本土へ、体当たりに行きましょう」と言った言葉がたくさん書かれています。子どもが、そう思い込んでしまう状況《じょうきょう》が、戦争です。

（ひこ・田中）

5章

現実を見つめる本

「君が進むべき」方向への最初の道しるべになる一冊

幻冬舎
二〇一〇年三月
定価：二六〇〇円（税別）

村上龍／はまのゆか・絵

中学生にとって大切なことは、好奇心《こうきしん》を失わず、その対象となるものを探すことだ。いま、何に興味を持っているかで、将来の職業が決まるかもしれない。世の中にはこんな仕事もあるんだ、と知ってほしい職業図鑑《ずかん》である。

「将来、何になりたい？」幼稚園のころは無《む》邪気《じゃき》に答えていた君たちも、夢で終わるレベルか、現実的か見きわめがついてきたころだろう。漠然《ばくぜん》とでもいい、仕事に対する興味を持ったら、ぜひこの本を読んでみてほしい。

だいたい世の中に仕事ってどれくらいあるんだろう。実際、大人だってよくわからないのだ。家族、親せき、友達の両親など知っている人の職業を並べただけでも、けっこうな数になる。旅行にいけばその土地に根付いた仕事があり、都会でしか見ない仕事もある。長い年月の修業が必要な仕事、難しい資格試験に合格しなければいけない仕事、頭を使う仕事、手先の仕事、様々な仕事を網《もう》羅《ら》して辞典にしたものが本書である。

著者の村上龍はベストセラー小説を何冊も出したとても有名な作家だ。「はじめに」で彼がなぜこの本を出版したのか、丁寧《ていねい》に説明されている。

要約すれば、大人の入り口に立った十三歳という年齢《ねんれい》で覚える不安ととまどいを「職業」という現実の巨大《きょだい》な入り口をたくさん知ることで、世界を見たり、感じたり、考えたり、対処したりできるようになってほしい、と言っている。

君たちが興味を持ちやすいように、仕事の入り口は各教科になっている。国語、社会、数学、理科、音楽、美術、技術・家庭科、保健体育、外国語、道徳。この中で君の得意な科目の仕事をまずは読んでほしい。

えー、何にも得意なものはない、っていう人でも大丈夫。休み時間や放課後、学校行事だと頑《がん》張《ば》れる君にだって向いている仕事はあるし、「何もしないで寝《ね》ているのが好き」というなら、まずは好きなだけ寝てから考えよう、とアドバイスしている。親や先生には相談しにくい興味の対象もちゃんと用意されている。

この本のいいのはプロフェッショナルのエッセイがたくさん収められているところだ。仕事の楽しさ、たいへんさ、やりがいを読めば興味のある仕事がいくつか見つかるだろう。君の将来に向けた第一歩をこの本で見つけてみよう。

（東えりか）

「お金がないとダメ」という思いこみからの解放宣言！

講談社（講談社現代新書）
二〇一二年五月
定価：七六〇円（税別）

坂口恭平《きょうへい》

移動式の家「モバイルハウス」を作ったり、3・11の大震災《だいしんさい》後には独立国家を作って避難所《ひなんじょ》を開いたりと、建築家・芸術家として、ユニークな活動を続ける坂口恭平。その活動のもとになった経験や考え方をまとめた新書。

就職はしたものの未来が見えず不安だった頃、ある経済雑誌で「死ぬまで食べていけるお金の作り方」というような特集を読んだ。貯金の運用方法とか、株の増やし方とか、いろいろなノウハウを読んでいるうちに、ふと、なんでこんなに必死にお金のことを考えて生きていかなくちゃいけないのかと思った。「食べていけなくなったら死のう」。そう考えたら、少し楽になった。

でも、この著者坂口恭平さんは、もっと楽しい。「なぜ人間だけがお金がないと生きのびることができないのか。そして、それは本当なのか」。そんな疑問をさらっと書いてくれる。

ほかにも、「毎月家賃を払《はら》っているが、なぜ大地にではなく、大家さんに払うのか」などなど、建築家でもある坂口さんらしい疑問が、この本の中では次々と繰《く》り出される。坂口さんは、子どもの頃から抱《いだ》いていたこのような疑問を、学校ではなく放課後の遊びの中で、あるいは、路上生活者（ホームレスと呼ばれている人々）の暮らしを調べる中で、あるいは「鬱《うつ》」状態に落ち込む中でさえ、ずっとずっと考え続けてきたという。

でも、実際、考え続けることは簡単ではない。坂口さんは頭がいいから考えてこられたけど、自分には無理……なんて思う人もいるかもしれない。しかし、心配ご無用。この本の最初の方には、楽しく考え続けるためのコツがちゃんと書かれているからね。ポイントは、この世は「多層的」なものだという発想法。自分に今見えているのは、多層的な世界のひとつのレイヤー（層）にすぎず、見方を変えれば、世界は違《ちが》って見えてくる。本書でくりかえし語られているこの発想法こそが、思いこみからの解放の第一歩になる。

「お金」中心の経済も、「会社」も「学校」も、ひとつのレイヤー（層）にすぎないとすれば、そんなところに閉じ込められているのがバカらしくなる。「生き方は無数にある」と気づいて、とうとう〇円から「独立国家」まで作ってしまった坂口さんの、ぶっとび思考に刺激《しげき》をもらおう！

（奥山恵）

128 巨大《きょだい》な夢をかなえる方法
世界を変えた12人の卒業式スピーチ

現代の成功者たちが若者に贈《おく》る珠玉《しゅぎょく》のメッセージ

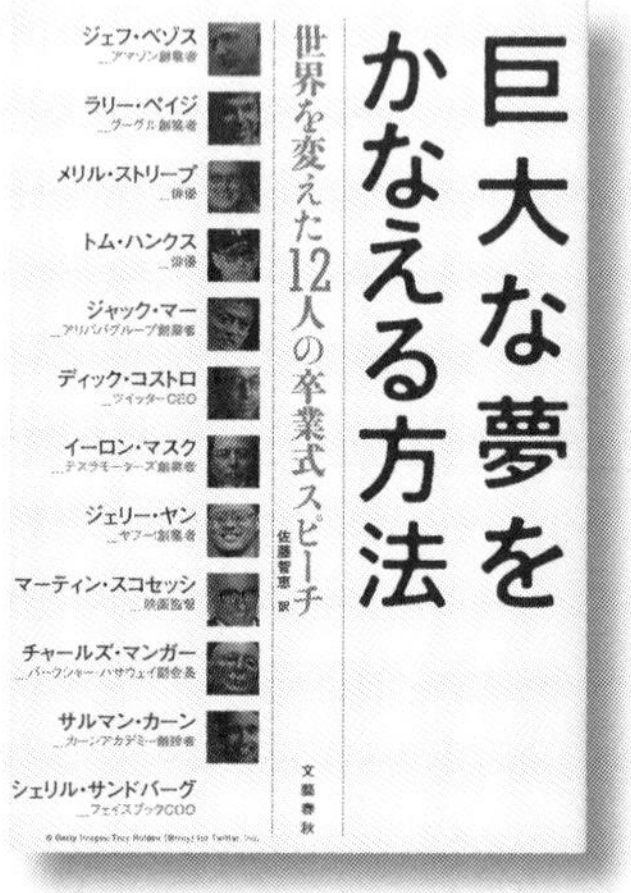

文藝春秋
二〇一五年三月
定価：一六〇〇円（税別）

J・ベゾス、D・コストロ、T・ハンクスほか
佐藤智恵・訳

大学の卒業式に招かれた現代の成功者たち。社会人となる若者たちにむかい、彼らは何を語るのか。目の前の青年たちは、かつての自分である。努力と幸運で手にいれたもの、社会の中での存在意義を易しい言葉で語りかけていく。

本書は世界を変えた十二人が、主にアメリカの有名大学の卒業式に招かれたときに行ったスピーチをまとめたものである。これから社会に旅立つ人へ、自分の成功への道のりや秘訣《ひけつ》を少しだけ明かそう、というものだ。若い人に向けて、簡潔《かんけつ》で誰にでも分かりやすく、さらに、その成功者の信念がギュッと詰め込まれていて、珠《しゅ》玉《ぎょく》の言葉がちりばめられている。

登場している人はキラ星のようだ。アマゾンの創業者「ジェフ・ベゾス」、グーグル創業者「ラリー・ペイジ」、ヤフー!創業者「ジェリー・ヤン」、ツイッターCEO「ディック・コストロ」、アリババグループ創業者「ジャック・マー」、フェイスブックCOO「シェリル・サンドバーグ」、テスラモーターズ創業者「イーロン・マスク」、カーンアカデミー創設者「サルマン・カーン」、俳優の「トム・ハンクス」や「メリル・ストリープ」、映画監督《かんとく》の「マーティン・スコセッシ」、投資の神様ウォーレン・バフェットのパートナー「チャールズ・マンガー」。中学生では知らない人も多いかもしれないが、世界の仕組みを変えてしまったような人たちばかりである。

テーマもそれぞれの個性が生かされている。たとえばアマゾンの創業者であるジェフ・ベゾスは子供の頃から何かを発明したいと願っていたと語る。ネット上で本を売る、というアイデアは一九九五年の創業当時は無謀《むぼう》なものだと誰もが思っていた。だがこのアイデアに、彼は挑戦《ちょうせん》することを決め、成功させた。彼を決断させるセオリー、それを知るだけでも本書を読む価値がある。

大女優のメリル・ストリープは女性の可能性について語る。彼女が身につけた生き延びるための演技とは何か、その技術が女性の可能性をどれくらい広げ、社会の中での存在意義を見つけていくか、経験を踏《ふ》まえての言葉は説得力がある。

誰もが成功者になれるわけではない、でも誰にでも可能性はある、そう強く信じさせてくれる一冊だ。

（東えりか）

市民の「自由への闘争《とうそう》」を
リアルに描《えが》いたドキュメンタリー

あすなろ書房
二〇一一年十月
定価：一三〇〇円（税別）

ゲイル・ジャロー／幸田敦子・訳

1730年代、ニューヨークに英国から総督として赴任《ふにん》したコスビーは権力を振《ふ》りかざす。反対派は週刊新聞ニューヨーク・ウィークリー・ジャーナルを創刊して対抗《たいこう》するが、廃刊に追い込もうとするコスビーはなんと印刷職人を逮捕した！

十八世紀、まだ英国の植民地であったアメリカで実際に起こった出来事のドキュメントです。

コスビーが総督《そうとく》としてやってくる前、仮の総督が一年と一ヶ月置かれていました。コスビーはこの期間の給与《きゅうよ》の半分を自分に渡すように要求しますが、裁判で否決されます。怒った彼は最高裁判事を罷免《ひめん》し、行政府の役職の多くを自分の仲間で固め、独裁体制を作り上げます。

対抗《たいこう》する手段としてニューヨーク・ウィークリー・ジャーナルが重要な役目をになうところが、最初のポイントです。真実を人々に報道し、世論を形成していくことが権力にとっていかに困った事態かは、この新聞を廃刊《はいかん》に追い込むために、印刷しているだけの職人ゼンガーを逮捕《たいほ》するのもためらわないコスビーの姿がよく示しています。

次のポイントは裁判の行方です。

判決は陪審員《ばいしんいん》たちによって下されるのですが、ゼンガーの罪は新聞を印刷したこと。当時のイギリス法では、書かれた内容が真実か否《いな》かは関係なく、政府を批判した文書を配布するだけで罪になったのです。つまり権力は批判してはならない。いったいどうするのか？

弁護士はニューヨーク・ウィークリー・ジャーナルを印刷したのはゼンガーだとあっさり認めます。認めたのだからこれで結審《けっしん》し、ゼンガーは有罪になる！　ところが続けて弁護士は陪審員たちに訴えます。「腐敗《ふはい》した専制権力にあらがって真実を語り、それを報道することは」、市民の当然の権利である。「これは自由への闘争《とうそう》なのです」。

そして判決は無罪。

有罪確定ぎりぎりのところで陪審員たちは、権力に従うことより、真実を知る権利を選ぶのです。

これは遠い昔、遠い国の出来事ですが、今でも重要です。いつの時代も権力は包み隠《かく》さず真実が語られることを好みません。だから、真実を知る権利とそれを支える報道の自由は、私たちがそれを求め続け、注意深く耳を澄《す》ませ、しっかりと目を見開いていて初めて保証されるのです。

（ひこ・田中）

本によって自らの人生を大きく変えた男の物語

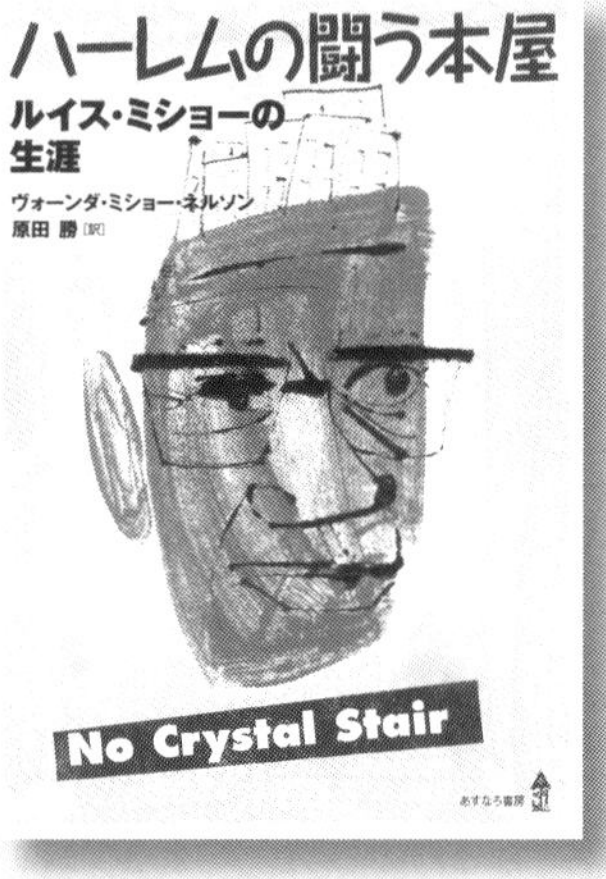

あすなろ書房
二〇一五年二月
定価：一八〇〇円（税別）

ヴォーンダ・ミショー・ネルソン
原田勝・訳

1939年、ニューヨーク7番街に黒人のための黒人専門書店をつくりあげたルイス・ミショーの生涯をまとめたノンフィクション・ノベル。ルイスの弟の孫娘《まごむすめ》である著者が、様々な関係者からの聞き書きをもとにまとめた。

ベン・シャーンを思わせるイラスト、新聞記事やカード、ポスターや写真などを貼《は》り込んだスクラップ・ブックみたいな造本がおもしろい、この風変わりな本は、一九三九年ごろにニューヨーク七番街に〝ナショナル・メモリアル・アフリカン・ブックストア〟を開いたルイス・ミショーという黒人男性の生涯《しょうがい》をまとめたものだ。

生年もよくわからない。盗《ぬす》みで捕《つか》まってもいる。伝道師として有名になっていく兄への反発もあった。四十代半ばまで自分の居場所を見つけられなかったルイスが、ハーレムで書店を開くことになったのは、自分たちの歴史をきちんと知ることで、自分がどこから来て、どこへ行こうとしているのかを知ることが出来るはずだ、知識こそ力だという信念によるものだった。

「黒人が書いた黒人のための本を買おう、家に書《しょ》棚《だな》を持とう」と説き、貧しい者には分割《ぶんかつ》で本を売ったり、買うお金を持たない者には店の奥《おく》の書《しょ》斎《さい》で本を読ませ、図書館代わりに使わせたりした。

一九五〇年代から一九六〇年代にかけて、アフリカ系アメリカ人が公民権運動を牽引《けんいん》したキング牧師やマルコムXなどとの関わりも、写真や新聞記事、FBIの記録から描《えが》かれる。

様々な声に耳を傾《かたむ》け、主流派から前衛派まで、アメリカの黒人作家、アフリカの作家が書いた小説、詩、政治・哲学・芸術に関する本なども集め、ニューヨークの図書館より資料が揃《そろ》っていると言われた書店。若い詩人や作家をルイスがいかに力づけていたか、多くのコメントから読み取れる。また、本によって自らの人生を変えていく力を得た、何人もの少年の姿を描いているのもいい。七五年に閉店してもなお、ルイスの思いは人々に受け継《つ》がれ、その意義はさらに深まっている。

一人の男のライフストーリーを描くことで、時代や歴史の一断面に触《ふ》れることが出来る、その生々しさ。年表でしか知らなかった出来事が、立体的に迫って来る力強さ。人は歴史であり、歴史は人が作っているのだと実感させられる。

（ほそえさちよ）

「カネ」を稼《かせ》ぐというのはどういうことなのか？

KADOKAWA（角川文庫）
二〇一一年六月
定価：五五二円（税別）

西原《さいばら》理恵子

「貧乏は病気だ。それも、どうあがいても治らない、不治の病だ」。貧しい地方に生まれ育ち、不当な仕打ちを受け続けた漫画家が、上京して成功を収めるまでの一代記。「カネ」を稼ぐとはどういうことかを真摯《しんし》に語っている。

君が最初に、自分で「カネ」を出して買ったものは何だったか覚えているだろうか。「カネ」で物を買うことは、社会の仕組みの一員になったということだ。分かってはいるだろうが、万引きは世の常識に反する犯罪でやってはいけないこと。

しかし世の中には「貧乏」が存在することも忘れてはならない。「貧乏」は病気、だから治すように努力しなければならない。親の貧乏が子に移らないようにするにはどうしたらいいか。漫画家《まんがか》の西原理恵子が子供の頃からの経験を、自分の言葉で、当時の思いをまじえながら語っている。

間違《まちが》えないでほしい。この世で一番大事なのは「カネ」だ、と言っているのではない。「カネ」にまつわることで大事なことは何なのか、というのがこの本の趣旨《しゅし》なのだ。

高知県の漁村に生まれ、両親の離婚《りこん》、義理の父親の博打《ばくち》好き、その義父の自殺、上京、仕事を得るまでのがむしゃらな努力、ギャンブル地獄《じごく》、夫の問題。それぞれがすべて「カネ」に関係している。そして多くの問題が、自分が「カネ」を稼《かせ》ぐことで解決するのだ、と教えてくれる。

「カネ」の話は下品だと言われてきた。だから大人たちは言葉を濁《にご》して「カネ」の苦労を子供たちに見せないようにしてきたし、知られないように解決してきた。

しかしそれも限度がある。いま、これを読んでいる人のなかにも、きっと家族の問題で悩《なや》んでいる人がいるだろう。自分に何ができるか、考え抜《ぬ》いているかもしれない。住むところ、食べるものにまで困っている中学生にできることとは何か。それは自分だけの避難《ひなん》場所を持つことだ。まずはどんな形でもいいから、自分の身を守れる場所を探す。そして時がきたらきちんと「カネ」を稼ぐ。

西原理恵子は不治の病《やまい》である「貧乏」から逃《に》げ出し、東京で漫画家になった。自分で稼げるようになればしめたもの。「カネ」ってどういう存在か、きっちり教えてくれる一冊だ。

（東えりか）

戦争への本質的な疑問について自分の頭でじっくり考えてみる

平凡社
二〇一四年七月
定価:一四〇〇円(税別)

C・ダグラス・ラミス

著者のダグラス・ラミス氏は海兵隊員として沖縄に駐留《ちゅうりゅう》していたことのある軍隊出身者。現在は沖縄国際大学で教えているほか、執筆《しっぴつ》や講演などで広く平和を訴《うった》えている。この本は平凡社の市川はるみさんが氏にインタビューしたものを文章にまとめたもの。

この本、もしかしたらさまざまなことを考えてしまう大人には賛否両論《さんぴりょうろん》かもしれません。書いてあることがけっこうな極論《きょくろん》だし、理想論なので。

でも、ちょっと待って。〝人間はなぜ戦争をするんだろう〟という本質的な疑問をじっくり考えている本というのは、実は少ないと思うのです。

わたしはよくわからないのです。いろいろなこと、例えば国同士の事情、お金、宗教、領土の問題などを考えても、どうしてもわからない。人を殺すということは単純に考えてすべての悪事の中でも最もやってはいけないことでしょう。これは国が変われば考え方も法律も変わると言えど、全世界共通事項《じこう》ですよね。それなのにどうして、国が決めて戦争やります！　と言えばそれは合法（やっていいこと）にあっけなく変わってしまうのでしょう。戦争なんだから当たり前じゃんなんて声が聞こえてきそうですが、それって理由になるのでしょうか？　あなたの家族を殺してもいい理由にですよ。

この本では、〝どうして戦争はなくならないの？〟とか〝戦争ってどんなことするの？〟というところからはじまって、〝日本がもし戦争するとしたら？〟とか〝軍事力で国を守ることがどういうことなのか〟ということまで、氏の理想はたぶんに入っているけれど、とてもわかりやすい言葉で説明してくれています。

わたしたちは実際の戦争を知っている人がまったくいない世界に突入《とつにゅう》しています。これから日本の法律がどうなるのかはわからないけれど、世の中が戦争をやろうとすればできる状態にもっていこうという流れになっていることは確か。自分の考えを持つということは、すごく大事なことです。知らなかったと言ってみても、もうそのときには大切なものは失われているかもしれません。

できれば、いろんな本を読んでじっくり考えてみてほしいと思います。幸い世界には戦争に関する名著はたくさんあります。本屋さんや図書館にはたいていコーナーがありますので、ぜひとも探してみてくださいね。

（酒井七海）

133 戦争がなかったら
3人の子どもたち 10 年の物語

戦争が奪《うば》っていった
彼らの子ども時代

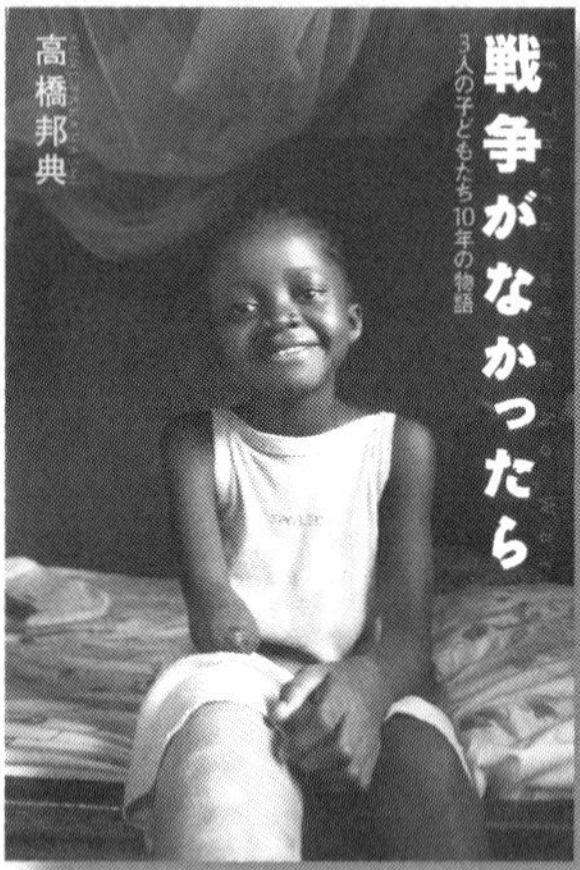

ポプラ社
二〇一三年十一月
定価：一五〇〇円（税別）

高橋邦典《くにのり》

戦争を知らない私たちに、その素顔を伝えてくれるのが戦場カメラマン。著者はその１人。彼はリベリア内戦で出会った子どもたちが気がかりで、内戦終結後も何度も訪れます。この写真集はその 10 年間の記録です。

カメラマンの高橋は戦場で、少年兵たちに遭遇《そうぐう》する。当時十三歳だったモモは「戦いの前は、麻薬《まやく》や酒を飲んで勇気をだすんだ。（中略）殺すことさえなんとも思わなくなるんだ」と語る。それから十年後、「戦争はおれの頭のなかもおかしくしちゃったようだ」「みんな国のためさ。それなのに、国はなんにもしてくれなかった」。彼はまだ自分の将来を思い描《えが》けません。

砲弾《ほうだん》で右腕《みぎうで》を引きちぎられた少女を救うため車に乗せて診療所《しんりょうじょ》に運んだことがありました。それがムス。当時六歳。生活の不便はもちろん、遊ぶことも難しい。そんなムスとその家族ですが、リベリア内戦の犠牲者《ぎせいしゃ》としてアメリカで話題となり、義手や寄付金の提供で、暮らし向きが変化してしまいます。地道な生活から過度な贅沢《ぜいたく》へ。そしてムスにアメリカ留学の話まで。渡米《とべい》したムスは、人間関係を巧《うま》く結べません。そして十年。ムスの家族はようやく落ち着きを見せ始め、質素な暮らしの中で一歩ずつ前へ進もうとしています。

授業中、政府軍の民兵に拉致《らち》され兵士にさせられたファヤ。当時十一歳。

「たくさんの仲間が撃《う》たれたよ。（中略）前線では誰《だれ》が死んでもおかしくないんだ」。戦争が終わり、なんとか仕事を見つけても長く続きません。学校に戻っても基礎《きそ》学力がなくて授業について行けません。高橋は語ります。「ファヤには、自らの将来に向けて努力」する「という考え方が欠け落ちていた」。少年兵にさせられたため、それを学ぶ機会がなかったのではないかと。

最後に高橋は述べます。「世界中どこを探したって、子どもがひき起こす戦争などありはしない。それなのに、子どもはいつも戦いに巻きこまれ、（中略）心やからだに傷《きず》を受けてのこされる」。そして現在の日本に向けて、訴《うった》えます。

「戦争に行ったこともなく、その悲惨《ひさん》さを知らない人々が、戦争への道のりを国民に歩かせているように見える。それをぼくはおそろしく思わずにはいられない」。

（ひこ・田中）

134 MAPS《マップス》
新・世界図絵

大画面にぎっしりと描きこまれた四十二か国、世界旅行の始まり！

徳間書店
二〇一四年九月
定価：三二〇〇円（税別）

A・ミジェリンスカ、D・ミジェリンスキ
徳間書店児童書編集部・訳

4000点以上のイラストで世界の国々を紹介。あらゆる事柄が画面いっぱいに描《えが》かれています。198か国の国旗、正式名称を巻末に収録。絵で見て、読んで楽しめる「世界図絵」です。

自分の存在がちっぽけに感じられるとき。教室の片隅《かたすみ》で、自由になれないもどかしさで身動きできず、閉塞感《へいそくかん》でいっぱいのとき、この本のどこでもいいです、ページをめくってくださ い。そこにはきっと、あなたの知らない国が見つかるはずです。

見開きにつき一か国ずつ、こと細かに紹介《しょうかい》され、言語や人口、面積のデータはもとより、名産や建物、親しまれているスポーツや偉大《いだい》な人物などが、うきうきするイラストでぎっしりと描《か》きこまれています。

目の前に広がる世界は、まだまだ知らないことばかり。世界は、とても広いです。画面いっぱいの大きな領土を持つ国もあれば、海がほとんどの島のような国もあります。この本は、自分の世界がなんて狭いんだろう、とうつむいてしまうとき、少し顔をあげたらすーっと風が通るように、あなたを未知なる場所へ連れて行ってくれます。

あれは小学生のときだったでしょうか。電車内に貼《は》ってあったポスターで、銀行の広告が目にとまりました。「アリスの国のポンドも、ピノキオの国のリラも……すべて両替できます」といった内容で、世界各国の児童文学の主人公と、その国の通貨を紹介していました。まだユーロがなかった時代です。身近に感じていた、自分の友達のようなお話の主人公たちは、世界のいろんな国からやってきたのです。まるで世界中に友達がいるようで、とても嬉《うれ》しく思ったのを覚えています。

そう、家にいても学校にいても、世界旅行はできるのです。それも、この一冊で。とあるページを見ると、リンドグレーンの後ろから、長靴下《ながくつした》のピッピが顔を出しています。ヘラジカやトナカイが生息する、この国はどこでしょう？　なんて、クイズを出しあっても楽しいですね。

カバーはポスターになる、嬉しいおまけつき。

今日はどこに行こうか、とページをめくる手が止まりません。あなたも、よい旅を！

（森口泉）

135 ガリレオ工房の

水のひみつ 変化するすがた

写真と物語で読みとく水に秘められた不思議

さ・え・ら書房
二〇一五年五月
定価：二二〇〇円（税別）

伊知地《いちじ》国夫・写真／土井美香子・文
滝川洋二・監修

ふと目にした素晴らしい科学写真から始まる、水の研究。高校１年生の３人組が、夏休みに課題研究に共同で取り組みます。コンパクトデジタルカメラで、皆《みな》さんにも撮ることができる科学写真のコツも紹介。

寺田寅彦《てらだとらひこ》の名エッセイ「茶碗《ちゃわん》の湯」を読んだことがありますか？　誰にでもおこる身辺の雑事に目を留めて、そこから見出せる自然科学の話題を、一般《いっぱん》の人たちにもわかるように論理的に展開していくこのエッセイを読むと、考えを積み上げていくことはとても面白いことだと、わくわくします。

「茶碗の湯」は鈴木三重吉《すずきみえきち》が主宰《しゅさい》する児童文学雑誌『赤い鳥』に掲載《けいさい》されました。赤い鳥には毎月、新進の科学の研究者たちが、天文、物理、化学、工学、生物、医学などの広い範囲《はんい》の科学教育の文章を載《の》せていました。深い教養と科学の論理的思考をかけ合わせて、児童や一般の人たちに新しいものの見方を示してくれました。

本書の主人公、高校一年生の三人組も、ふとしたきっかけで、いつも身の回りにあって、何気なく接している水が、不思議なすがたをしていることに気がつきます。ひものようにつながった水流だと思っていた水が、写真に撮《と》って、ある瞬間《しゅんかん》のすがたを切り取って見ると、粒《つぶ》でした。

では、いつから粒になるのでしょう？　いつから粒になるのかを写真に撮って確かめることはできるでしょうか？　どのような写真を撮ればいいのでしょうか？　その写真を撮るためには、どのような機材を用意し、どのような舞台をしつらえればいいでしょうか？

次々に分からないことが生まれ、それを解決するために考え、いろいろ試みます。写真を撮るたびに、予想を覆《くつがえ》す発見があって、また次の考えを表現できる写真を撮るための思考と試行が求められます。

科学写真家と作者が、水がどのような姿をしているのかを探求して、物語が生まれました。写真の解説を並べたのでもなく、物語の挿絵《さしえ》として写真が存在するのでもない、科学写真と物語が五分と五分の本です。さあ、考えることの面白さを一緒《いっしょ》に楽しみましょう。

（土井美香子）

本当は存在感たっぷり！「空気のような存在」

太郎次郎社エディタス
二〇一四年八月
定価：一五〇〇円（税別）

結城《ゆうき》千代子、田中幸《みゆき》
西岡千晶《ちあき》・絵

スポーツを観戦したり、芸術を鑑賞《かんしょう》したりするように、科学の不思議さや美しさを本で楽しもうというシリーズ。空気が動く状態「風」と、空気がない状態「真空」の２章立ての話に、空気の科学の歴史、神話や文化もおしゃれに盛《も》り込んだ１冊。

花が好き、虫が好きという人はたくさんいるでしょう。科学の専門家にならなくても、「好き」という気持ちがあれば、身近ないろいろなところで自然現象が見せてくれるおもしろさにわくわくする機会がたくさんあります。物理や化学だって、身の回りのことからおもしろさを楽しむことができますよと、書かれた本です。

教科書執筆者《しっぴつしゃ》と、中学高校で理科を教えている教諭《きょうゆ》という二人の著者の、科学を身近で親しみのあるものにして楽しもうという姿勢が、本の大きさなどブックデザインにも感じられます。ポップでかわいいイラストは「西岡兄妹《きょうだい》」の妹、西岡千晶。

身の回りにいつもあって、意識されない存在を「空気のような」と言いますが、実は私たちは空気を動かし、閉じ込め、または追い出して、とても便利に使っています。

空気が動くとできる「風」は、空気の存在をはっきりと感じさせてくれます。

ふいごやうちわ、吹き矢、エトセトラ、私たちは風を使う道具をたくさん工夫してきました。

そよ風、季節風、竜巻《たつまき》、台風、私たちの暮らしに影響《えいきょう》を与《あた》える、自然が作りだす風がいろいろありますが、それらはどのような仕組みでできるのでしょう。

空気がない状態「真空」を作りだすと、そのことで空気の存在がはっきりと浮《う》かび上がってきます。ジャムのふたを開けるとき、吸盤《きゅうばん》つきのフックに物をかけておくとき、物に対して空気がどれほど大きな力をかけているかを体感します。

空気の存在に気がつき、私たちがどのように生活に利用してきたのか、この本を読みながら「ああ、そうそう」と思いだし、生活の中で「あの本に書いてあったのはこのことか」と発見すると、科学がぐっと近しいものに感じられるでしょう。

教科書のどこで学んだことが関連しているのか対照できる、親切な付録付き。

（土井美香子）

カラスへの愛から生まれた
ユーモアあふれる入門書

カラスの教科書
松原 始
冗談じゃない、
あれほど面白くて
カワイイ鳥はいないのだ。
こんな興味深い鳥を見ないのは
人生の楽しみを半分くらい
損している。
え？
カラスは
お嫌い
ですか？
大丈夫、しばらく見ていれば
好きにはならずとも、
ちょっと興味が湧いて来ます。
雷鳥社

雷鳥社
二〇一三年一月
定価：一六〇〇円（税別）

松原始《はじめ》

カラスについてのイメージをガラリと変える解説書。理学博士でカラス研究一筋の著者が、カラスの生態とカラスへの愛とを、ユーモアたっぷりに語っている。植木《うえき》ななせによるイラストのカラスくんもかわいい。

カラスという鳥について、どういうイメージを持っているだろうか。「人間を襲《おそ》いそう」「怖《こわ》い」「ゴミを散らかす」「死骸《しがい》を漁《あさ》る」……。少なくとも、カラスが好きだ、かわいくてたまらないという人は、あまりいないように思う。

しかし、著者は断言する。カラスは本当に面白い鳥なのである、と。

たとえば、カラスが人間を襲うというイメージ。たしかにカラスは自分の雛《ひな》や巣を見る視線に敏感《びんかん》に反応し、「ガララララ……」と鳴いて威嚇《いかく》をしたり、後ろから相手の頭をかすめるように飛んだりすることがあるそうだ。けれども、そのときに木の枝を落としたりするのはけっして人間を狙《ねら》っているわけではなく、イライラして放り投げているだけ。また、人間を襲うように飛んだとしても、本当にぶつかったらカラスのほうが危険な目に遭《あ》ってしまう。だから、頭の上にちょっと脚《あし》を置き、ポンと蹴飛《けと》ばすだけ。実際にはカラスは非常に臆病《おくびょう》な鳥で、いきなり理由もなく攻撃《こうげき》するようなことはできないのだという。

また死骸を漁るというイメージも、カラスが非常に雑食で食物連鎖《れんさ》のすべての階層にあるものを食べることから、むしろ自然界の掃除屋《そうじや》としての機能を果たしていることから生じたものらしい。

実際のカラスはテキトーで気まま、顔見知りの仲間がたくさんいて、お腹がすいたらご飯とおやつを食べ、水浴びをして遊ぶ。ちなみに、好物はマヨネーズ。日が暮れたらどっかで寝る。そんなとてもうらやましい生活をしている。

この本は、そういうカラスたちの本当の生活を浮かび上がらせることで、私たちがカラスに対して持っているイメージの大半が先入観にすぎないことを教えてくれる。そして、そのような先入観にとらわれずに、研究対象と正面から向き合うことこそが「科学」なのだ。カラスに人生をかけた科学者が持つ、そういった「科学」的な視線に気づかせてくれる一冊である。

（大橋崇行）

138 ウナギの博物誌
謎《なぞ》多き生物の生態から文化まで

絶《ぜつ》滅《めつ》危《き》惧《ぐ》種《しゅ》ニホンウナギと日本の鰻《うなぎ》文化を守れ！

化学同人
二〇一二年十月
定価：一八〇〇円（税別）

黒木真理・編著

日本人が大好きなウナギ。そのウナギの生態と産卵場所を追いかけて、研究が近年飛《ひ》躍《やく》的《てき》に進んだ。ウナギの自然科学に加えて、社会科学、人文科学の方向からも光を当て、ウナギを総合的に理解し、愛する。

ウナギの骨は日本の縄文《じょうもん》・弥生《やよい》遺跡からも出土し、古くから日本人の食料資源だったと考えられています。日本人はウナギがいつ、どのあたりで捕《と》れるかよく理解して、漁の道具や漁法を発達させ、その食文化も発達しました。蒲焼《かばやき》がいつ、どのようにして誕生したかなんて、知っていますか？　答えは第三部「ウナギが育《はぐく》んだ日本の文化」で読むことができます。

世界には現在、十九種類のウナギが確認されていますが、日本に生息しているのはニホンウナギとオオウナギの二種類です。明治時代になると、日本ではウナギを養殖するようになりましたが、河口にやってくる稚魚《ちぎょ》のシラスウナギがどこから来るのかは長い間謎《なぞ》でした。

百年の研究の結果、ニホンウナギは日本の川から遠く離れた西マリアナ海嶺《かいれい》で新月の夜産卵することがわかりました。海で卵、レプトケファルスと姿を変え、河口に接岸するころに透明なシラスウナギに変体し、川で次第に体に色素がついて黒いウナギへと成熟します。海、川、海と回遊することがわかったのですが、「何を頼《たよ》りに回遊しているか？」をはじめ、まだわからないことがたくさんあるのだそうです。

そこでウナギにひかれて研究している人たちがたくさんいます。中には、ニホンウナギを完全養殖しようとしている研究者もいます。第二部「食資源としてのウナギを考える」を読むと、二〇一〇年には完全養殖が達成されたのですが、十分な量を養殖できるまでには至っていません。

一方、シラスウナギの漁獲量《ぎょかくりょう》が激減したニホンウナギは、二〇一四年絶滅《ぜつめつ》危惧種《きぐしゅ》のリストに載《の》ってしまいました。大好きなウナギが絶滅しては大変！　と、ウナギの研究者や関連業界などで組織する東アジア鰻《うなぎ》資源協議会が「鰻川計画」を立ち上げました。シラスウナギが年間に、どのくらい日本の川に接岸しているかを二〇〇九年から百年調査をする計画だそうです。

研究も文化も、次々に引き継《つ》がれて育っていくものなのですね。

（土井美香子）

139 1㎡の原生林が語る生命・進化・地球
ミクロの森

森羅万象《しんらばんしょう》の不思議に思いを寄せてみよう

築地書館
二〇一三年七月
定価：二八〇〇円（税別）

D・G・ハスケル／三木直子・訳

アメリカ・テネシー州山岳《さんがく》地帯の原生林の森にある1平方メートルの土地に1年間通い、観察しつづけた生物学者の記録。あらゆるものがつながり、関係し合っている様を、時に詩的な表現で綴《つづ》ったネイチャーライティングの秀作《しゅうさく》。

ネイチャーライティングとは、自然と人間を巡《めぐ》る考察をまとめたノンフィクションの総称。レイチェル・カーソンの『センス・オブ・ワンダー』（新潮社）やソローの『森の生活――ウォールデン』（岩波文庫）がよく知られています。日本だと、寺田寅彦《てらだとらひこ》や中谷宇吉郎《なかやうきちろう》、日髙敏隆《ひだかとしたか》、今森光彦《いまもりみつひこ》、福岡伸一《ふくおかしんいち》などの著作が分類されるでしょうか。

本作では、生物学者である著者が、森の中のひと区画をフィールドと定め、一年間通って観察したことが一日数ページにわたって記されています。一月一日のページから読みはじめてもいいし、おもしろそうなタイトルのページから読みはじめてもかまわない。本の日付に合わせて読めば、日本の森と同じように四季の移ろいを持つアメリカの森の様子が実感としてわかって、より楽しめるかも。

著者は地面に這《は》いつくばり、ルーペで地衣類《ちい》の変化を見つめ、ハリガネムシのライフサイクルを思い、雪の中で暮らすコガラを観察します。春を待つ冬の植物のしくみを細胞の物理的構造の変化から説明し、空を見上げ、アメリカムシクイの渡りの意味を考察します。じっとすわって気配を消せば、音のネットワークや香《かお》りの粒子《りゅうし》をより敏感に感じることでしょう。森の関係性に組み込まれる快感……。一つの事象の説明から、その理由、最新の知見へと話題がつらなり、また目の前の自然へと視点が戻る。その豊かな思索《しさく》は自らにも及《およ》び、人もまたこの自然曼荼羅《まんだら》の一部であることに何度も感嘆《かんたん》の声をあげるのです。

人と自然が対立するものであった時代から遠く離《はな》れ、現代では、エコロジカルであること、持続可能であることが、社会を考える時の大きな指針となっています。自然との共生をうたいながら、大量消費社会を営む現代は、どこかで大きくシフトチェンジをしなくてはならないはず。著者は研究者でありながら、小さな農場主としてヤギを育て、ミルクを販売する暮らしを営んでいるのだとか。それは、これらの観察や思索から導かれたものなのでしょう。

（ほそえさちよ）

140 これが見納め
絶滅危惧《ぜつめつきぐ》の生きものたち、最後の光景

人間と自然の関係に思いをはせる傑作ルポルタージュ

みすず書房
二〇一一年七月
定価：三〇〇〇円（税別）

D・アダムス、M・カーワディン
安原和見・訳

愉快《ゆかい》なスラップスティックＳＦ『銀河ヒッチハイク・ガイド』で知られるイギリスの作家ダグラス・アダムスが、動物学者マーク・カーワディンと共にアイアイなどの絶滅危惧種に会いにいくというネイチャー・ルポルタージュが７編収録されています。

夜行性のキツネザル、アイアイを探す旅をきっかけに、著者が探し求めた動物はコモドオオトカゲ、キタシロサイ、マウンテンゴリラ、カカポ、ヨウスコウカワイルカ、ロドリゲスオオコウモリとその他固有種の珍《めずら》しい鳥たちです。

シニカルだったり、ドタバタ調だったり、ウィットに富んでいたりと、さまざまなトーンのユーモアを駆使《くし》した筆致《ひっち》で描《えが》かれる、絶滅《ぜつめつ》危惧《きぐ》種《しゅ》の動物たちの現状と実際に接してみた威容《いよう》や愛らしさ。自然保護に携《たずさ》わる人たちの誠実と苦闘《くとう》。西洋式の常識が通じない国で経験するとまどいや驚き。時々差しはさまれる、人間は〈正と不正を区別する唯一《ゆいいつ》の生物種である、というのは得なことだ。なにしろそのときどきに自分に都合のいい規則をでっちあげることができる〉といった人間中心主義の世界観に対する違和感《いわかん》の表明。

この本の中には、狂信的《きょうしんてき》なまでの自然崇拝《すうはい》や、終末感をあおる諦念《ていねん》はありません。あるのは、ダグラス・アダムスという、温かい心と柔《やわ》らかな知性を持った一人の人間の「見た・聞いた・感じた」なのです。

世界中にもっと大勢のダグラス・アダムスが存在したら、毎年地球上から姿を消していっている数万種もの動植物たちはまだ存在していたかもしれない。だから「これ以上、絶滅種を増やしちゃいけない」という強い思いを植えつけてくれるこの本を、ホモサピエンスという生物全員に読んでほしいんです。なぜなら、ダグラスの相棒のマークが「結びの言葉」に書きつけているように、〈かれらがいなくなったら、世界はそれだけ貧しく、暗く、寂《さび》しい場所になってしまう〉から。

読み終えるや、「もっとたくさんの絶滅危惧種に会いに行ってほしい」と熱望必至《ひっし》のこの傑作《けっさく》ルポは、しかし、残念ながらこれが読み納め。というのも、ダグラス・アダムスが二〇〇一年に四十九歳の若さで急逝《きゅうせい》してしまったからです。彼がいなくなって、世界がそれだけ貧しく、暗く、寂しい場所になったのは言うまでもありません。

（豊﨑由美）

141　変化する地球環境《かんきょう》
異常気象を理解する

地球環境を特徴《とくちょう》づける自然法則を理解しよう

左右社（放送大学叢書）二〇一四年三月
定価：一七〇〇円（税別）

木村龍治《りゅうじ》

自然災害が繰《く》り返し生活を襲《おそ》ってくる。対策対応を行っていくためには、地球全体の環境について理解をもち、自然現象のメカニズムを知ることが必要である。市民１人１人に必要とされる地球環境の見方を示す。

放送大学は、学びたい人すべてに開かれている学問の窓の一つだ。授業には、担当教員が優れた研究業績をもとに力を込めて作られた印刷教材が用意される。その一部を再録し優れた読み物にした、放送大学叢書《そうしょ》が二〇〇九年に創刊された。

本書は、その叢書の一つである。二〇〇四年から六年間放送された放送大学共通科目「変化する地球環境《かんきょう》」の講座を担当した東京大学名誉《めいよ》教授の木村龍治先生が、地球環境の仕組みをわかりやすく説明してくれる。

第一章から第五章までは主に、地球環境とはどのような基本的構造を持っているのかが書かれている。宇宙から見たら地球は常に平均温度マイナス十八度の星であるとは、どういうことなのだろう。

第六章からは、時間とともに変化する地球環境とはどのようなものかが書かれている。季節や昼夜、天気の変化や降雨雪がどのようにして起こるのか、天気予報はどこまで可能なのかなど、身の回りで起こる自然現象から地球環境をどのように捉《とら》えたらいいのかを教えてくれる。

大きな災害が起こると、予想はできなかったのか、対策は十分だったのかと騒がれる。想定外という言葉が、三・一一以降しばしば使われるが、「相手が自然災害の場合、想定外とは、現象の本質をよく理解していなかった」ということだから、想定外を経験した今となっては、自分の判断の過ちを改めようと、木村先生は言われる。自然現象が従っている自然法則をしっかり理解し、そのメカニズムを知ると、大災害となるような極端な自然現象は稀《まれ》にしかおこらないことがわかる。

しかし、稀ではあっても必ず起きる自然現象がもたらすリスクの上で暮らしていることを理解して、対応や対策を持つことが大切なのだ。一人ひとりが対応する能力を高めておくだけではなく、社会のインフラをどう整えていくのかといった百年単位の国や地域の政策も、自然現象を本質的に理解した上でしっかり議論したい。

（土井美香子）

原子力は怖いと目をつぶっても問題は何も解決しない

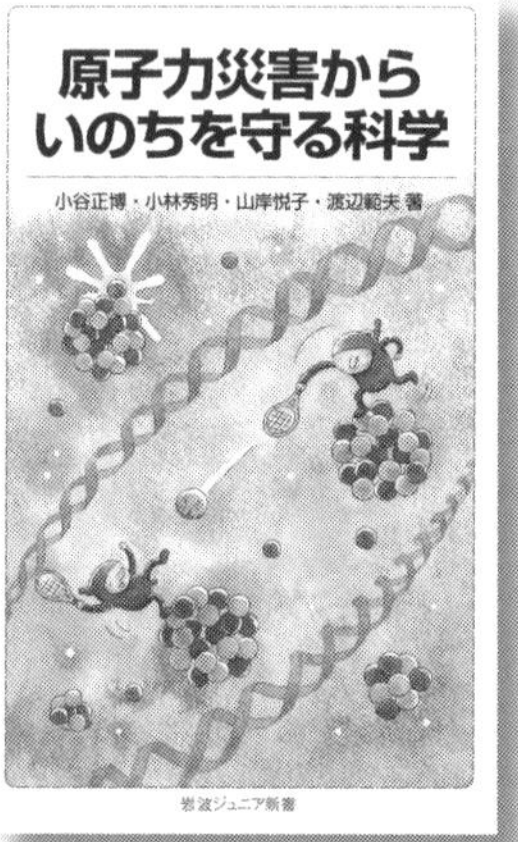

岩波書店（岩波ジュニア新書）二〇一三年二月
定価：八四〇円（税別）

小谷正博、小林秀明、山岸悦子、渡辺範夫

2011年3月11日の東北地方太平洋沖地震《じしん》と続く津波で起きた、福島第一原発、第二原発の事故。それはどのようなものであったのか、どのような災害をもたらしたのか。中学までの理科の知識で考えていけるよう解説した原子力の入門書。

三・一一東日本大震災《だいしんさい》以降、日本人の多くの人が、ベクレル、シーベルトといった単位を普通《ふつう》に話題にするようになりました。新聞や自治体のHPには、四年たった今も毎日「放射線測定量」が発表されている地域があります。福島原発の事故で、広い地域が放射性物質で汚染《おせん》されるという、未曽有《みぞう》の災害の影響はまだまだ続き、私たちは放射性物質と長い間向かい合っていかなければなりません。向かい合うために、事実をしっかり理解して、自分の考えを持つ必要があります。公表されているデータや情報も、その意味をわかっていないと、正しく判断できません。

そもそも放射性物質とは何？　放射線は生き物にどのように影響を与えるの？　といった疑問に対して、この本は基礎《きそ》から教えてくれます。

第一章では原子核《かく》と原子核反応、原子力エネルギーについて学びます。第二章は元素の周期表を参照しながら、様々な元素の特徴《とくちょう》を理解して、原発事故で放出された放射性物質が、自然の中でどのようにふるまうのかをみていきます。第三章では生命に対する放射線の影響を理解していきます。

放射性物質は放出されると、地球環境《かんきょう》のシステムによって、あっという間に世界中に拡散する危険をはらんでいます。福島原発の事故で放出された放射性物質は、風に乗り雲に乗り、または海へ出て広がりました。それだけではありません。土《ど》壌《じょう》にしみこみ、植物に取り込まれ、その植物を食べた虫やネズミ、その虫やネズミを食べたもっと大きな行動範囲を持つ鳥にと、その影響は連鎖《れんさ》していくのではないかと考えている人たちもいます。世界には今、原子力発電所がたくさんあります。そのうちの一つでも事故が起きれば、その影響は世界中に広がるのです。

原子力は怖《こわ》いからといって、目をつぶっていても問題は解決しません。これからも原子力というエネルギーを使う道を選ぶのか否《いな》か、未来の社会の中で選択《せんたく》していくためには、この本で学んだことの上にさらに物事を見聞きして自分の考えをもってほしいと、本書は結ばれています。

（土井美香子）

より生きやすくなるために科学的な考え方を知っておく

筑摩書房（ちくま文庫）二〇一五年四月
定価：九五〇円（税別）

山本弘

科学を装いながら実際は無根拠《むこんきょ》、もしくは不正確な「ニセ科学」批判の本。「血液型占い」「動物や雲が大地震《だいじしん》を予知」といったニセ科学の嘘を暴いていく。単行本は2010年発売。エピローグ「ニセ科学にひっかからないための10箇条《かじょう》」も必読。

できるだけ若いうちに科学の本を読んでおくといい。それは知識や教養を身につけるためだけではなく、「科学的なものの考え方」を知るためだ。できれば何冊か読んでみたほうがいい。

ここでいう「科学的なものの考え方」を簡単に言うと、「調査や実験から得られたデータを正しく理解する」「同じ条件で再実験したら同じ結果を得られたものを信用する」「新しく正しい発見があったらちゃんと受け入れよう」というような、〝論理的でオープンな姿勢〟くらいのこと。決して〝科学は万能だ!〟ってことじゃなくてね。

今の科学はこうした考えの上にひとつずつ築かれてきた。科学がなければ私たちの今の暮らしはなく、その大きなパワーゆえ、科学を擬態《ぎたい》した「ニセ科学」（疑似《ぎじ》科学とも呼ばれる）はいつの時代も盛《さか》んである。血液型占い、ゲーム脳、マイナスイオン、ホメオパシー、地震雲《じしんぐも》、水には感情がある、アポロは月に行ってない、etc.……。「え、それも〝ニセ科学〟だったの!?」と思ったあなたは、まずこの本を手に取ってみるといい。

ニセ科学批判で知られる小説家・山本弘のニセ科学批判書。先に並べたようなトピックを父娘《おやこ》の会話劇で読ませていく。気軽に読めるし、なによりわかりやすい。もともと五年前に出たものを文庫化しているので、今読むと風化したネタもあるが（二〇一二年世界滅亡《めつぼう》説とか）、そのぶん文庫版の追記が答え合わせのようになっており、ニセ科学批判としてはむしろ説得力が増している。

ニセ科学批判の古典がたくさん紹介《しょうかい》されているのも頼《たの》もしい。何冊か読めばあなたにもきっとニセ科学のパターンが見えてくるだろう。それはすなわち、将来必ず出現してくる新たなニセ科学を見破《みやぶ》る術《すべ》も身につけられるということだ。

また、差別や偏見《へんけん》は往々にして科学的思考の欠《けつ》如《じょ》から生まれる。これらと戦う武器も手に入れておこう。科学的に考えるということは、非人間的な行為《こうい》にあらがう最強の武器なのだ。（古川耕）

144 跳びはねる思考
会話のできない自閉症の僕が考えていること

自閉症の少年の心のなかにひそんでいた美しく豊かな思い

イーストプレス
二〇一四年九月
定価：一三〇〇円（税別）

東田直樹《ひがしだ》

重度の自閉症である東田直樹は13歳の時に書いた本をきっかけに、この症状への理解を世界中に広めてくれた。奇声を上げて跳びはねてしまう理由、どうして会話ができないのかを端正《たんせい》な文章で理解させてくれる奇跡《きせき》の書。

「僕は二十二歳の自閉症《じへいしょう》者です。人と会話することができません」

最初のエッセイにはこんなことが書かれている。重度の自閉症である東田直樹は、普段はどうしても奇声を上げて跳びはねてしまい、会話ができない青年である。しかしひとたび文字によって表現させると、そこには聡明《そうめい》で繊細《せんさい》な姿が浮《う》かび上がってくる。

彼らが悩《なや》み、感じていたことは誰もが経験していたことだった。自閉症の人にどう対応していいかわからなかった私たちに、彼らが何を考えているか、はじめて教えてくれたのだ。

きっかけは中学生の時に書いた『自閉症の僕が跳びはねる理由』という本であった。人に心を開かないと思われていた自閉症の少年のなかに、こんなに美しく豊かな思いが潜《ひそ》んでいたのかと驚かされた。

この本は自閉症の息子を持つイギリスの作家デイヴィッド・ミッチェルによって英訳され、世界各国で出版され、障害のある子を持った親たちに知識と勇気を与えたのだ。二〇一四年にはNHKのドキュメンタリー『君が僕の息子について教えてくれたこと』も制作された。

本書では九年の歳月を経《へ》て青年となった著者が、あらためて心情を吐露《とろ》する。会話のできない青年が、文字ではこう表現できる。

「僕にとっての記憶《きおく》は、線ではなく点のようなものだからです。十年前の記憶も昨日の記憶も変わりありません。（中略）どんな失敗をして、自分がどうしなければいけなかったのか、記憶がつながらないのです。〈障害を抱《かか》えて生きること〉」

「自分の気持ちの中でだけでも、この世界の「主人公」でいたいという思いがあるのです。普段はみんなに助けられることが多いので、こんな僕が「主人公」では、ダメだという気がしてしまいます。〈音楽が、僕に言葉を運んでくれる〉」

自閉症について少しでも理解したら人類は一歩前進できるかもしれない。知識は人間を豊かにし優しくしてくれるのだ。

（東えりか）

145　よしながふみ対談集

あのひととここだけのおしゃべり

すごい「あのひと」たちと語りあう人気漫画家のジェンダー論

白泉社（白泉社文庫）二〇一三年四月
定価：七九〇円（税別）

よしながふみ

『きのう何食べた？』『大奥』などの作品で知られる漫画家よしながふみの対談集。対談相手は、漫画家や作家＋堺雅人（映画『大奥』の主役）。特にＢＬ（ボーイズラブ＝男性同士の恋愛を主題にした作品）を巡るおしゃべりは圧巻。

よしながふみの代表作『大奥』はドラマや映画にもなっているからご存じの方も多いだろう。江戸時代を舞台に男女が逆転（例：将軍＝女、正室や側室＝男）した世界を描《えが》いた歴史改変漫画《まんが》だ。同じくドラマ化された『西洋骨董洋菓子《こっとうようがし》店』の天才パティシエはゲイだし（ドラマではぼかされていたが）、料理漫画である『きのう何食べた？』も主人公二人はゲイである。

そんなよしながが対談相手に選んだのは、トキワ荘BL版『ビアティチュード』などで知られる漫画家やまだないと、漫画好き料理研究家福田里《ふくだり》香《か》、やはりBL好きで知られる作家三浦《みうら》しをん、BL界の一線で活躍《かつやく》しているこだか和麻《かずま》、『ハチミツとクローバー』の羽海野《うみの》チカ、性同一障害の子どもたちを描いた『放浪《ほうろう》息子』の志村貴子《しむらたかこ》、言わずと知れた萩尾望都《はぎおもと》、そして映画『大奥《おおおく》』の主役・堺雅人《さかいまさと》、とそうそうたるメンバーである。

このメンバーだから、当然話題も過激化（？）する。同性愛、BL考察はもちろん、レイプ願望から、フェミニズム論まで。「だからそれを読んで女の子が全員レイプしてほしいと思うのは大間違《まちが》いで、そんなことは望んでない。だいたい男の人って勘《かん》違いするんだよね」（福田）、「その昔、女のお客さんたちが歌舞伎《かぶき》で男同士のラブシーンを観て、ぴしゃぴしゃぴしゃって股間《こかん》が濡《ぬ》れる音がしたっていうんだから」（よしなが）、「BLは女の子が読者なので合体場面が必ずある。主人公たちが一体になることに意味があるんですね」（こだか）。一冊読めば、ゲイもの、BL、やおい系の違いもしっかり押さえられる（！）ようになる。

それらの根っこにあるものは、なにか？　最後によしながの言葉を紹介《しょうかい》しておこう。「ボーイズ（ラブ）じゃなく少女漫画を読んでいる人だって、基本的に抑圧《よくあつ》されていない人は一人もいないんですよ、女である限り」。そして三浦の言葉も。「フェミニズムって、女性のためだけにあるものではなくて、誰《だれ》もがより自由に幸せに生きるために必要なものだと思うんですよ」。

（三辺律子）

146 僕は、そして僕たちはどう生きるか

考える姿を読みながら考えることの意味を知る

岩波書店（岩波現代文庫）二〇一五年二月
定価：八六〇円（税別）

梨木香歩《かほ》

「コペル」こと「僕」14歳が、「人生に重大な影響を与えた」出来事を書いたというかたちの物語。吉《よし》野《の》源三郎《げんざぶろう》の名著『君たちはどう生きるか』（1937年）の主人公由来のあだ名を持つだけあって、現代の「コペル」も考える。考え続ける。

この小説は、里山のような庭を持つユージンの家を舞台《ぶたい》に、ある一日に交わされた会話や、回想、が中心なのですが、読むには時間がかかります。

立ち止まるポイントだらけだからです。

たとえば、コペルが犬の「ブラキ氏」を好きな理由、庭の野草スベリヒユでおいしそうな炒《いた》め物を作るところ、コペルが調べる土の中の小さな生き物たちの世界……。ページをめくる手を止めて、ぽーっと思い浮《う》かべてしまう場面が多いのです。

そして何より、この小説の神髄《しんずい》は考えること。コペルが考えることを読んで、私たちも立ち止まり考えさせられます。たとえば、「刃物《はもの》を扱《あつか》うのに男の子だなあ、っていうの、いやだなあ」という母親のことば、何かが好きな理由を聞かれて答えるのは難しいということ、戦争中、洞穴《ほらあな》に身を潜《ひそ》めた男が考えていたこと、などなど。中でも、ユージンが学校へ行かなくなったきっかけとなる出来事は、あまりにも衝撃的《しょうげきてき》なのですが、コペルはそんな重大なことを忘れていた――考えるのを止めてその場の流れに身を任せていたことに気づき打ちのめされ、涙《なみだ》が止まらなくなります。

そこへいきなり声がかかります。「……泣いたら、だめだ。考え続けられなくなるから」と。

これは、ユージンの家の広大な庭に隠れ住んでいた「インジャ（隠者）」のものでした。インジャの身の上に起こった出来事は、魂《たましい》の殺人とも言うべきことです。

インジャがおずおずと、みんなのたき火の場に姿を現す最後の場面は、尊く美しい。「やあ。よかったら、ここにおいでよ。気に入ったら、ここが君の席だよ」と言う力を付けるために、考え続けて生きていくと決意するコペル。肉体が落ち着く場所が必要なように、心や魂が落ち着く場所も必要で、それは、例えば本を読んでいる時間もそうなのかもしれません。

気に入ったら、この本は、あなたの魂の居場所になることでしょう。

（西山利佳）

子どものルール、大人のルール
わたしだけのルールを探そう

ポプラ社
二〇一四年十一月
定価：一一〇〇円（税別）

I・バサス、I・ソードセン
灰島《はいじま》かり・訳／木下綾乃・絵

イザベル10歳とイザベラ8歳は従姉妹《いとこ》同士。ある日、人生のルールを色々書いていたノートをなくしてしまいます。ところがそれを拾った人が、落とし主を探すために内容をネットで公開したら話題になり、なんと本として出版されることに！

生きていくのは面倒《めんどう》くさい。好き勝手するわけにはいかないから、我慢《がまん》することもある。でも、やっぱり納得いかないこともある。大人は勝手な言い分が多い気がするし、もっと自由でいたい。

なんて毎日イライラする時、この本を開いてみてください。十歳と八歳の女の子が書いたのですが、中身を見てみましょう。「先生やママにおこられても、いいかえさない」。「目上の人には、れいぎ正しくする」。「おぎょうぎよくする」。「わがままはダメ」。

親の教えに従っている感じです。確かに、こんな風に生きていれば摩擦《まさつ》を起こさないですみます。

でも、受け入れがたいと思うYAも多いでしょう。わずか数歳の年の差なのにどうしてこんなに違《ちが》うんでしょうね。

それはあなたが、これまで従っていたルールの一つ一つに疑問を抱《いだ》き、受け入れるか否《いな》かを自分で決めたいと思っているからです。

他のルールも見ましょう。「人のかおに、らくがきしない」。「はいしゃさんの手をかまない」。「人の家にだまって入らない」。

笑わないで。でも笑うよね。

「おぎょうぎよくする」の意味の中に「はいしゃさんの手をかまない」が含《ふく》まれているのが子どもです。子どもって、すごい生き物だ。

こんなルールもあります。「しずかなところでちゃんと考えるって、だいじかも」。「いっしょにいるとイヤな気持ちになる人のことはしんようしない」。これはYAも共感できると思うけど。

子どもは体力も知識もYAよりは劣ります。だから、気持ちよく生きていくためにこんなルールを考えました。このルールの中で、うなずけるところ、うなずけないところをチェックしてもいいと思う。そうすれば、あなたの中にいる子ども(数年前のあなた自身)が顔を出してきて、あなたが抱《かか》える悩《なや》みを一緒《いっしょ》に考えてくれるかもしれませんよ。

(ひこ・田中)

148　風をつかまえた少年
14歳だったぼくはたったひとりで風力発電をつくった

好奇心《こうきしん》は武器
学ぶことが新しい人生を開く

文藝春秋（文春文庫）
二〇一四年十二月
定価：九五〇円（税別）

W・カムクワンバ、B・ミーラー
田口俊樹・訳

2013年タイム誌の「世界を変える30人」に選ばれたウィリアム・カムクワンバは14歳のときに廃材《はいざい》で風車を製作し、風力発電を成功させた。飢饉《ききん》で苦しみ、中学に通えなくなった少年が起こした奇跡《きせき》の物語。

アフリカにマラウイという国がある。タンザニア、モザンビーク、ザンビア、ジンバブエに囲まれ、アフリカ屈指《くっし》の大きな湖「マラウイ湖」に沿ってある小さな国だ。世界銀行によると、二〇一四年の一人当たり国民所得は二五〇米ドルで世界の最貧国に数えられている。

本書の著者はこの国の地方都市・ウィンベで育った。五人兄弟のたった一人の男子として父親の農業を手伝いながら学校に通うごく普通《ふつう》の少年だった。しかし、二〇〇〇年に訪れた洪水《こうずい》と旱魃《かんばつ》で食料は底をつき、一日一食、一口を家族みんなで分けるだけの日々が続く。ようやく中学に進学したが学費が払えず通うことを断念する。

どん底だった経済状態に、ほのかな明かりが見え出したころ、何かを学びたいと願っていた少年は、あるNPOの図書館で、物理学の入門書と「エネルギーの利用」というアメリカの教科書に出会った。仲間たちが不良になっていく様を横目に、彼は「実用としての物理と科学」にのめりこんだ。ゴミ捨て場に通い、利用できるガラクタを集め、時には人に懇願《こんがん》して売ってもらい、ある目的に邁進《まいしん》していく。周りの人々の目は冷たかったが彼の夢は大きかった。

風力発電。本から得た知識はそれだ。この村にふんだんにあるのは風だけだった。アメリカの教科書だけを頼《たよ》りに、彼はついに電力を手に入れる。手作りの風車は小学生の工作のようだが、理論は正しく、明かりを手に入れラジオを聞き、ついには携帯《けいたい》電話の充電《じゅうでん》まで成し遂《と》げてしまう。

あるマスコミがこれを報じ、インターネットで世界中に配信されたことでひとりの天才少年が世の中に知れ渡《わた》った。

いまでも世界のどこかでは飢饉《ききん》や内乱で命の危険に晒《さら》されている少年たちがいる。だが「物づくりの欲求」は彼らを生き延びさせるのだ。「何かを実現したいと思ったら、まずはトライしてみることだ」という信念は持ち続けたい。

（東えりか）

女の子の現在を世界規模で眺めたら わかってくることがある

木楽舎
二〇一三年九月
定価：七六二円（税別）

電通ギャルラボ・編

社会支援《しえん》プロジェクト電通ギャルラボと、途上国の妊産婦《にんさんぷ》と女性の命と健康を守る活動をしている国際協力ＮＧＯジョイセフが作った、女子のための白書。世の中にはいろいろな白書があるけど、女の子白書って初めて。

世界全体を考えるのは難しいけれど、一つの視点に絞《しぼ》って眺《なが》めると結構見えてきます。この本の場合は「女の子」。

十代の女の子が死亡する最大の原因は妊娠《にんしん》、出産、中絶。一日に八百人が亡くなっています。しかもその九十九％は開発途上国《とじょうこく》での出来事です。「生まれる場所が違《ちが》うだけで運命が変わる」のです。

次に教育。女の子の中学就学率。日本は九十九％で、アフガニスタンは十五％ですが男の子は三十八％あります。つまり、アフガニスタンの中学就学率は日本に比べてとても低いのですが、特に女の子は男の子の半分以下。女の子であるだけで運命が変わるのです。ニジェールでは十五歳から二十四歳の女子の識字率がわずか二十三％しかありません。そして、人身売買される女の子は九十六万人で、これは男の子の四倍。

私たちの暮らしている国と比べ、女の子にとってかなり過酷《かこく》な場所が世界にはあると、こうした数字ははっきりと教えてくれます。

仕事に関してはどうでしょう？　日本における女性の社会進出は、一三五カ国中一〇一位。経済活動参加率も日本は一〇二位です。社会で女性が活《い》き活きと活動する環境《かんきょう》に関して日本は驚《おどろ》くほど途上国なのです。

自分の国はどこを改善すべきか、他の国の女の子にはどんなサポートをすればいいのかを考える手がかりがそこにあります。

どこから始めればいいか、まだ具体的にわからなくてもかまいません。世界の様々な文化の中で女の子たちが置かれている状況《じょうきょう》に関心を持つことが、まず大切。

もちろんおしゃれの話もありますよ。カワイイ系の日本の子。民族衣装で決めるタンザニアの子。いろいろだけど、やっぱりおしゃれは楽しい。おしゃれは「モテ」のためもあるけど、自分で楽しまなくちゃね。

これは女の子のための本ですって？　いやいや、男の子も読んでください。女の子のこと知りたいでしょ。読んでください。（ひこ・田中）

生き物、自然、世の中への やわらかで豊かなまなざし

集英社（集英社文庫）
二〇一三年一月
定価：四四〇円（税別）

日高敏隆

観察を通してさまざまな発見をしてきた動物行動学者が、「なぜ」と問うことの大切さや、豊かなものの見方を語ったエッセイ集。総合地球環境《かんきょう》学研究所退官時の講演録「イマジネーション、イリュージョン、そして幽霊《ゆうれい》」も収録されている。

タイトルがいいですね。思わず手に取ってしまいます。

これを書いたのは動物行動学の権威《けんい》です。「はじめに」の冒頭、「いきものとおしゃべりするには、観察するのがいちばんだ」とあるように、これまで徹底的《てっていてき》な観察によってさまざまな発見をし、生きることへの深い共感を説《と》いてこられた著者は、

世界を、こんなふうに見てごらん。

この本を、これからの少年少女と大人に贈《おく》る。

人間や動物を見るときのぼくなりのヒントをまとめたものだ。

生きているとはどういうことか、

豊かな見方をするといいと思う。

と、このエッセイを残してくれました。

日高先生は、いきものには、なぜその行動をするのか、その目的を問わなければ始まらないと考えました。ところが、大学（東大理学部）でそれを否定されます。それでもやっぱり、自分の「なぜ」をあたため続けよう、「なぜ」をいわなければおもしろくないんだと述べています。

また、人間は、ある種のまぼろしを真実だと思い込む存在で、まぼろしをまぼろしでないと思い込んでしまったものがイリュージョンだとすると、人間の認識する世界はイリュージョンでできているのだと。つまり、これはこうだという思い込みを捨てて、もっと柔軟《じゅうなん》に、「なぜ」を追求すると、生きていくことが楽しくなるよというメッセージを投げかけてくれています。

エッセンスをここに書いてしまいましたが、ぜひこの本を読んで、あちこちにちりばめられている、日高先生のことばのひとつひとつを受けとめてください。できれば、十代で、二十代で……五十代でと、何度でも読むこと、おすすめです。

主に、いきものや自然への見方を示唆《しさ》しているようですが、たぶん、世の中のあらゆることにつうじると思いますよ。

（右田ユミ）

あとがき

ぼくのまわりには、本好きが多い。作家、編集者、図書館司書、書店員、読書会のメンバー、大学の創作ゼミの学生、翻訳家。だから、集まると話題はまず本だ。こないだ読んだ本がおもしろかった、いや、あの本もすごい、いやいや、先月出た素晴らしい本があるんだってば……という話が飛び交う。

要するにみんな本が好きなのだ。だから、かなりの人が、世の中に本の嫌《きら》いな人はいない、嫌いな人は、本との出会いが悪かったのであって、ちゃんといい本に出会えば、だれだって本好きになると思っている。

しかし、ぼくは子どもの頃、あまり本を読まなかったので、それって本当かなあと、つい疑ってしまう。

だって、それはスポーツだってまったく同じで、世の中にスポーツの嫌いな人はいない、嫌いな人は、スポーツとの出会いが悪かったので、ちゃんと自分にあったスポーツに出会えば、だれだってスポーツ好きになるということになる。

音楽好きな人たちが集まれば、音楽嫌いの人はいないという話になるのだろうし、アート好きな人たちが集まれば、アート嫌いの人はいないという話になる。

しかし常識的に考えれば、人それぞれに生まれ持った素質があり、体質があり、育つうちに身につけた感性もあり、素養《そよう》もあるわけで、本、スポーツ、音楽、アート、演劇などなどの中には好きなものもあれば、嫌いなものもあるだろうし、得意なものもあれば、不得意なものもあるはずだ。だから本でなくても、自分にぴったりするものが見つかれば、それでいいんだと思う。それだけで人生はおもしろくなる。

ただ、ぼくは中高の頃からいきなり本が好きになって、今は本好きの人たちに囲まれていて、本を好きなように読んでいて、本に関わる仕事をしている。だから本当は本好きになる素質も素養も感性もあるのに、本の楽しさを知らないでいる人がいると、それは絶対に、残念だなと思う。

そこでこんなブックリストを考えた。

「本って、いまいち好きになれないんだよな」という人がいたら、ぜひ、手にとってみてほしい。それぞれに個性的な本好き二十七人が、新しい本のなかから、「これは！」という本を選んでみた。もしかしたら、きみも本当は本好きかもしれない。

そしてまた、すでに本好きな人にとっては、このブックリストは新しい発見に満ちているはずです。どうぞ、片っ端《ぱし》から試してみてください。

二〇一五年秋

金原瑞人

執筆者プロフィール（50音順）

東えりか（あづま・えりか）
書評家。新刊ノンフィクション書評サイトＨＯＮＺ副代表。１９８５年より北方謙三氏の秘書を務め２００８年に独立。雑誌、新聞など連載多数。

大橋崇行（おおはし・たかゆき）
１９７８年、新潟県生まれ。東海学園大学講師、作家。小説作品の他、明治文学やライトノベルについての研究論文を執筆している。

奥山恵（おくやま・めぐみ）
１９６３年生まれ。児童文学評論家。子どもの本の店「ハックルベリーブックス」（千葉県柏市）店主。著書に『〈物語〉のゆらぎ』（くろしお出版）。

兼森理恵（かねもり・りえ）
１９７６年、東京都生まれ。１９９９年ジュンク堂書店入社。池袋本店、新宿店を経て、現在、丸善・丸の内本店勤務。児童書担当。

斎藤美奈子（さいとう・みなこ）
１９５６年、新潟市生まれ。文芸評論家。中高生に読んでほしい著書は『モダンガール論』（文春文庫）、『戦下のレシピ』（岩波現代文庫）。

酒井七海（さかい・ななみ）
元書店員、文芸書担当。全国の書店で開催した「50人に聞きました！　老いも若きもまずはこの一冊から～はじめての海外文学フェア～」を企画。

佐藤多佳子（さとう・たかこ）
十代の人々を書くのが好きで、青春小説や児童文学を中心に作家活動中。著書は『一瞬の風になれ』『黄色い目の魚』『サマータイム』『シロガラス』など。

三辺律子（さんべ・りつこ）
翻訳家。訳書に『龍のすむ家』シリーズ（クリス・ダレーシー著）、『マザーランドの月』（サリー・ガードナー著）、『まだなにかある』（パトリック・ネス著）など。

鈴木潤（すずき・じゅん）
１９７２年、三重県生まれ。子どもの本専門店メリーゴーランド京都店長。少林寺拳法弐段。

鈴木宏枝（すずき・ひろえ）
白鷗大学教育学部准教授。専門は現代英米児童文学。
http://hiroesuzuki.jimdo.com/

土井美香子（どい・みかこ）
中央大学法学部卒。図書館司書、学校司書などを経て図書館アドバイザーとして会社勤務。NPO法人ガリレオ工房理事、「理科読シンポジウム」事務局。

土居安子（どい・やすこ）
大阪国際児童文学振興財団主任専門員。新刊児童書を読み続け、「ほんナビきっず」等で発信すると同時に、児童雑誌研究を行っている。

豊﨑由美（とよざき・ゆみ）
1961年生まれ。面白い小説を紹介する書評家の仕事をしています。中学生向けに『勝てる読書』（河出書房新社）というブックガイドも出しています。

名久井直子（なくい・なおこ）
1976年、岩手県生まれ。ブックデザイナー。文芸作品を中心に、絵本、漫画、辞典など幅広く手がける。

那須田淳（なすだ・じゅん）
1959年、静岡県生まれ。作家。著作に『ペーターという名のオオカミ』『星空ロック』など多数。翻訳に『ちいさなちいさな王様』など。ベルリン市に在住。

西村醇子（にしむら・じゅんこ）
英語圏の児童文学を教えている。英国ファンタジー、とくにD・W・ジョーンズやJ・エイキンを研究し、翻訳と評論活動もしている。

西山利佳（にしやま・りか）
1961年、宮崎県生まれ。評論家。雑誌『日本児童文学』前編集長。著書に『りかちゃんの国語科通信』（梨の木舎）、評論集『〈共感〉の現場検証』（くろしお出版）など。

東直子（ひがし・なおこ）
歌人、作家、早稲田大学客員教授。歌集に『十階』、小説に『とりつくしま』『いとの森の家』、エッセイ集に『短歌の不思議』『七つ空、二つ水』など。

古川耕（ふるかわ・こう）
1973年生まれ。フリーライター、放送作家。TBSラジオ「ライムスター宇多丸のウィークエンド・シャッフル」等の構成を手がける。市井の児童文学ファン。

ほそえ・さちよ（細江幸世）
1965年、滋賀県生まれ。フリー編集者、ライター。編・共著に『多文化に出会うブックガイド』、翻訳絵本に『きみのすきなどうぶつなあに』がある。

穂村弘（ほむら・ひろし）
1962年、札幌生まれ。歌人。1990年に歌集『シンジケート』でデビュー。短歌のみならず、評論、エッセイ、絵本など広い分野で活動。

右田ユミ（みぎた・ゆみ）
大阪市生まれ。学校図書館司書。小学校、小中一貫校を経て、現在は中学校に勤務。読まない生徒をいかに「本の世界」へいざなうか、日々奮闘中。

目黒強（めぐろ・つよし）
長崎県生まれ。神戸大学大学院准教授。近代日本における児童文学の成立過程の研究に取り組む一方で、現代の児童文学などの評論を手がけている。

森絵都（もり・えと）
1968年、東京都生まれ。作家。主な著作に『カラフル』『ラン』『風に舞いあがるビニールシート』『この女』『クラスメイツ』など。

森口泉（もりぐち・いずみ）
1971年生まれ。1994年ジュンク堂書店にアルバイト入社。2010年より現在のMARUZEN&ジュンク堂書店梅田店に勤務。

監修者プロフィール

金原瑞人（かねはら・みずひと）

1954年、岡山県生まれ。法政大学教授、翻訳家。児童書やYAむけの作品のほか、一般書、ノンフィクションなど、翻訳書は450点以上。訳書に『豚の死なない日』『青空のむこう』『国のない男』など、エッセイに『サリンジャーに、マティーニを教わった』などがある。

ひこ・田中（ひこ・たなか）

1953年、大阪府生まれ。児童文学作家、評論家。1990年『お引越し』で第1回椋鳩十児童文学賞受賞。著書に『レッツとネコさん』『メランコリー・サガ』『ロックなハート』『なりたて中学生』『大人のための児童文学講座』『ふしぎなふしぎな子どもの物語』などがある。

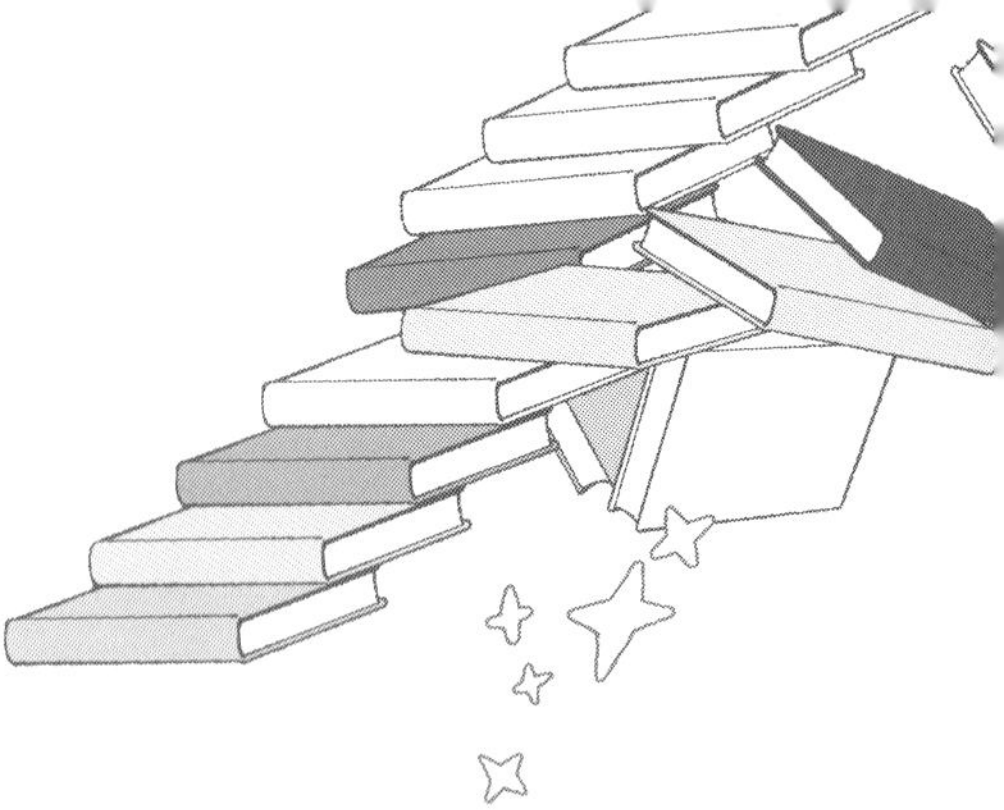

今すぐ読みたい!
10代のためのYAブックガイド150!

2015年11月10日　第1刷発行
2016年1月15日　第2刷

監修　金原瑞人／ひこ・田中
発行者　奥村 傳
編集　倉澤紀久子

発行所　株式会社ポプラ社
〒160-8565　東京都新宿区大京町 22-1
電話　03-3357-2212(営業) 03-3357-2305(編集)
0120-666-553(お客様相談室)
振替　00140-3-149271
ポプラ社ホームページ
http://www.poplar.co.jp/

組版・校閲　株式会社鷗来堂
印刷・製本　中央精版印刷株式会社

N.D.C.019／327p／19cm／ISBN978-4-591-14724-5